# 현장 실전코칭

# 현장 실전코칭



초판 1쇄 발행 2021년 8월 1일

지은이 안남섭 이석재 서재진 김경화 임기용 최동하 최용균 윤순옥
이영실 최해연 한민수 남상은 박지연 배명숙 유현심 윤영돈
펴낸이 김영철
펴낸곳 동화세상에듀코
주소 서울 동대문구 왕산로 25
전화 02)3668-5300
팩스 02)3668-5400
이메일 educo@educo.co.kr
홈페이지 www.educo.co.kr

ISBN 979-11-6661-038-7 (13190)

• 가격은 뒤표지에 있습니다.

• 파본은 구입하신 서점에서 교환해 드립니다.

(재)미래인력연구원
**코칭연구시리즈 1**

# 현장 실전코칭

## 라이프 · 비즈니스 · 커리어 코칭 사례

COACHING

안남섭 이석재 서재진 김경화 임기용 최동하 최용균 윤순옥
이영실 최해연 한민수 남상은 박지연 배명숙 유현심 윤영돈

목차

## PART 2. 리더십 코칭



## PART 3. 커리어 코칭

서문

# 현장 실전코칭 출간에 부쳐

**안남섭**
(사)미래준비 이사장/KSC

COVID-19 팬데믹 이후 비대면 온라인 사회로의 급속한 사회변화와 함께 리더십과 소통방식이 달라지며 삶의 목적과 의미를 찾기 위해 자기성찰과 자기인식에 갈증을 느끼는 사람들이 많아졌습니다. 또한 우리 사회로 빠르게 침투하고 있는 인공지능 활용과 경계 없는 삶을 가능케 하는 네트워크, 통신기술의 발달, 이를 통한 다양한 온라인 커뮤니티의 폭발은 일하고 배우고 살아가는 삶의 방식의 대전환을 가져왔습니다. 이러한 상황에서 건강한 사회변화를 위한 동력으로서의 코칭에 대한 역할이 점차 더 커지고 있습니다.

한국에 코칭이 도입된 지 20년이 되어 갑니다. 2000년대 초 초창기 코칭 프로그램이 국내에 소개되고 도입된 이후 현재 (사)한국코치협회에서 인증한 전문코치가 1만 명에 육박하는 등 국내 코치들의 양적 증가를 이루었습니다. 국내 기업들도 새로운 인재 육성 방법의 하나로 코치형 리더와 코칭조직문화에 큰 관심을 보이고 있습니다. 최근에는 국내 대학과 대학원에서도 코칭학과와 코칭 전공 석박사과정이 급속히 증가하고 있습니다. 아울러 지속적인 코치다움으로 코칭 역량을 발휘하는 탁월한 코치들의 노력에 힘입어 삶의 현장에서의 의미 있는 변화와 성장을 돕는 특색 있고 다양한 코칭 모델과 코칭 접근법으로 성공사례가 많아지고 있습니다.

세계에서 단일 조직으로 가장 많은 수의 코치들이 인증되고 활동하는 곳이 우리나라입니다. 급변하는 불확실한 시대에 지금 우리에게 필요한 것은 코칭에 대한 대중의 긍정적 인식과 사회적 기여입니다. 또 이를 지원하는 과학에 기초한 코칭, 코칭방법론과 코칭이론의 개발이 필요합니다. 이에 다양한 분야에서 활동하고 있는 전문코치들의 성공과 실패 사례를 모아 미래 인력육성을 위한 연구기반을 다져야 할 시기라고 생각합니다. 특히 비즈니스 코칭, 리더십 코칭, 커리어 코칭 영역에서 축적되고 있는 많은 코칭사례에 주목했습니다.

이에 (재)미래인력연구원의 연구지원사업으로 현장에서 왕성하게 활동하고 있는 16명의 (사)미래준비 회원 전문코치들이 각 분야별 코칭적 접근과 현장에서 적용된 과학적 코칭이론과 방법론으로 코칭한 사례를 집필, 한 권의 책으로 세상에 선보이게 되었습니다. 참으로 기쁘고 보람 있는 일입니다.

이 책은 전문코치들의 사례 중심의 첫 코칭 전문 저작입니다. 조직문화, 비지니스, 리더십, 커리어 코칭 등 다양한 분야의 코칭 실전 사례를 모아 미래 인력 육성을 위한 연구기반의 교과서 역할을 하게 될 것으로 기대합니다. 코칭이 어떤 원리로 작동하여 어떤 성과를 내었는지도 알 수 있게 구성되어 있어 근거기반 코칭의 사례로도 활용할 수 있을 것입니다. 첫 시도로 아직 부족한 게 많지만, 이 책의 발간이 향후 더 많고 다양한 코칭 사례집이 지속적으로 나오는 마중물 역할을 할 수 있으리라 생각합니다.

이번 사례 연구와 출판을 지원해 준 (재)미래인력연구원에 감사드리며 의미 있는 작업에 동참해 주신 코치님들에게도 감사의 마음을 전합니다.

2021. 7.

추천사

# 전문코치들의 역량 강화에 기여하는 유용한 지침서

**강용수**

(사)한국코치협회 회장

우리나라에 코칭이 도입된 지는 20여 년밖에 되지 않지만 코칭이 확산된 속도는 매우 빠르다 하겠다. 길지 않은 시간 동안에 전문코치로 양성된 인증코치의 수가 약 1만 명에 이르고, 많은 대학에 코칭 관련 과목들이 개설되었으며, 대학원에는 코칭 관련 석사과정은 물론 코칭학 박사과정도 개설되고 있다. 그리고 기업은 물론 교육기관, 종교계, 비영리단체 심지어 군대조직에서까지 코칭의 필요성을 절감하고 코칭을 도입하고 있다.

특히 오늘날 우리는 4차산업혁명의 와중에 코로나19의 소용돌이가 겹친 퍼펙트스톰(perfect storm)을 맞이하고 있는데, 이처럼 불확실성이 커지고 정답이 없는 시대를 헤쳐나가는 데 코칭은 유용한 삶의 무게이며 미래사회의 해답을 찾는 열쇠가 될 것이다.

이러한 변화의 시대에 기업이나 개인을 대상으로 현장에서 활발하게 코칭 활동을 하고 있는 16인의 전문코치들이 자신이 사용하는 코칭의 방법과 기술을 활용한 구체적 코칭사례를 기반으로 한 권의 책으로 발간하게 된 것은 코칭계의 쾌거라 할 만하다. 더구나 그동안 코칭의 이론이나 방법론에 관한 책들은 많이 발간되었으나, 코칭 현장에서의 생생한 사례를 모은 순수 코칭사례집이란 점에서 그 의미가 더욱 크다 하겠다.

코칭에 입문하고 싶은 사람들에게는 리더십, 생애설계, 학습코칭, 조직코칭 등 다양한 분야에서의 코칭의 모습을 보여 주는 좋은 예시가 될 것이며, 전문코치들에게는 다른 코치들이 실제 현장에서 어떻게 코칭하는지 보고 배울 수 있는 좋은 참고자료가 될 것이다.

(사)한국코치협회는 창립 18년을 맞이하여 '코칭으로 국민행복지수를 높인다'는 미션과 '글로벌 인증기관으로 도약'이란 비전을 정립하고, 이를 위해 'K-코칭문화확산', '인증코치육성 및 역량강화', '코치일자리창출', '코칭산업발전'이란 4대 전략을 추진하고 있다. 이번 사례집이 전문코치들의 역량을 강화하는 데 크게 기여하는 유용한 지침서가 될 것이라 믿는다.

추천사

# 서로 후원, 격려 상호책임지는 코칭 문화 확산에 꼭 필요한 코칭 사례들

**폴정**

MCC

『현장 실전코칭』의 출간을 진심으로 축하합니다.

저는 30년 전 미국에서 처음 코칭을 만나고 20년 전 국내에 코칭을 소개, 초창기 확산에 기여하고 10년 이상 급속히 성장하는 중국 시장에서 코치양성에 노력했던 입장에서 그동안 한국 코치들의 양적·질적 성장에 많이 놀라고 있습니다.

20여 년간 노력해 온 한국 전문코치들의 코치다움과 그들이 분야별로 다르게 적용한 코칭 방법론과 사용기술을 구체적으로 소개한 이 책은 대단히 의미 있고 귀한 작업이라고 생각됩니다.

최근 아시아 국가들에서의 코칭 확산에 관심이 늘어가는 해외 글로벌

코치들이 주도하는 ICF나 APAC, EMCC 등 코칭 컨퍼런스에서도 이러한 우리의 사례와 방법론이 당당하게 소개·발표되면 충분한 공감을 얻고 한국 전문코치들의 해외 진출과 글로벌 프로젝트 협업에도 크게 도움이 되리라 생각합니다.

이번에 출간된 『현장 실전코칭』은 코칭에 입문하고 싶은 사람들에게 분야별 코칭의 다양한 모습을 보여드리고 이미 활동하고 있는 전문 코치들에게는 다른 코치들의 방법론과 기술도 참조하며 코치로서의 성장에 도움이 되는 유익한 참고서가 되리라 생각합니다.

다양한 분야에서 활동해 오신 (사)미래준비 소속 전문코치님들이 그동안 기업과 개인을 코칭하며 활용한 방법과 기술을 구체적으로 정리한 『현장 실전코칭』 출간을 다시 한번 축하드립니다.

코칭의 원리는 같지만, 고객, 지역, 문화마다 다른 모델이 만들어져야 건강합니다. 『현장 실전코칭』이 말하려고 하는 메시지, 임상 경험으로 나온 모델과 스토리들이 우리들의 마음에 큰 울림을 줄 것입니다. 서로 후원, 격려 상호책임지는 코칭 문화 확산에 꼭 필요한 코칭 사례들을 알려주셔서 다시 한번 감사드립니다.

# COACHING

PART 1

# 조직 코칭

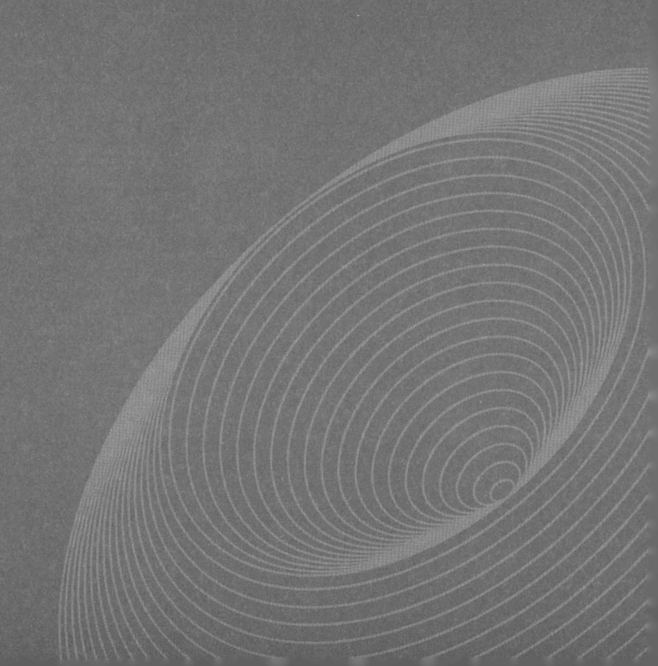

# 중소기업의 효과적인 인재 육성과 조직문화의 변화

안남섭

## C사의 코칭 도입에 따른 개인과 조직문화의 변화 사례

### 1. 대상 기업 소개

C사는 2001년 설립된, 대한민국 기업들의 글로벌 역량강화를 미션으로 하며 영성 있는 일터를 지향하는 최고의 전문 교육회사다. (사)한국코치협회 인증 KAC 전문코치 자격을 갖춘 부서장 26명을 포함한 150명의 임직원이 있으며 매출 350억 원 규모로 직원들 스스로 즐겁게 몰입하며 성과 내기를 지향하는 작지만 강한 강소기업이다. 수평조직 문화와 사내 인트라넷을 통해 모든 정보가 공개되는 투명경영으로 지속성장하고 있다. 회사 설립 시부터 원활한 소통과 수평조직 문화 정착을 위해 영어이름을 사용하고 고객의 가치를 최우선시하며 '지금 당장 해'라는 슬로건으로 다

이나믹하고 순발력 있는 조직으로 급성장 중이다. 2013년 대한민국코치대회에서 (사)한국코치협회로부터 코칭 문화 우수기업으로 선정되어 수상한 바 있다.

## 2.코칭 도입 배경 및 진행 방법

초창기부터 사회적 책임을 다하며 영성기업을 추구하는 CEO로부터 직원들이 일과 삶의 균형을 갖추고 심리적 안정 속에서 일할 수 있도록 코칭해 달라는 요청을 받았다. 코칭이 도입되기 전에는 직원들의 퇴사율이 20~30%로 높았고 회사가 필요로 하는 준비된 좋은 인재를 확보하기가 쉽지 않은 상황이었다. 그러한 가운데 직원들의 발표력과 소통역량 향상을 위해 독서토론과 발제 등 학습조직문화를 정착하기 위해 설립 초기부터 매월 진행되는 멘토링이라는 좋은 문화가 자리잡고 있었다.

나는 2007년부터 HR고문 및 Company Coach 활동을 시작하며 개인과 조직의 변화와 성장을 통한 장기적인 조직문화 변화를 목표로 코칭을 도입하기 시작했다. 코칭이 도입될 당시는 매출액 50억 원에 임직원 35명 규모의 작은 중소기업이었다.

나는 주 1회 방문하며 직원들의 이직률을 줄이고, 경영자의 관점이 아닌 직원의 관점에서 사적인 고민을 해소해 주는 한편, 일과 삶에 대한 올바른 태도 형성을 위한 조언과 격려를 주기 위해 라이프 코칭부터 접근하기 시작했다. 긍정마인드와 인간존중의 코칭 문화를 리더들부터 스며들게 하며 직원들의 잠재력 개발과 업무 몰입도를 높이고 창의성과 생명력이 넘치는 조직문화로의 변화 차원에서 장기적인 관점에서 코칭을 도입했다.

도입 초창기인 2007년 (사)한국코치협회와 중소기업 코칭 협력을 위한 MOU를 체결하고 수차례 리더십 워크숍을 통해 코칭을 소개하고 해마다 2회씩 진행되는 전 직원을 대상으로 한 리더십 워크숍 및 전 사원 워크숍에서 코칭 리더십 특강을 진행했다. 그리고 코칭 체험 및 실습을 위해 부서장과 팀장 급 대상 3CS STAR 모델을 소개하는 코칭 워크숍을 외부 코치와 함께 1차로 3차례 진행했다. 또한 매주 1회 4시간씩 방문 CEO와 임원 그리고 부서장 심지어 신입 및 퇴직 예정자 직원까지 전 임직원을 상대로 지속적으로 하루에 2~3명씩 코칭 면담을 지금까지도 진행해 오고 있다.

2011년부터는 결혼적령기의 여성 직원들 위주의 회사의 특성을 감안해 글로벌 기업의 인사담당 임원을 지낸 오○○ 코치가 합류하여 경력단절 여성 직원의 개인 문제와 조직의 이슈를 현장에서 바로 해결하고 시너지를 낼 수 있도록 그룹코칭을 포함, 상황에 적절한 코칭으로 여성리더들을 코칭하기 시작했다.

### 3. 운영방식과 성과

초창기에는 전 직원의 인적성검사 진단도구인 DISC, MBTI, 360도 평가 등의 자료를 참조하여 부서별 특성을 감안한 코칭 니즈를 파악하여 진행하였고 리더들부터 실제 코칭 체험을 통해 상대존중, 미래긍정, 자원 이끌어내기, 자발성 촉진의 코칭 파워를 체험하도록 하여 코칭에 대한 긍정적 수용분위기를 만드는 데 주력했다.

코칭의 효과를 스스로 체험한 부서장과 팀장과 파트장 등 중간 관리자 코치형 리더들이 두 명의 외부코치로부터 멘토코칭을 수시로 받으며 직원들에 대한 면담을 코칭 방식으로 전환하여 실시하였고 코칭의 결과는 사내 인트라넷을 통해 인사DB에 일자와 주제만 간단히 기록하여 관련 책임자들이 참조할 수 있도록 공유하고 있다.

2012년부터 리더들의 기본 코칭 역량을 갖추기 위해 (사)한국코치협회의 KAC 전문코치 자격인증 프로그램교육을 해마다 지원하고 그동안 44명의 KAC가 배출되었으며 파트장 이상의 리더들에게 전문코치 자격취득 기회를 제공하고 있다. 매월 1회씩 그룹코칭 시간과 점심시간을 이용한 신입직원 위주의 신입사원들을 위한 코칭 소개를 목적으로 한 오픈코칭 프로그램과 코칭 역량강화를 위한 경청 질문 피드백 역량을 높이기 위한 캐치업 코칭 교육 및 코칭 실습을 해 오고 있으며 전 직원을 대상으로 상시 코칭을 신청하여 받을 수 있는 제도가 시행되고 있다. 또한 2021년부터는 모든 부서장 리더들이 월 1회 직원 성장을 위한 코칭 면담을 실시하고 리더들의 코칭 역량을 강화하기 위한 Monthly Coaching for Growth(MCG) 프로그램을 매월 진행하고 있다.

한때 20~30%를 넘나들던 이직률도 10%대로 떨어지고 코칭 이슈가 생길 때마다 스스로 자신의 이슈를 해결할 수 있는 환경이 조성되면서 코칭 문화가 3년차부터 제대로 정착되어 새로 입사한 직원들이나 경력직원들은 자연스럽게 코칭 교육 시스템과 실제 코칭 이슈로 사내 코칭 피어코칭이 자리잡으며 코칭 조직문화에 잘 적응해 가고 있다.

## 4. 개인과 조직, 리더의 변화

2012년 봄부터 리더들에게 전문코치자격을 갖추도록 CEO가 독려하여 (사)한국코치협회 인증프로그램교육을 연 1회 진행하고 있으며 실습시간을 확보하도록 사내에서 타 부서 직원들과도 매칭하여 지원하고 있다. 부서 특성에 맞추어 KAC 자격을 갖춘 리더들이 코치형 리더십을 발휘하며 코치형 리더로서의 활동을 활발하게 하고 있다.

KAC 자격을 딴 S팀장과 M실장의 아래와 같은 이야기에서 코칭의 효과성의 일면을 느낄 수 있다.

"처음에는 코칭이 낯설어 적응에 어려움도 있었지만 지속적으로 접하고 코칭을 받고 해 보면서 익숙해졌어요. 스스로 성찰하는 시간을 갖게 되고 상대중심의 소통을 하는 자신을 보곤 놀라곤 합니다."

S팀장은 "결국은 기업 성공의 열쇠는 일보다 사람인데 코칭을 통해 직원들의 마음을 열고 근본적인 욕구를 읽을 수 있는 가운데 직원을 대하는 관점과 시야가 달라졌고 수용능력이 커졌다"고 소감을 말했다. M실장도 "중소기업에서 그룹코칭은 시너지와 팀워크를 강화하는 효과는 분명히 있지만 시간 투입 대비 효과성을 높이기 위한 방법을 지속적으로 발전시켜 나가겠다"는 의지를 밝혔다.

첫 KAC 자격을 획득한 한 코치형 리더의 초창기 1:1 사내코칭 사례를 통해 본 개인의 변화 이야기를 공유한다.

2012년 5월부터 9월까지 2명의 직원에게 각각 9회(11시간 30분), 6회(6

시간 45분)에 걸쳐 개인코칭을 진행한 사례를 통해 코칭의 실제 진행 과정을 돌아보고자 한다. 편의상 9회 진행한 직원을 E, 6회 진행한 직원을 L이라고 지칭한다. 더불어 각 개인의 코칭은 회당 40분에서 1시간 30분까지 개인의 상황을 고려해 1:1 면대면으로 회의실에서 진행되었다.

**코칭 적용 모델로 사용한 STAR 기법**

**S** Story 친밀감 형성, 지난 세션에 대한 피드백, 성과에 대한 리뷰

**T** Target 목표 설정, 원하는 것을 명확히 하기, 현실과의 차이 인지

**A** Action Plan 구체적인 실행 계획 세우기

**R** Recap 실행 의지 확고히 하기, 정리하기, 인정과 축하, Follow Up 약속하기

**직원 E의 사례**

직원 E는 회사에 입사한 지 3개월 차를 맞이하는 시점에서 개인의 성격으로 인한 회사업무 부적응에 관한 고민과 갈등을 가지고 코칭을 시작했다. 구체적으로 E의 성격은 어둡고 부정적이며 이로 인해 동료와의 원활한 커뮤니케이션을 힘들어하는 부분이 있었고 이를 밝고 긍정적인 모습으로 개선하고 싶다는 목표를 가지고 있었다.

S(Story) 부분에서는 최근 근황에 관한 질문으로 시작하여 점차 Happy News나 Good News 위주로 코칭 시간 전체에 활력과 에너지를 가져올 수 있는 내용을 전개해 나갔다.

T(Target) 부분에서는 개인의 성격을 밝고 긍정적으로 변화시킬 수 있

는 내용에 집중해서 구체적인 실행 계획을 세우기 전 많은 대안을 생각해 보는 시간을 가졌다. 특이한 점은 코칭 세션이 진행됨에 따라 개인의 성격 개선이었던 목표가 점차 확장되어 갔다는 점이다. 예를 들어 개인의 성격 개선에서 건강 개선, 가족관계 개선 등 1차적으로 자신의 신상에 대한 내용이 점차 자신을 넘어 더 큰 공동체로 관심이 확산되어 갔다.

A(Action) 부분에서는 개인의 성격을 개선하기 위해 감정지수를 0에서 10까지 설정하고 매 시간마다 목표치를 세워 이를 점검하는 방향으로 진행했다. 또한 본인의 성격을 개선할 수 있는 방법으로 개인이 직접 실천할 수 있는 '화내지 않기', '주변 동료와의 솔직한 대화', '운동을 통한 긍정적 에너지 채우기' 등 소극적인 대안에서부터 적극적이고 창조적인 해결안까지 확장했다. 이로써 단순한 고민 해결을 뛰어넘어 균형과 조화를 이룬 생활을 가능하게 하는 방향으로 나아가게 됐다.

R(Recap)은 Action을 통해 마련된 구체적인 실천계획을 확인할 수 있는 약속을 정하고 이를 위해 도전하고 헌신하는 본인에 대한 축하와 인정을 보여줌으로써 보다 강력한 동기부여를 가지고 지속적으로 코칭 과제를 수행할 수 있도록 했다.

**직원 L의 사례**

직원 L은 본인의 성격으로 인해 타인과의 관계에서 오해받는 부분을 개선하고자 코칭을 시작하게 됐다.

S(Story)는 역시 최근 근황에 대한 질문과 공감을 통해 본격적인 코칭을 진행하기 위한 기초가 되는 시간으로 진행됐다.

T(Target)은 본인의 성격이 개선되었을 때 그려지는 이미지를 구체화하고 이를 형상화해 보게 했다. 구체적으로 연간 최우수 사원이 되었을 때 본인의 느낌을 그려 보게 했다.

A(Action)은 아침에 출근해서 먼저 인사하기, 본인의 충동적인 Follow Up 약속과 목표를 서로 확인하는 것으로 진행했다.

R(Recap)은 자신 스스로가 성격적 문제를 재발견한 것에 대한 인정과 축하를 표시하고 이를 구체적으로 확인할 수 있도록 Follow Up 약속과 목표를 서로 확인하는 것으로 진행했다.

이상 2가지 사례를 통해서 살펴본 코칭에 대한 효과는 먼저 개인 스스로에게 긍정적인 자아상을 확립하고 이를 통해 조직 내에서도 관계개선과 업무능력 향상으로 이어지게 됐다는 것이다. 코칭을 받기 전에는 부정적이고 어두웠던 개인의 이미지가 코칭을 통해 무한한 가능성을 가진 인격체로 다시 태어나게 됨으로써 가능한 변화다. 둘째는 코칭의 특성상 본인이 고민해서 작성한 코칭 주제를 본인 스스로 생각해 보게 하고 실천할 수 있는 목표를 정함으로써 타의가 아닌 자의에 의해서 보다 강력한 추진력과 실행 결과를 얻을 수 있었다는 것이다. 셋째는 코칭의 주제가 1차적으로 개인으로 향했던 부분이 횟수를 더해 가며 점차적으로 가족, 회사 등으로 확장돼 감을 알 수 있었다. 이는 바람직한 자아상을 통해 변화된 개인이 조직, 가족 회사에 긍정적인 역할을 감당할 수 있음을 알게 해 준다.

### B부서장의 KAC 프로코치 도전과 개인의 변화

B부서장은 리더로서 2011년에 사내 3CS 코칭 이론 교육을 20시간 이수했고 2012년 코칭 실습을 7명의 직원과 5개월간 60시간 동안 진행하면서 스스로에게 많은 변화가 있었다. 위의 코칭 사례에서 언급한 대로 스스로가 긍정적이고 창의적인 자세를 회복하게 됐다. 과도한 업무로 바쁘게 지내 왔던 삶에서 다시금 인생의 중요한 요소, 즉 가족과 신앙의 회복이 가능했으며, 타인과의 커뮤니케이션에 있어서도 보다 유연하고 배려를 할 수 있게 되었다. 그는 최종적으로 2012년에 회사 내에서 가장 먼저 KAC 프로코치가 되어 개인적인 성취감도 컸고 이를 통해 보다 전문적인 역량을 가진 미래형 리더로 한 걸음 다가서게 된 것이 정말 감사하고 기쁜 일이라고 느꼈다. 수평적 조직문화와 궤를 같이하며 코칭이 도입되고 코칭적 접근을 통해 코치형 리더로서의 조직구성원을 스스로 변화하고 성장할 수 있도록 만드는 리더십 실천이 가능하게 됐다.

모든 조직이 가지고 있는 고민인 개인의 성장과 발전을 능동적으로 이끌어 가기 위해 코칭 리더십은 필수적이다. 아울러 코칭문화를 통해 리더와 리더, 리더와 부하 직원과의 활발하면서도 진정한 커뮤니케이션이 가능해졌다. 기존에는 팀과 팀, 부서와 부서 간의 보이지 않는 담으로 인해 진정성 있는 커뮤니케이션이 어려웠으며 부하와의 관계에 있어서 배려와 공감보다는 권위적이고 일방적인 소통이 많았음을 부인할 수 없다. 하지만 코칭문화가 확산되고 리더가 변함으로써 조직 내 부서 간의 관계는 물론 부하와의 커뮤니케이션도 보다 긍정적인 방향으로 변화되고 있다.

## 중소기업 코칭 문화 도입 방안

### 1. 리더의 변화가 우선이다

중소기업 조직에서 CEO와 리더는 새로운 커뮤니케이션 방식의 코칭적 접근을 통해 사업성과와 인재육성에 대한 책임을 지고 자신의 변화와 솔선수범을 통해 강한 영향력을 미치는 존재다.

리더들은 스스로도 변화와 성장을 위해 셀프코칭 능력 향상과 함께 익숙해진 코칭 모델을 적용한 코칭 대화 방식을 통해 직원들을 대하는 관점과 태도의 변화로 접근해야 한다. 친밀감과 진정성으로 직원들의 마음을 열게 하고 조직의 현재 상태를 정확히 파악하여 객관적인 입장에서 원하는 목표를 명확히 하게 해 주고 구체적인 실행 계획을 세우게 하는 작업을 돕는다. 약속한 목표에 도전하도록 의지를 확고히 하게 하고 학습포인트를 정리하게 하며 지지하고 격려하며 다음 세션으로 연결시키는 작업을 자연스럽게 할 수 있어야 한다

C사의 CEO와 리더들은 직원면담을 코칭 모델을 활용한 코칭 대화 방식으로 진행한다. 일방적 지시와 교육하려는 태도에서 벗어나 직원들의 잠재력과 가능성에 대한 믿음을 가지고 작은 변화를 시도해 보게 한다. 그 결과 조급함보다 기다리는 여유가 생기고 관리자로서 비전 공유와 목표부여 그리고 성과 평가 시 공감대 형성이 훨씬 쉬워졌다. 아울러 각자의 강점 파악 및 커리어 개발을 맞춤형으로 제시하여 부하 육성에 대한 적기 개입과 적극적 지원을 통해 효과적인 코칭 리더십을 발휘하고 있다.

## 2. 중소기업 코칭 도입 시 고려 사항 및 성공요소

양질의 인력확보 애로와 임직원들에게 다양한 교육 기회 제공이 쉽지 않은 상황에서 중소기업 코칭이 성과를 내고 조직문화로 정착하기 위해서는 몇 가지 전제가 돼야 한다.

즉 CEO의 확고한 의지, 회사의 도입 여건을 감안한 단계적 확산전략, 조직문화가 정착되고 성과가 나올 때까지 인내와 기다림 등이 그것들이다. 우선 CEO의 코칭에 대한 충분한 이해와 지속적인 투자 마인드와 확고한 믿음이 중요하다.

코칭은 1회성 교육으로 성과를 기대할 수 없다. 조직원 각자의 가능성과 잠재력을 믿어 주며, 다양한 수준과 성향에 맞추는 1:1 대화 기회를 통해 일정기간 동안 진행하는 가운데 개인의 변화와 성장을 지원해야 한다. 또한 회사의 성과 달성과 성장으로 이어지는 최소한의 과정도 필요하다. 그래서 짧게는 1년 심지어 2~3년을 지속적으로 투자하며 코치형 리더를 세우고 사내코치를 양성하며 새로운 코칭 스킬 교육과 실습 기회 제공을 통해 조직문화가 완전히 바뀔 때까지 다양한 과정을 진행할 필요가 있다.

## 3. 멘토코칭 시스템을 통한 조직문화 변화와 기대 효과

지금처럼 변화가 빠른 시대에 민첩성과 유연성이 요구되면서 코치형 리더의 역할은 더 중요해지고 있다. 이러한 리더들이 이끄는 회사는 조직의 수평적 코칭 문화 선도기업으로 입소문이 나면서 이직률이 크게 감소한다. 또한 조직이 안정화되며 자기 성장 욕구가 큰 좋은 인재들이 모여들고 지속적으로 성장할 수 있는 일터 환경이 조성된다.

신입사원 시절부터 수시 코칭 기회를 통해 조직의 사명과 비전과 합일된 각자에게 주어진 일의 의미와 업무적합도를 성찰케 하는 작업이 우선이다. 서로 존중하고 존중받으며 서로의 강점을 바탕으로 한 협업 마인드로 즐겁게 일할 수 있는 분위기가 시간과 함께 자연스레 자리잡게 된다.

아울러 개인별 장기적인 커리어 개발 목표를 세우고 적시에 코칭 받으며 필요한 역량교육과 현장업무 경험을 해 가면서 스스로 세운 목표에 도전하고 준비하게 된다.

아울러 상시 피드백 받는 기회가 열려 있어 희망을 가지고 스스로 몰입하며 자기성장을 통해 보람을 느끼려 신세대들이 선호하는 일터로 변화되어 간다.

코칭이 조직문화로 제대로 자리잡기 위해서는 직접 체험을 통해 코칭의 파워를 믿으며 조직의 사명과 핵심가치에 헌신한 DNA를 가진 최초 멘토코치가 순수하고 진정으로 변화 의지가 있는 리더들을 코칭하고 자기처럼 역량을 갖추도록 도우며 복제해 나가야 한다.

초기 멘토코치는 CEO의 전폭적인 신뢰와 지지를 받아야 하며 필요하면 외부코치의 도움을 받아 스스로 코치형 리더로서의 성장과 학습을 계속하고 일상의 업무를 함께 하면서도 수시로 갖는 사내 코칭 기회를 통해 모든 대상을 현존의식으로 만나야 한다.

한편 단계적으로 멘티를 3명씩 복제하는 멘토코칭 시스템으로 하부조직을 만들고 지지하고 격려하며 책임지게 하는 후원환경을 만들어 포기하지 않고 다음 멘토코치들을 지속적으로 양성하고 성장시키는 장기적인 접근이 필요하다.

**안남섭**

(사)미래준비 이사장이며 (사)한국청소년심리코칭협회 회장으로 진성존재코치로서 작은 변화를 통한 더 나은 세상을 꿈꾸는 개인과 조직의 미래준비와 코칭 문화 확산을 돕는 일을 하고 있다. 10년간 독일에서 삼성카메라 브랜드 현지 영업과 동유럽 신시장 개척을 담당하고 환경기술컨설팅 사업을 하다가 귀국 후 온라인 교육사업을 하며 2002년 코칭을 접했다. 이후 감사와 기쁨을 주고받는 사랑에너지가 충만한 삶의 방식 확산을 위해 양평 감사하우스에서 공감식탁 챌린지 운동, 코칭 대화 나누기, 지지, 격려, 상호책임지는 SEA 문화 확산 등 일상에서 다양한 코칭적 접근의 코칭 문화 확산활동을 해 오고 있다. 현재 (주)캐럿글로벌과 바인그룹 (주)동화세상 에듀코 등 중소기업 고문코치로 활동하고 있다. (사)한국코치협회가 인증하는 전문코치(KSC, 2011)로서 (사)한국코치협회 평생회원이며 부회장을 역임했고, 현재 윤리위원장으로 봉사하고 있다. 공저로 『오늘이 미래다』, 『미래에게 묻고 삶으로 답하다』, 『당신만을 위한 100개의 질문』 등이 있다.

이메일 atcahn@empas.com

페이스북 http://www.facebook.com/namsup.ahn391

# 팀장의 성과 리더십 향상과 팀 인력개발

이석재

코칭 대상자로 만난 팀장은 이미 사내에서 팀원을 코칭한 경험을 갖고 있다. 코칭에 대한 기초 과정을 학습하고 현장에 적용한 것이다. 그는 매년 더 높은 성과를 달성해야 한다. 결코 쉽지 않은 일이다. 회사는 리더를 대상으로 코칭 프로그램을 지원한다. 그 목적은 분명하다. 리더들이 외부 전문코치로부터 개인 코칭을 받도록 하고, 이러한 경험을 토대로 성과 리더십을 발휘하고 조직을 성공적으로 운영하는 것이다. 그는 이번 코칭 프로그램이 팀장으로서 자신의 부족한 부분을 채우는 좋은 기회가 될 것으로 생각했다.

## 1. 비대면 코칭 오리엔테이션

먼저 이번 코칭에 대한 기본 안내와 코칭 요구, 첫 코칭 일정 확정 등을 위해 비대면 소통을 원한다는 이메일을 팀장에게 보냈다. 이메일에 코칭 계약서와 코칭 프로그램을 요약한 안내서를 첨부했다. 코칭은 총 8회로 진행된다. 면대면 코칭과 텔레 코칭을 복합적으로 활용한다. 코칭의 시작과 종료 세션은 면대면으로 하고, 나머지 세션은 전화를 사용했다. 부득이한 사정이 있는 경우에는 첫 세션을 텔레 코칭으로 하고 가까운 세션에서 면대면을 하는 것이 기본 운영 방침이다.

코칭 대상자인 팀장과의 연결이 신속하게 이루어졌다. 이메일을 보낸 당일 오후에 비대면 오리엔테이션을 했다. 코칭에서 오리엔테이션은 코칭 전반을 소개하는 중요한 시간이다. 코칭 대상자와 첫 소통이지만, 코칭에 참여하는 그의 동기와 의지, 그리고 열정을 느껴 볼 수 있다. 코칭에 대한 기본 안내를 마친 후 그의 관심 사항을 물어보았다. 그에게 두 명의 자녀가 있다. 가족 구성원이 늘면서 부부의 대화도 소홀해졌다. 가족이 한 자리에 모여 대화를 하다 보면, 대화는 어느 순간 두 자녀에 대한 주제로 자연스럽게 집중되었다. 자녀의 양육에 대한 대화 비중이 높아질수록 팀장은 허전함을 느꼈다. 부부 간의 대화가 점차 줄어들었다. 이로 인해 부부 간에 사소한 것으로 인한 다툼이 이전보다 많아졌다. 그래서 팀장은 이번 코칭을 통해 부부 관계와 관련된 이슈를 다루고 싶다고 말했다.

팀장이 직장 내에서 갖는 가장 큰 고민은 신세대와의 세대 차이에 따른 스트레스와 갈등이다. 시대의 흐름에 따라서 신세대의 입장과 요구를 우선적으로 맞춰 줄 것인지, 아니면 그들을 가르쳐야 할 것인지에 대해 고민하고 있다. 만일 둘을 균형 있게 진행한다면, 어느 정도의 비율로 해야 할지도 궁금해했다.

팀장에게 첫 면대면 미팅을 갖기 전까지 자기 자신의 관심 사항을 메모지에 적어 보도록 했다. 그리고 관심 사항에 대한 우선 순위를 정하고, 관심 사항별로 상세 내용을 적게 했다. 가능하면, 미팅을 갖기 전에 이메일로 정리된 생각을 파일로 보내 달라고 요청했다. 그는 흔쾌히 동의했다. 이 요청은 사실 첫 코칭 과제인 셈이다. 그동안의 경험에 비춰 보면, 코칭에 대한 참여도는 첫 코칭 과제의 수행 여부와 관련이 높다. 대개 코칭 과제를 완수한 코칭 대상자가 전반적으로 참여도가 높았고, 코칭을 통해 자신에게 필요한 학습과 성찰을 경험했다.

## 2. 첫 코칭 세션

첫 코칭이 있는 날은 화창했다. 코칭 세션은 주로 회사 내에 있는 소회의실이나 대화를 방해받지 않는 공간에서 이루어졌다. 이번에는 회사 근처에 있는 조용한 커피숍에서 가졌다. 실내 공간이 차단 벽으로 구분되어 있어서 조용하고 대화에 집중하기 좋다. 또 코칭 대화가 일어나는 물리적 공간이 회사 밖일 때 마음도 편하고, 개방적인 상태가 된다. 그와 약속한 장소로 가는데 문자가 왔다. 어떤 음료를 선호하는지를 묻는 내용이다. 나는 아메리카노를 부탁했다. 아메리카노는 커피의 기본이라고 생각한다. 원두 이외에 다른 재료를 사용하지 않기 때문이다. 코칭도 기본에서 시작하면 좋겠다고 생각해, 커피를 마실 때 늘 아메리카노를 선택한다. 나는 팀장과 인사를 나눈 후 바로 코칭 대화로 들어갔다.

### 코칭 요구 파악

“지난 번에 전화를 통해 코칭 프로그램의 목적, 진행 방법, 기간 등에 대해 전반적인 사항을 공유했습니다. 이와 관련하여 추가로 궁금한 점이 있으신지요?”

“없습니다. 그때 상세히 안내해 주셔서 감사합니다.”

“감사합니다. 그럼 오늘 이 시간을 어떻게 사용하면 도움이 되겠습니까?”

“이메일로 보내드린 관심 사항의 첫 번째인 성과 이슈가 가장 큽니다. 어떻게 하면 성과를 낼 수 있을까에 대해 대화를 나누었으면 합니다.”

“팀장님, 이렇게 해 보시겠습니까? 두 손을 앞으로 나란히 내어 보십시오. 손바닥이 위를 향하게 합니다. 좋습니다. 현재 어떻게 성과를 만드십니까? 성과를 만드는 데 가장 중요하게 고려하는 것을 하나 선정해서 오른손에 올려놓으십시오.”

“도전적인 목표입니다. 팀장으로서 회사와 사업부, 고객이 원하는 결과에 대해 매년 도전 목표를 설정합니다. 그들이 원하는 결과 그 이상의 도전적인 목표를 설정합니다.”

“좋습니다. 이번에는 그 다음으로 중요하게 고려하는 것을 왼손에 올려놓으십시오.”

“요즘 신세대 팀원들의 업무수행 태도가 중요하고 생각합니다.”

“네, 잘하셨습니다. 자, 그럼 두 손을 번갈아 보십시오. 그리고 생각나는 대로 말씀해 보시기 바랍니다.”

“도전적인 목표를 달성해야 하는데 신세대 팀원들의 업무수행 태도가 말썽입니다. 팀원들의 태도가 도전적인 목표와 연결되어야 합니다. 지금은 둘을 연계시키기 어렵습니다."

"그렇군요. 중요한 두 가지가 연계되지 않는군요. 또 어떤 생각이 떠오르지요?"

"둘 간에 간극이 큽니다. 도전적인 목표를 낮출 수도 없고, 신세대의 의견을 그대로 들어주기도 어렵습니다. 둘 다 챙겨야 하는데 그 방법을 모르겠습니다. 어떻게 하면 좋을까요?"

"팀장님의 고민이 느껴집니다. 어떻게 하면 좋을까요? 다시 두 손을 보시고 천천히 생각해 보십시오. 빨리 이야기하지 않아도 됩니다."

"두 손을 붙이면 좋겠는데 그 방법을 모르겠습니다."

"또 어떤 생각이 떠오르는지요?"

그는 고개를 갸우뚱하면서 여러 생각을 하는 듯했지만, 자신의 생각을 말하지 못했다. 시간적인 여유가 있는 경우 반복해서 질문을 하지만, 오늘같이 여유 시간이 적은 경우에는 바로 다음 대화를 진행시킨다.

"두 손은 팀장님의 몸통을 통해 연결되어 있습니다. 이 형태가 시사하는 바가 뭘까요? 어떤 생각이 떠오르는지요?"

"정말 그러네요. 몸으로 연결되어 있군요. 두 손에 있는 내용은 이미 연결되어 있었군요. 문제에 대한 답은 밖에 있는 것이 아니라, 바로 저에게 있는 것이군요."

"팀장님, 훌륭하십니다. 팀장님 지금 문제에 대한 답을 밖에서 찾다가 시선을 내면으로 향하면서 자기 자신에게서 찾으려고 합니다. 아주 잘하셨습니다. 지금 어떤 생각을 하십니까?"

"이 단순한 논리가 놀라운 성찰을 갖게 하는군요. 몸에서 전율을 느낍니다. 그동안 시선을 밖에 두고 살았습니다. 시선이 더 깊게 내면을 향합니다. 먼저 떠오르는 생각은 팀장과 팀원의 생각 차이가 큰데, 그 차이를 줄이려고만 했습니다. 그 차이가 무엇을 말하는지에 대해 객관적으로 보려는 노력을 하지 않았다는 생각이 듭니다."

"그럼 지금 상황은 팀장님에게 무엇을 요구한다고 생각하십니까?"

"팀 성과를 결정하는 요인들은 명확합니다. 성과 향상에 긍정적이며 직접적인 영향을 미칠 수 있는 것은 전략입니다. 전략에 대해 팀원들과 충분히 대화를 갖지 못했습니다. 전략을 일방적으로 주면 그들의 참여를 끌어내기 어렵고, 그렇다고 전략을 가져오게 하면 참신한 생각이 없습니다."

"그럼 성과 향상 전략은 구체적으로 무엇일까요? 업의 내용이 단순하고 그간의 오랜 경험으로부터 도출된 전략이 있을 것 같은데요."

팀장은 그동안 성과 향상 전략으로 사용한 것들을 정리했다. 팀장과 다른 지역에서 동일한 서비스를 판매하고 있는 팀장들이 실천하고 있는 전략들과 내용에서는 별다른 차이가 없었다. 주된 공통점은 우수한 인력 확보, 팀장과 팀원 간의 1:1 미팅 빈도와 시간관리, 팀장과 팀원 간의 친밀감 제고, 정보 공유 등이다. 한 가지 흥미로운 점을 발견했다. 기존 팀원이나 신규 팀원을 대상으로 한 교육 내용과 방법에 차이가 없었다. 팀원들이 담당하고 있는 지역별 특성을 고려하지 않았다. 이렇다 보니 팀원 25명을 개인 면담하는 내용과 그들을 대상으로 한 직무 교육도 거의 동일했다. 또한 팀장은 수시 과제와 사업확장에 따라 긴급하게 수행해야 할 전략 과제, 그리고 관련 역할을 맡았다. 이러한 업무 환경에서 팀장은 생각할 시간을 갖지 못했다. 팀장들이 성과관리와 조직관리를 성공적으로 수행하기 위해서는 생각할 시간이 필요하다. 생각할 시간이 없다면, 일상은 형식화되고 단순히 반복될 가능성이 높다. 이러한 여건 속에서 팀장은 나름의 애로사항으로 인해 많이 지친다.

### 코칭 과제, 매트릭스 분석표 만들기

팀장은 팀원들과의 개인 면담과 교육에 대해 맞춤형으로 진행할 필요성을 느꼈다. 팀장도 차별화되지 않은 면담과 교육의 내용으로 인해, 팀원들도 도움 받지 못하고 있다는 피드백을 받았다. 어떻게 맞춤형 면담과 교육을 할 것인가? 이에 대해 팀장은 좋은 방법이 있으면, 적극적으로 추진하겠다고 말했다. 나는 팀장에서 다음과 같은 내용을 실행하도록 요청했다. 아울러 다음 코칭 시간에는 1차 결과물에 대한 의견을 서로 나누기로 했다.

- X축은 업무능력(상, 중, 하), Y축은 성과(상, 중, 하)로 한 9개 칸을 그린다.
- 각 팀원들의 업무능력과 성과를 평가하고, 각 팀원들을 X와 Y의 좌표상에 각각 표시하도록 했다. 좌표 옆에는 해당 팀원의 이름을 적는다.
- 다음 미팅 전에 작성이 완료되면 코치와 이메일로 공유한다.

팀장은 약속대로 이메일로 작성한 자료를 보내왔다. 사실 이 코칭 과제를 수행하는 데 많은 시간을 쓴다. 이러한 이유로 코칭 대상자가 자료 작성을 하지 않는 경우도 있다. 팀장이 자료 작성을 했다는 것은 코칭에 대한 몰입도가 높다는 증거이다. 코치도 코칭 대상자가 참여 의지를 보이고 실제적인 참여를 할 때, 코칭에 대해 의욕을 더 갖는다. 코칭은 누가 주도하는 것이 아니라 서로 협력하는 활동이다. 따라서 코칭 과제의 수행 여부는 코치와 코칭 대상자 간의 협력 수준을 보여 주는 지표다. 따라서 코칭 대상자와 코칭 세션을 진행할 때, 코칭 과제를 수행한 데 대해 감사 인사를 나누고 코칭에 대한 그의 관심과 열정을 인정한다. 이때 송중기와 송혜교가 「태양의 후예」에서 나눈 대화를 응용한다.

"팀장님, 그 어려운 것을 또 해내셨습니다. 대단하십니다."

"아닙니다. 제가 해야 하는 것인데요. 코치님 유머와 재치가 대단하십니다."

"팀장님이 저의 유머와 재치를 끌어내신 것입니다. 코칭의 기본 원리입니다."

"코칭의 비밀이며 힘이군요. 오늘 또 배웠습니다."

"감사합니다. 매트릭스 자료를 만들면서 어떤 생각과 느낌을 가지셨는지요?"

"그동안 팀원들을 객관적으로 보기보다 주관적으로 보고 판단했다는 생각을 했습니다. 또 매트릭스를 완성하고 보니, 팀원들의 모습을 객관적으로 이해할 수 있었습니다. 팀원들의 전체 모습이 한눈에 들어와서 팀 운영에 자신감이 생겼습니다. 값진 자료를 만들도록 안내해 주셔서 감사합니다."

### 3. 매트릭스 분석 결과의 활용

모든 팀원의 업무 능력과 성과에 대한 매트릭스 표를 작성하면, 팀장은 각 팀원별로 그들의 업무 능력이 성과와 연결되는 관계를 파악할 수 있다. 매트릭스 표의 주된 논리는 업무능력과 성과의 정적인 상관관계를 가정하는 것이다. 즉 업무 능력이 낮으면 성과가 낮고, 업무 능력이 중간이면 성과가 중간, 업무 능력이 높으면 성과도 높게 나타나야 한다. 팀장은 팀원의 업무 능력을 향상시키기 위한 노력을 기울이면, 그만큼 성과도 비례해서 향상된다고 기대할 수 있다. 이러한 논리를 토대로 팀원에 대한 성과 면담, 육성 지원 등을 할 수 있다.

#### 팀 회의 방식의 개선

매트릭스 분석을 통해 팀원들의 현재 모습을 이해하기 전까지 팀장은 팀 회의에서 업무 진행 현황을 점검하고 개선 사항을 지시했다. 팀원들 간에 업무 능력이나 성과 수준에서 차이가 있다는 것을 경험적으로 인지했지만, 팀원의 업무 능력과 성과 간의 관계에 대한 큰 그림을 갖고 있지 못했다. 따라서 팀장은 팀 회의에서 개별 팀원들과 업무 현안에 대해 대화하는 데 어려움은 없었다. 그러나 팀 전체를 놓고 볼 때, 성과 중심으로 대화를 해야 할지 아니면 업무 능력 향상에 중점을 두고 대화를 해야 할지에 대한 방향을 잡지 못했다. 이와 같이 선택과 집중을 하지 못함에 따라 그는 팀 회의에서 모든 가능성을 염두에 두고 대화했다. 이러한 소통으로 인해 팀원들은 팀장의 메시지를 정확하게 파악하기 어려웠고, 팀장은 핵심 메시지를 간결하게 전달하지 못했다. 설상가상으로 팀장이나 팀원 어느 누구도 자신들의 속마음을 겉으로 표현하지 않았다. 이러한 팀 회의 분위기가 반복되면서 팀장과 팀원 모두 회의를 불편하게 느꼈고 거부감을 가졌다.

### 맞춤형 1:1 면담 전략 실행

매트릭스 분석을 토대로 팀장과 팀원 간의 맞춤형 1:1 면담을 설계했다. 개인 면담을 위한 기본 구성은 4개 집단이다. 이들 집단에 대한 면담의 주요 접근과 내용은 다음과 같다.

**관리 집단:** 업무 능력과 성과가 모두 낮은 집단이다. 이 집단은 부족한 업무 능력만큼 성과를 낸다. 우선 전체 팀원 중에 몇 명이 이 범주에 속하는지를 본다. 해당 팀원들은 다른 사업부로 전직하거나 이직의 대상이 될 가능성이 높다. 이때 팀장이 리더로서 추진해야 할 일은 해당 팀원의 잠재성이 바람직한 결과로 나타날 수 있는 팀 내 과제 또는 프로젝트를 만들어서 부여하는 것이다.

팀장은 육성이라는 측면에서 3번의 기회를 주고, 기대하는 결과를 만들어 내는지를 확인한다. 기회를 주었지만 바람직한 결과를 만들어 내지 못한다면, 팀장의 리더십으로 해결할 수 있는 범위를 넘어선 것이다. 이러한 상황에서는 직무를 전환시키거나 일정 기간 교육에 참여해서 부족한 업무 능력을 향상시키도록 돕는다. 이와 같은 육성방안들이 효과를 보지 못할 수 있다. 이 경우에는 인사 부서와 협의하여 인사 처우를 통한 해결

책을 찾아본다. 이러한 방안들을 통해 해결책을 찾지 못한다면, 더 이상 팀장의 리더십으로 해결할 수 있는 이슈가 아니다.

**기회 집단:** 업무 능력과 성과가 모두 중간 수준이다. 이 집단은 업무 능력을 향상할 때 성과도 비례해서 나타날 것으로 기대할 수 있다. 따라서 개인별로 업무 능력을 구성하는 요소의 현재 수준을 개인 면담의 소재로 삼는다. 예를 들어 업무 능력이 상담 스킬, 고객지향 마인드, 결과 지향성이라고 가정해 보자. 기회집단에 속하는 팀원별로 3개의 능력 수준을 확인한다. 이들 요소 중에 어떤 것을 향상시키면 성과 향상을 기대할 수 있는지를 파악한다. 개인 면담에서는 집중적으로 해당 능력 요소를 향상시키는 구체적인 방안에 대해서 소통한다. 이와 같이 보통 집단에 속하는 팀원에 대해서는 업무능력을 통해 성과 향상을 도모하는 맞춤형 면담과 코칭을 한다.

팀장은 보통 집단에 속하는 팀원들의 업무 능력에 따른 성과의 관계를 세밀하게 분석했다. 이어서 개인별로 성과를 촉진시킬 수 있는 요인을 찾아내고 개인 면담에서 맞춤형 대화를 나눴다. 이 과정을 통해 팀장은 면담에 대한 자신감을 가졌다. 팀원들은 이전보다 자기 자신의 개선점을 명확하게 알게 되었다. 구체적인 성과 향상을 위한 방안과 이를 위한 육성 방안이 논의되면서 동기부여를 받았다. 개인 면담에 집중하는 모습을 보였다. 이전에는 면담 시간에 늦거나 형식적인 면담으로 치부하며 시간만 채우려고 했다. 이제 팀장과 팀원 간에 신뢰관계가 탄탄해졌다.

팀장은 팀원의 업무 능력을 향상시키는 데 있어 업무 지시에 대한 팔로

우업이 중요하다는 것을 인식했다. 코칭 전에는 업무 지시를 하고 난 후 돌발적인 과제를 수행하느라, 후속 업무 진행을 챙기지 못했다. 이러한 일이 반복되면서 팀원들도 업무몰입도가 떨어졌다. 매트릭스 분석 자료를 토대로 한 개인 면담은 팀장과 팀원 모두에게 변화의 계기를 마련했다.

**성장 집단:** 업무 능력과 성과가 모두 상위 수준이다. 조직 관리에서 지향하는 목표이다. 이 집단의 주된 특징은 팀원들이 성취와 성장에 대한 욕구가 크고 자발적이다. 팀장과의 소통이 원만하고 이해력이 빠르다. 팀장은 팀의 중차대한 업무, 시급하면서 중요한 업무, 전략기획 등의 업무를 지시하고 팀원의 업무 수행에 의존하는 경향을 보였다. 팀원은 자율적이며 주도적으로 업무를 수행하는 것을 선호하기 때문에 팀장이 권한위임을 통해 성장을 지원하면 효과적이다. 직장인으로서의 기본 자세와 태도, 약속을 준수하고 책임의식이 높은 경우가 있다. 이러한 점은 팀장의 눈에 쉽게 띄고 선호하는 인재상이다.

팀장이 성장 집단에 의존할수록 초기에는 업무 성과가 높게 지속된다. 그러나 해당 팀원들이 탈진되는지에 주목할 필요가 있다. 업무량이 늘어나면서 '왜 나만 부려먹지?'라는 심리가 작동하기 쉽다. 팀장은 다양한 학습 기회를 우선적으로 주고 신뢰관계, 인정 등을 통해 과중한 업무 수행을 심리적으로 보상하고 있다고 생각하지만 팀원은 다르게 받아들일 수 있다. 따라서 성장 집단에 속한 팀원들의 업무량을 조절하고 탈진될 가능성을 관찰해야 한다. 그래야 팀장과 팀원 간의 긴장이 긍정적으로 지속될 수 있다.

이러한 측면을 고려하여 팀장은 더 적극적이고 직접적인 소통을 가졌다. 이 집단에 속하는 팀원들을 대상으로 끌어내기식 대화, 즉 코칭을 실시했다. 외부 전문코치를 통해 학습한 코칭 스킬을 팀원에게 적용했다. 팀장은 팀원에 대한 코칭의 진행과 결과를 코치와 공유하면서, 더 나은 코칭이 전개되도록 관리했다. 이와 같이 코칭의 학습과 현장 적용을 통해 팀의 맥락을 고려한 맞춤형 코칭을 전개했다. 코칭을 통한 학습과 효과가 코치와 팀장, 팀장과 팀원의 연계를 통해 전이되는 구도를 마련했다.

**탐구 집단:** 업무 능력과 성과의 정비례 관계를 벗어난 모습을 보이는 팀원들이다. 예를 들면 업무 능력은 부족한데 높은 성과를 보이는 경우, 반대로 업무 능력은 높은 데 비해 낮은 성과를 보이는 경우이다. 이러한 패턴은 제3의 요인이 업무 능력과 성과의 관계에 영향을 미치고 있다는 것을 시사한다. 가능한 영향 요인이란, 어떤 것들이 있을까?

업무 능력에 비해 성과가 높은 경우, 업무 능력에 속하는 것으로 관리하고 있는 요인 이외의 요인이 성과 향상에 영향을 미칠 수 있다. 따라서 팀원과의 면담을 통해 그가 성과를 만드는 방법에 대해 상세하게 면담할 필요가 있다. 이와 같은 팀원이 많다면, 해당 요인들을 업무 능력의 요소에 포함시킬 필요성이 있다. 팀원 중에는 신세대가 있다. 그는 페이스북이나 블로그, 그 이외의 사회적 관계망(SNS)을 활용하는 능력이 뛰어나다. 다른 신세대의 일하는 방식에 대한 관찰에서도 이러한 정보기술 활용 능력은 성과 향상에 기여하는 것으로 나타났다.

반대로 업무 능력에 비해 성과가 낮은 경우, 업무 능력을 효과적으로 사용하지 못하는 원인을 찾는 것이 중요하다. 예를 들면, 팀원이 자기 확신이 부족할 수 있다. 치밀하고 꼼꼼한 성격이거나 분석적이어서 자기 자신이 동의하고 수용할 수 있는 실행 방안이 나오지 않으면, 실제적인 실행을 주저할 수 있다. 또는 새로운 환경에 적응하는 데 어려움이 업무 능력을 발휘하는 것을 방해할 수 있다.

팀장은 탐구 집단에 속하는 팀원들과 개인 면담을 통해 팀원의 성과 만들기 전략을 찾았다. 필요한 경우 해당 팀원으로 하여금 성공 사례를 발표하도록 했다. 이 과정에서 해당 팀원은 존중을 받고 있다고 생각했다. 팀장이 자신만의 업무 방식을 이해하고 인정해 주고 있기 때문이다. 팀장은 개인 면담과 코칭을 하면서, 코칭 스킬을 집중적으로 개발시켜야 할 필요성을 느꼈다.

### 4. 중간 점검과 후속 코칭 방향

코칭에 대한 중간 점검은 두 가지 활동으로 이루어졌다. 하나는 코칭 세션을 진행하면서 코칭 대상자가 원하는 코칭 목표를 달성하고 있는 정도와 코칭 만족도, 추가 요청 사항이다. 팀장은 팀장과 팀원 간의 인식 차이와 소통 이슈를 해소하는 데 큰 도움을 받고 있다는 의견을 냈다. 특히 매트릭스 분석을 통해 팀원들의 업무 능력과 성과의 연계성을 볼 수 있게 된 것을 결정적 도움으로 꼽았다. 팀장은 팀장 리더십을 발휘하는 데 있어 시스템적이며 통합적인 관점을 취하는 경험을 처음 가졌고, 객관적인 자료에 기반한 리더십을 발휘하는 데 스스로 만족했다.

다른 하나는 코치의 역할에 대한 점검이다. 팀장이 속한 고객사의 리더를 코칭하는 외부 전문코치들이 모여 각자의 코칭 사례를 익명으로 공유하면서 동료 전문가의 피드백을 듣는 것이다. 이 접근은 고객사가 코칭을 도입한 목적과 경영 환경, 조직 문화 등에 대한 이해를 전문코치들이 공유하고 있기 때문에 특히 유용하다. 고객사 팀장을 코칭하는 전문코치들이 팀장의 성과 리더십과 성공적인 팀 운영에 대해 같은 이해와 시선을 갖고 있다. 또 팀장의 역할에 대해 눈높이를 맞춘 상태에서 서로 의견을 공유하고 있다. 이를 토대로 전문코치들은 코칭에 참여한 팀장들이 역할의 수위를 균등하게 조절하고 원만한 소통 환경과 상호협력할 심리적 기반을 조성하는 데 실질적인 도움을 준다.

### 개인 면담의 효과

코칭에 대한 중간 점검을 마친 후 팀원을 대상으로 개인 면담을 진행한 결과와 효과에 대한 코칭 세션을 진행했다. 매트릭스 분석에 기초해서 팀장이 팀원과 진행한 개인 면담은 성공적이었다. 팀장은 팀원들과 대화를 할 때 객관적인 자료를 갖고 대화를 하기 때문에 중립적인 위치에서 대화할 수 있었다. 자료가 없을 때에는 주관적인 대화도 포함되기 쉬워서 성과 부진에 대해 이야기를 나눌 때는 서로가 긴장하고 불편했다. 때로는 자기방어적인 입장을 취했다.

이번에는 이러한 소모적인 심리 현상을 해소시켰다. 또한 업무 능력과 성과의 관계에 토대를 둔 자료이지만, 면담의 내용은 성과 평가보다 성장에 초점을 맞추었다. 팀장과 팀원 모두, 대화의 내용이 서로 승승을 지향한다는 측면에서 서로 격려와 감사를 나누는 시간을 가졌다.

개인 면담에서 팀원들의 긍정적인 피드백을 정리하면 다음과 같다.

- 내 속마음을 이야기할 수 있어서 편했다.
- 팀원으로서 존중받고 있다는 느낌을 가졌다.
- 이전에는 문제점 지적이 많았는데 성과 향상과 성장을 다루어 좋았다.
- 기존 경험한 면담과 차원이 다른 면담이다. 앞으로도 기대된다.
- 팀장의 노력을 이해할 수 있었다. 팀원으로서 책임감도 느꼈다.
- 앞으로 이런 면담이 자주 있으면 좋겠다.

그러나 성공적인 측면이 있었지만, 일부 부정적인 측면도 있었다. 극히 소수이지만, 일부 팀원은 자신의 민낯이 드러난 듯한 불편함을 느꼈다고 호소했다. 겉으로 보기에도 안절부절못했다. 또한 팀장이 질문하면 응답을 회피하는 사례도 있었다. 팀원의 성장 측면에서 극복해야 할 과정이지만, 앞으로 팀장과 팀원의 관계를 더 견실하고 진솔하게 갖는 데 있어 참고할 점이다.

### 팀 분위기의 개선, 대화 방식이 달라졌다

팀장은 팀 내에서 대화하는 방식이 달라지는 변화를 직접 관찰했다. 기존의 일방적인 대화가 생각을 서로 주고받는 모습으로 바뀌었다. 이러한 대화 방식의 변화로 인해 갈등을 넘어 서로 조율하는 생산적인 대화를 할 수 있다. 업무적인 관계 중심이 대인관계 중심으로 바뀌면서 신뢰가 형성되고 상호 입장을 고려하고 배려하는 모습을 보였다.

### 교육 내용에 대한 변화 요구와 대응

기존에 팀원들이 교육을 신청해서 참여하는 경우, 표준형 프로그램으로 교육 대상자의 교육 요구, 학습 난이도 등을 고려하지 않았다. 이로 인해 교육을 참가하는 시간만큼 교육 효과는 높지 않았다. 내부적으로도 천편일률적인 교육의 무용함을 인지하고 기존의 교육 프로그램 운영을 지양했다. 또한 교육과 성과 간의 연계 가능성에 회의적인 목소리가 나타나기 시작했다. 따라서 회사 차원에서 사내 교육 프로그램에 대해 대대적인 정비를 했다. 교육 요구를 조사하여 불필요한 교육을 폐강하고, 교육 수요에 맞는 교육을 진행하는 것으로 방침을 바꾸었다. 팀장은 매트릭스 자료를 토대로 사내 또는 사외교육을 수강하도록 했다. 교육 시간이 기존에 비해 반으로 줄었다. 팀원들도 이전보다 교육을 신청하는 빈도가 줄었다. 대신 각자 자신의 업무에 집중하는 시간으로 활용했다.

회사 차원에서 실시되는 교육 이외에, 팀 차원에서 내부 교육을 실시했다. 교육의 주된 목적은 성과 향상에 초점을 맞추었다. 교육 방법은 주입식보다 코칭적 접근을 취했다. 주요 사항은 다음과 같다.

- "~ 하라"는 지시나 명령 방식의 대화를 지양했다.
- 팀원의 에너지를 주도적으로 끌어내기식을 취했다.
- 리더로 성장하도록 돕고, 책임감을 향상시킨다.
- 교육을 통한 성과 향상을 주도하도록 동기부여한다.

- 코칭 마인드를 가진 리더로 육성한다.
- 생각을 자극하고 끌어내는 코칭 스킬을 키운다.

### 5. 후반부의 주요 코칭

팀장은 성과 향상을 위한 전략을 실행할 때, 팀원과의 인식 차이를 해소하는 소통 전략에 집중했다. 팀장은 신세대와 소통할 때 객관적인 자료나 사실을 사용했다. 또한 개별적인 접근 이외에도 주제별로 토론하는 방식을 운영했다. 이를 통해 신세대의 참여를 독려하고, 생산적인 토의 결과가 나오도록 했다. 즉 회의를 마칠 때에 '오늘의 회의를 통해 학습한 것은 무엇인가? 더 나은 성과를 낼 수 있는 아이디어는 무엇인가?'와 같은 질문에 답을 찾도록 했다.

팀장은 신세대와 소통할 때 다음 사항을 특히 고려했다.

- 상대방이 이해하는 데 어려움을 호소하는 경우, 상대방의 입장과 처한 상황을 고려한다.
- 한번에 일이 되게 하려던 방법을 바꿔, 단계적으로 접근하고 장기적으로 추진한다.
- 신세대 신입사원은 기존 사원과 다르다는 점을 수용한다.
- 세대 차이를 부각시키거나 불편을 감수하기보다 선배들이 모델 역할을 한다.
- 서로 관점 차이가 있을 때, 차이보다 먼저 서로 일치하는 인식을 명확

히 한다.

## 6. 코칭의 주요 성과

팀장은 신세대를 이해하는 범위가 이전보다 많이 넓어진 것을 코칭의 주요 성과로 들었다. 코칭 전에는 신세대가 아직 실력이 부족하다고 생각했다. 또 원하는 성과를 낼 수 있을지에 대해 염려했다. 그러나 지금은 신세대가 할 수 없다고 생각했던 것을 믿고 맡길 수 있는 상태가 되었다. 이를 통해 팀장이 팀원의 모든 질문에 대답해야 한다는 강박적인 부담에서 해방되었다.

팀장은 코칭의 주요 성과를 다음과 같이 요약했다.

**〈인지적 측면에서의 성과〉**

- 팀장의 역할 관점에 묶인 사고와 행동을 했다. 이로 인해 유연성을 발휘하지 못했다.
- 신세대와의 인식 차이를 먼저 보았으나, 서로 공유하는 신념과 가치 등에 주목했다.
- 매트릭스 분석을 통해 주관적인 사고 틀을 벗어나 객관적인 관점에서 대화할 수 있다.
- 코칭 마인드를 근간으로 하는 리더십 발휘와 조직 관리의 필요성을 자각했다.

〈행동변화 측면에서의 성과〉

- 업무능력과 성과 매트릭스를 활용한 개인 면담의 효율성이 높아졌다.
- 성과 향상과 팀원의 성장을 돕는 개인 면담을 통해 상호 신뢰를 구축했다.
- 팀 회의 분위기와 팀 문화가 활력을 찾고 긍정적으로 변화했다.
- 팀원의 잠재성을 끌어내는 코칭 리더십을 업무 대화와 공식 회의에서 실천했다.
- 팀원의 요구에 맞는 교육을 실행할 수 있었고 교육 만족도가 향상되었다.
- 팀의 월별 업무성과가 코칭 전과 비교할 때 점진적으로 향상되는 추이를 보였다.

**이석재**

코칭 전문기관인 코치올(Coachall) 대표코치이며 심리학자(Ph.D.)로 생각 나눔을 통해 개인과 조직의 성장을 돕는 생각 파트너로 활동하고 있다. 행동과학적인 코칭 접근을 알리기 위해 「효과성 코칭 워크숍」, 「코칭심리학 공부방」, 「증거기반코칭」, 「증거기반코칭 사례분석」과정을 운영하고 있다. 저서로는 20년의 코칭 경험을 담은 『코칭방법론』, 『경영심리학자의 효과성 코칭』, 『18가지 리더십 핵심역량을 개발하라』, 『떠도는 마음 사용법』, 『내 삶을 바꾸는 생각 혁명』 등이 있다. 국제코칭연맹(ICF)이 인증하는 전문코치(PCC, 2008)이며 한국코치협회 정회원이다.
이메일: sukjae505@daum.net
페이스북: https://www.facebook.com/thinkingpartner.sj
홈페이지: https://thinkingpartner.co.kr
블로그: https://mewemind.com

# 기업문화 정립을 위한 중소기업 CEO 코칭

임기용

## 1. 배경

T사는 광고 미디어 분야의 중소기업으로 설립된 지 8년 되었으며, 현재 직원이 60여 명(임원 3명, 팀장 15명 포함)이다. 전년도 매출이 300억 원을 넘었으며 주요 고객을 안정적으로 확보하고 있다. 회사가 안정 궤도에 접어들어 여유를 갖게 된 대표는 회사의 미션-비전-핵심가치체계 수립, 팀장/임원 리더십 코칭 진행을 계획하고 있다. 대표는 중소기업경영자 모임에서 만난 참가자로부터 자문 코치를 추천받았다.

## 2. 사전 인터뷰

지인을 통해 T사의 대표를 만난 자문 코치(필자)는 대표의 요구사항이 무엇인지 파악하기 위해 인터뷰를 진행하였다.

### 1) CEO 인터뷰

코치: 대표님의 고민이 무엇인지 간략히 요약해서 말씀해 주시겠습니까?

대표: 최근에 직원들이 많이 늘었습니다. 3~4년 전만 해도 30명 정도의 인원이고 오랫동안 함께 일하던 직원들이라 지나가다 한마디 툭 던져 보면 무슨 생각을 하는지, 일이 잘 진행되는지 파악했는데 요즘은 사람이 너무 많아 파악이 안 돼요.

코치: 그러시겠네요. 60명이면 이제 대표님이 직접 관리하기에는 많은 인원이죠. 그리고 또 뭐가 있습니까?

대표: 사람들이 늘어나다 보니 서로 생각들이 다르고 행동하는 것도 달라서 뭔가 방향성이 없어요. 그래서 함께 공유하는 기업문화 같은 것을 만들고 싶어요.

코치: 오, 기업문화라…… 대표님은 상당히 생각이 앞서신 것 같아요. 어떤 내용인지 좀 더 구체적으로 말씀해 주시겠어요?

대표: 쉽게 말하면 우리 회사가 더 커지고 사람이 많이 들어와도 하나의 팀처럼 생각하고 움직였으면 좋겠어요.

코치: 네, 무슨 뜻인지 알겠습니다. 생각하고 있는 방법이 있는지 궁금합니다.

대표: 음, 대부분의 회사들이 조직의 방향성을 정렬할 때 미션-비전 같은 걸 만들던데 우리도 그런 걸 만들면 어떨까 합니다. 코치

님 생각은 어떠세요?

코치: 네, 정말 좋은 생각입니다. 그리고 또 어떤 고민이 있으세요?

대표: 코치님께는 이 두 가지만 부탁드리고 싶습니다. 새로운 비즈니스 발굴이나 고객 확보 같은 문제는 저희가 알아서 할 수 있습니다.

코치: 좋습니다. 그럼 이 두 가지 문제에 대해 도와드리도록 하겠습니다. 이제 하나씩 좀 더 자세히 이야기를 나눠 볼까요? 먼저 미션-비전부터 살펴보죠. 이 작업을 통해 얻고자 하는 것은 무엇인가요?

대표: 우리 회사의 방향성을 설정하고 직원들이 함께 할 행동지침 같은 것을 마련하는 것입니다.

코치: 네, 미션-비전-핵심가치 체계를 만들고 싶은 모양이네요.

대표: 핵심가치가 어떤 의미인가요?

코치: 대표님이 말씀하시는 행동지침을 말합니다. 행동이란 게 결국 신념이나 가치체계를 기반으로 하는 것이기 때문에 행동지침을 공유된 핵심가치(Shared core value)라고 합니다.

대표: 공유된 핵심가치라…… 그 단어 마음에 드네요.

코치: 어떤 면에서 마음에 드나요?

대표: 저는 제일 중요한 것은 결국 '동일한 가치를 지향하는 일치된 행동'이라고 생각하기 때문입니다. 서로 다른 방향을 향해서 가면 조직이 가야 할 공동의 목표점에 도달할 수 없을 테니까요.

코치: 네, 대표님은 상당히 실용주의자란 느낌이 드네요.

대표: 네, 맞습니다. 저는 거창한 구호보다 실질적인 행동을 믿는 사람입니다.

코치: 네, 잘 알겠습니다. 대표님이 생각하는 핵심가치는 무엇인가요?

대표: 아직 확정된 것은 아닙니다만, 저는 공정과 합리를 중요하게 생각합니다.

코치: 또 어떤 것이 있나요?

대표: 나머지는 직원들의 의견을 물어보고 함께 정하고 싶습니다.

코치: 네, 좋은 생각이네요. 그럼 미션-비전 수립 워크숍을 하는 게 좋겠습니다.

대표: 네, 그러잖아도 가을 체육행사를 1박 2일로 늘려서 첫날 비전 워크숍을 하고 다음 날 체육행사를 하는 일정을 생각하고 있습니다.

코치: 좋은 생각이네요. 진행을 어떻게 하실 생각인가요?

대표: 코치님이 좀 해 주시면 안될까요?

코치: 네, 좋습니다. 대표님께서 원하시면, 관련 계획안을 작성해서 다음 주에 보여드리겠습니다.

대표: 네, 감사합니다.

코치: 그리고 두 번째 고민이 조직관리라고 하셨는데, 좀 더 구체적으로 이야기해 주시겠습니까?

대표: 서두에서 말씀드린 대로 직원이 60명쯤 되니 제가 직접 관리할 수 없습니다. 그래서 팀장들이 잘 관리하기를 기대했는데 제대로 못하고 있는 것 같습니다.

코치: 어떤 면에서 못하고 있다고 생각하시나요?

대표: 팀장들이 말만 팀장이지 하는 일은 직원일 때와 똑같아요.

코치: 아, 그래요? 어떻게 똑같은데요?

대표: 팀장이면 팀원들이 하는 일을 잘 지원하고 관리해서 팀 전체가 좋은 성과를 낼 수 있도록 해야 하는데 그게 부족한 것 같아요.

코치: 그렇군요. 그럼 대표님이 생각하기에 팀장들이 리더십을 제대로 발휘한다는 것은 어떻게 하는 거라고 생각합니까?

대표: 제 생각에는 팀장은 일만 챙길 것이 아니라, 팀원들이 부족한 역량을 키워주고 팀원의 사소한 일까지 들어주고 소통하면서 동기부여도 하면서 팀의 성과를 더 잘 내는 것이지요.

코치: 그렇군요. 그럼 이번에 승진한 팀장들은 리더십 교육을 받았나요?

대표: 아뇨?

코치: 아…… 이 회사는 팀장 승진자 교육을 하지 않나요?

대표: 네, 우리 회사는 지금까지 팀장이 된다고 해서 특별히 교육을 하지 않았습니다.

코치: 그렇군요. 대표님은 예전에 대기업에서 팀장으로 근무하신 적 있다고 하셨는데, 그때 리더십 교육받은 적이 있었나요?

대표: 네, 있습니다. 팀장 승진하고 바로 팀장 리더십 교육을 받았죠.

코치: 리더십 교육을 받고 나니 팀장 역할을 수행하는 데 도움이 되던가요?

대표: 그럼요. 그때 교육에서 배운 것들이 팀장 임무 수행에 도움이 많이 됐죠.

코치: 대표님께서 팀장 교육에 대해 긍정적인 경험을 가지고 계시군요. 그런데 왜 이 회사에서는 리더십 교육을 안 하시죠?

대표: 음…… 그러네요. 그럼 리더십 교육을 좀 할까요?

코치: 당연히 해야죠. 팀장이 모두 몇 명이나 됩니까?

대표: 15명입니다.

코치: 생각보다 많네요. 이 중에서 올해 승진한 팀장은 몇 명이나 됩니까?

대표: 5명입니다.

코치: 나머지 10명은 언제 승진했나요?

대표: 3명은 경력직 팀장으로 채용된 사람이고, 5명은 승진한 지 4년쯤 됐고, 2명은 작년에 승진했습니다.

코치: 이미 팀장이 된 지 오래된 분과 올해 승진한 사람을 함께 교육하는 건 과정 짜기도 힘들고 서로 불편할 수도 있으니 올해 승진한 5명은 교육으로 진행하고, 작년 승진자 2명은 개인 코칭, 그리고 2년 이상 되신 분은 이번 교육에서는 제외하는 것이 어떨까요?

대표: 네, 그렇게 하죠. 교육과 코칭은 누가 진행하나요?

코치: 저는 회사의 비전 관련 작업을 준비하면서 팀장 교육을 연계시켜 보면 좋겠다고 생각합니다.

대표: 그럼 다음에 오실 때 어떻게 진행하실지 계획안을 좀 준비해 오시겠습니까?

코치: 네, 그렇게 하겠습니다.

### 코치의 리뷰

중소기업과 코칭이나 조직개발 프로젝트를 진행할 경우 조직진단을 먼저 하는 것이 바람직하다. 규모와 목적에 따라서 설문과 인터뷰를 병행하거나 설문 또는 인터뷰 중 하나만 진행하기도 한다. T사의 경우 미션-비전 수립, 교육, 코칭에 대한 의뢰라서 대표와 코칭 및 교육 참석자에 대한 인터뷰만 진행하기로 하였다. CEO와의 인터뷰는 코칭 식으로 진행하였다. 컨설턴트의 입장이라면 CEO가 원하는 것이 무엇인지만을 파악하면 되겠지만, 코치의 역할에서 보자면 대화를 통해서 CEO가 자신이 원하는 것의 근본적인 이유와 해결 방안까지 스스로 찾을 수 있도록 도와주는 것이 바람직하기 때문이었다.

인터뷰를 통해서 이 기업은 이제 어느 정도 재정적인 안정을 이루었으며, 더 큰 도약을 위해 회사의 장기적인 목표와 비전을 수립하고 중견 간부인 팀장뿐 아니라 자기 자신도 리더십 역량을 향상시킬 필요성을 느끼고 있다는 것을 알 수 있었다. 또한 이러한 문제를 해결하기 위해 내부 직원이 아닌 외부의 전문가를 활용하는 것이 바람직하다는 판단을 하고 있었다.

CEO와의 대화를 통해서 CEO는 경영에 필요한 것이 무엇이고 어떤 자원을 투입하여 해결해야 하는지를 잘 알고 있는 것으로 보였다. 또한 실무에 대해서도 직접 관여하여 챙기는 스타일로 보였다. 이 프로젝트는 HR담당 직원이 아니라 CEO가 직접 챙길 것으로 보인다. 빠른 의사결정으로 향후 프로젝트 진행이 신속하게 이루어질 것 같다.

### 2) 팀장 인터뷰

코치: 안녕하세요? 김 팀장님. 임기용 코치입니다.

김 팀장: 네, 코치님 반갑습니다.

코치: 얼굴은 많이 봤지만 대화는 처음이죠.

김 팀장: 네, 그러네요.

코치: 대표님께 이야기 들으셨겠지만 올해 승진한 팀장 5분은 리더십 교육을 받기로 하고, 작년에 승진한 분은 코칭을 하기로 했습니다. 그래서 진행 전에 코칭 니즈를 파악하기 위해서 인터뷰를 좀 할까 합니다.

김 팀장: 네, 좋습니다.

코치: 작년에 승진하셨다고 들었습니다. 그동안 팀장 역할을 수행하면서 애로사항이 있다면 무엇입니까?

김 팀장: 팀장으로서 해야 할 일이 무엇이고 어디까지 해야 하는지, 직원들의 업무에 대해서 어떤 식으로 피드백을 하는 게 좋은지, 업무 스타일이 다른 직원은 어떻게 관리해야 하는지, 직원들의 성과 관리는 어떻게 해야 하는지 등입니다. 너무 많네요.

코치: 고민이 많으시군요. 어쨌든 1년 동안 팀장으로서 나름대로 노력을 하셨을 텐데, 그동안 어떤 노력을 해 보셨나요?

김 팀장: 저는 주로 책을 봤습니다.

코치: 어떤 책을 보셨나요?

김 팀장: 저는 주로 팀장의 역할, 팀장 리더십 같은 책을 사 봤습니다.

코치: 도움이 되었나요?

김 팀장: 네, 많은 도움이 되었습니다. 그런데 책에도 없는 문제에 대해서는 누구에게 물어봐야 할지 몰라서 답답할 때가 있습니다.

코치: 그러시군요. 본부장님이나 대표님에게 물어보지 그러셨어요?

김 팀장: 음…… 그렇기도 한데 가능하면 하지 않습니다.

코치: 팀장님의 마음속에는 있지만 말하지 않는 까닭이 궁금한데요.

김 팀장: 본부장님은 그래도 좀 나은데 대표님은 바쁘시기도 하고, 또 이런 문제로 상의했다가 그런 것도 해결 못하냐고 핀잔 들으면 어쩌지 하는 두려움도 있고요.

코치: 저도 직장 생활해봐서 그 마음 충분히 이해가 됩니다. 본부장님이나 대표님과도 상의하기 어려운 주제는 앞으로 저와 코칭하면서 풀어가 보면 어떨까요?

김 팀장: 네, 그래 주시면 좋겠습니다.

코치: 코칭 관련해서 또 하실 말씀 있으면 해 보세요.

김 팀장: 음…… 이건 다른 분에겐 비밀로 해 주신다고 약속하시면 말씀드리겠습니다.

코치: 네, 코치는 고객의 비밀을 지키는 것을 직업윤리로 삼고 있으므로 걱정하지 않아도 됩니다. 그리고 이렇게 특별히 강조하시니 더욱더 비밀을 지키도록 하겠습니다. 뭐든 편하게 말씀하십시오.

김 팀장: 네, 그럼 코치님 믿고 말씀드리겠습니다. 저희만 코칭하지 마시고 우리 대표님도 꼭 코칭해 주시기 바랍니다.

코치: 네?

김 팀장: 제 생각엔 우리 회사에서 정말로 코칭이 필요한 사람은 우리 대표님이라 생각하기 때문입니다.

코치: 왜 그런 요청을 하시는지 좀 더 자세히 말씀해 주세요.

김 팀장: 대표님이 이젠 실무는 팀장들에게 맡겨도 될 텐데 아직도 작업 점검 회의에 참석하시고 의견을 많이 이야기하시는 편이에요. 대표님이 경험이 많아서 다양한 관점에서 우리가 놓치고 있는 것을 이야기해 줄 때가 많습니다. 그런데 대표님이 의견을 제시하는 순간 우리는 반대 의견을 말하기가 부담스럽거든요. 문제는 대표님이 좀체 의견을 바꾸지 않는다는 것입니다. 더 큰 문제는 대표님의 의견을 반영하여 작업을 했는데 수주에서 실패할 경우 결국 그 책임은 담당자와 담당 팀장이 져야 하거든요.

코치: 그렇군요. 고민이 많으시겠어요. 그런데 이게 대표님이 코칭받는 거랑 무슨 관련이 있죠?

김 팀장: 대표님이 자신이 개입한 일에 대해서는 책임을 묻지 않거나 아니면 의견을 자제할 필요가 있는데 코치님께서 코칭을 통해서 해결해 주셨으면 해서요.

코치: 코칭은 남을 고치려 하거나 조언을 하는 게 아닙니다. 대신 팀장님이 말씀해 주신 내용은 참고하겠습니다.

김 팀장: 그래요? 그럼 코칭에서 뭘 하는 건가요?

코치: 아하, 팀장님은 코칭이 남에게 뭔가를 가르치거나 조언하는 걸로 알고 계시는 모양이네요. 스포츠에서 코치들이 선수들 코칭하는 것처럼요.

김 팀장: 네, 코칭이 그런 거 아닌가요?

코치: 아닙니다. 코칭이란 용어가 스포츠에서 유래되긴 했지만, 의미는 많이 다릅니다. 코칭은 고객이 스스로 자신의 문제를 인식하고 자기 안에 있는 자원을 활용해서 자신이 잘하는 방식으로 문제를 해결할 수 있도록 돕는 것입니다. 왜냐하면 사람은 누구가 자신만의 경험과 지식이 있고 또 성향이나 스타일, 선호하는 방식 등이 다르기 때문입니다. 만일 누군가 팀장님이 하는 고민에 대해 좋은 솔루션을 제시하는데, 그 솔루션이 팀장님이 할 수 있는 방법이 아니거나 좋아하는 방식이 아닌 경우 어떻게 하시나요?

김 팀장: 그 솔루션을 참고는 하되 제가 할 수 있는 방법과 평소 제가 잘하는 방식으로 처리하려고 하죠.

코치: 그렇죠. 그래서 코칭은 답을 주거나 가르치려고 하지 않고 스스로 답을 찾도록 도와주는 것입니다. 그렇게 하는 것이 그 사람의 문제해결에 더 효과적이란 것을 알기 때문이죠.

김 팀장: 그럼 저의 대표님에게 코칭만 하지 마시고, 저의 대표님을 코치로 만들어 주시면 안될까요? 하하.

코치: 네? 아, 그거 좋은 생각이네요. 하하하. 팀장님이 저에게 하려는 말씀이 무슨 말인지 이해가 됩니다. 팀장님의 부탁이 없었더라도 대표님을 코칭하려고 생각하고 있습니다. 저는 대표가 코칭을 모르고 또 코칭을 받아 보지 않고 직원만 코칭을 시키는 것은 바람직하지 않다고 생각합니다. 대표님도 코칭을 받기로

했는데 코칭을 받으시면 많은 변화가 있을 것이라 기대합니다.

김 팀장: 정말 그러면 좋겠습니다.

코치: 그럼 오늘 인터뷰는 이쯤에서 마칠까 하는데 오늘 저랑 대화해 보니 어떠신가요?

김 팀장: 사실 처음에 인터뷰한다고 해서 긴장을 했는데요, 막상 코치님 만나서 이야기를 하다 보니 편하게 느껴졌고 제 이야기에 귀 기울이고 잘 수용해 준다는 느낌이 들었습니다. 앞으로 있을 코칭도 기대가 됩니다.

코치: 그렇게 말씀해 주시니 감사합니다. 그럼 오늘 인터뷰는 이만 마치도록 하겠습니다.

**코치의 리뷰**

팀장 승진 초기에 팀장 역할에 대한 교육이나 가이드가 없어서 고생했다는 것을 알 수 있었다. 알아서 책을 보거나 다른 선배들에게 상의하면서 공부하는 사람은 팀장으로서 역할을 빨리 깨닫고 팀 관리를 제대로 하는 반면 그렇지 못하는 사람도 꽤 있는 것으로 짐작이 되었다. 한편 대표가 진취적이고 적극적이긴 한데 조직이 커진 만큼 실무에 관해서는 일정 부분 팀장에게 위임하고 더 큰 틀을 보는 데 신경 써야 하는데 그러지 못하고 있다는 것을 감지할 수 있었다. 또한 팀장들이 코칭에 대해 알고 있는 것이 흔히 알고 있는 스포츠 코치처럼 뭔가를 가르치거나 조언하는 것으로 잘못 이해하고 있다는 것을 알았다. 코칭 OT를 할 때 코칭에 대한 철학과 정의, 사례를 소개하는 것이 좋겠다는 생각이 들었다.

### 3. 인터뷰 분석 및 제안

대표와 팀장의 인터뷰를 통해 파악한 고객의 니즈와 조직의 문제점을 분석하고 이를 기반으로 향후 코칭 방향을 정리하였다.

| | 고객 요구사항 | 문제점 및 시사점 | 해결 방안 |
|---|---|---|---|
| 대표 | - 조직의 미션-비전 수립: 조직의 목표 설정 및 방향성 정립<br>- 팀장의 리더십 역량 향상 | - 미션-비전은 없으나 필요성은 인식하고 있음<br>- 팀장 역할의 중요성은 인식하고 있으나 교육, 코칭을 통한 지원은 전혀 없음 | - 미션-비전 수립을 위한 전사 워크숍 진행 팀장 교육과 코칭 동시 진행<br>- CEO 코칭도 동시 진행 |
| 팀장 | - 팀장 역할 범위, 피드백 방법, 성과 관리 | - 팀장의 역할 수행에 대한 인식이 부족하며, 필요한 역량 교육이 없음<br>- 상급자와 편하게 소통하는 문화가 형성되지 않음 | - 금년에 승진한 팀장은 교육을 통해 리더의 필수 역량 학습<br>- 전년도 승진한 팀장은 일대일 코칭을 통해 역량 개발 및 현안 문제를 일대일로 코칭 |

상기 분석을 통해 아래와 같이 코칭 제안을 하였다. 대표가 요구한 내용 중 미션-비전 수립 워크숍과 팀장 리더십 코칭은 본 원고의 주제와는 다른 사안이라 여기서는 CEO 코칭에 대해서만 다루도록 한다.

코칭 제안 내용

① 기간: 5.1.~12.31.

② 일정: 매주 수요일 13:00~14:30

③ 장소: 대표 회의실(필요시 외부 장소)

④ 진행 방식: 일대일 대화 방식, 코칭과 컨설팅을 겸한 형태로 진행

⑤ 주제: CEO 리더십 역량 개발 및 경영 현안 내용

## 4. 코칭 진행 내용

### 1) 코칭 프로세스

CEO 코칭의 진행은 아래와 같이 진행되었다.

사전 작업 → 첫 세션 → 주제별 세션 진행 → 마지막 세션 → 종합보고

**사전 작업:** 코칭을 준비하는 단계로 고객에게 환영 메시지와 오리엔테이션 자료를 보내서 고객이 코칭에 대해 준비하도록 한다. 환영 메시지에는 코치의 간략한 소개와 코칭을 진행하게 된 배경 및 목적을 설명하고, 고객에게 코칭 받고 싶은 주제나 요청사항을 묻는다. OT 자료에는 코칭의 개요(철학, 정의, 배경, 기업 활용 사례)와 향후 진행 일정과 진행방식 등을 설명한다. 본 코칭에서는 대표에게 직접 대면으로 구두로 설명을 하였다.

**첫 세션:** 첫 세션에서는 상호 자기 소개, 코칭 진행에 대한 안내, 코칭 주제, 코칭 합의를 한다. 코칭 합의는 회사와 하는 코칭 계약과 달리 코치와 고객이 효과적인 코칭을 위해 상호 노력해야 할 사항을 합의하는 개인적인 약속이다. 자세한 내용은 아래에서 다룬다.

**주제별 세션 진행:** 주제별로 2~4회 정도 진행한다. 대표의 주제는 주로 전사 차원의 주제가 많다.

**마지막 세션:** 마지막 세션에서는 그 동안에 진행된 내용을 리뷰하고 향후 스스로 실행할 내용을 정리한다.

**종합 보고:** 진행된 코칭에 대한 종합 보고로서 그동안 진행된 결과물의 종합 보고 및 코치가 코칭을 하면서 느낀 소감과 제언을 한다.

### 2) 첫 세션

첫 세션에서는 상호간의 개인적인 소개를 하였다. My life my story란 주제로 지금까지의 삶에서 주요한 사건을 양식지에 쓴 후 서로 이야기하는 방식으로 진행하였다. 자연스레 고향, 자라 온 환경, 주요한 사건과 그것을 통해 형성된 가치관에 대해 알게 되었다. 특히 대표가 회사를 설립하게 된 배경과 그동안의 경과를 자세히 알게 되었고 어떤 성향인지 대략 파악이 되었다. 물론 고객도 나의 배경과 성향에 대해서 파악하게 되어 짧은 시간에 서로에 대해 깊이 알게 되었다.

상호 소개를 마치고 코칭에서 다룰 주제에 관해 이야기하였다. 대표가 다루고 싶어 하는 주제는 직원들과의 소통 특히 신참 팀장들과의 소통에 대한 고민이 많았다. 그 다음으로는 회사의 사업확장을 위한 방향 설정과 조직 세팅이었다. 그러기 위해서 회사의 미래 비전을 수립하고 함께 행동할 핵심 행동 수칙을 정하고 싶다고 했다. 지금 시점에서 꼭 필요한 주제들이었다.

### 3) 주제별 진행 내용

**주제 1: 핵심가치 정립**

코칭의 첫 번째 주제는 회사의 미션-비전-핵심가치를 정립하고 한 방향 정렬선을 맞추는 것이었다. 조직이 커지면서 새로운 사람들이 많이 들어오게 되고 서로 다른 경험과 가치관을 가진 사람들이 섞이다 보니 서로가 지향하는 것이나 중요하게 생각하는 것의 차이로 인해 사소한 부딪침도 많이 생기고 뭔가 하나의 목표를 향해 함께 나아간다는 느낌이 들지 않는다고 하였다. 이 주제로 나눈 핵심 대화는 다음과 같다.

코치: 이 주제를 통해 대표님이 얻고자 하는 결과물은 무엇입니까?

대표: 우리가 지향할 목표를 명료하게 하고 함께 일치된 행동을 하는 것입니다.

코치: 그것이 왜 중요한가요?

대표: 미래 지향적인 목표가 있으면 더 희망적인 마음으로 일에 임하지 않을까요? 조직이 성장하고 발전하는 모습이 그려져야 더 열심히 일하려고 하지 않을까 생각합니다.

코치: 네, 그렇겠네요. 아무래도 성장 가능성이 있는 곳에서 일하고 싶어 할 테니까요. 그리고요?

대표: 함께 일하는 데 있어서 우리가 중요하게 생각해야 할 행동 기준을 정하는 것이 서로 생각과 행동을 일치시키는 데 도움이 되지 않을까 생각합니다.

코치: 네, 좋습니다. 그래서 이 주제로 코칭을 한 후 손에 쥐고 싶은

구체적인 결과물은 무엇입니까?

대표: 음…… 구체적인 결과물이라. 우리 회사의 미션-비전-핵심가치를 정하고 싶습니다.

코치: 좋습니다. 회사가 스케일 업 하는 시점에 매우 필요한 작업이라고 봅니다. 이 작업은 어떻게 진행하면 좋을까요?

대표: 코치님이 전문가이시니 코치님이 좀 해 주시면 어떨까요?

코치: 대표님과 이 회사 직원들이 입을 옷이니까, 저보다는 대표님과 직원들이 함께 만드는 것이 누구보다 더 몸에 잘 맞는 옷을 만들 수 있을 겁니다. 어떻게 생각하십니까?

대표: 제가 이런 작업을 해 본 적이 없어요.

코치: 아~ 제가 아무것도 안 한다는 것이 아니고요. 제가 전체 작업 진행을 이끌어 갈 건데요. 진행은 제가 하되 내용을 만드는 것은 대표님과 직원들이 하신다는 거죠.

대표: 아, 네 알겠습니다.

이렇게 해서 첫 번째 주제는 전 직원이 참가한 비전 워크숍을 통해서 진행하기로 하였다. 약 1개월 후 5시간에 걸친 워크숍을 진행하였다. 참가한 40여 명의 직원을 4개 팀으로 나눠서 각 팀별로 작업한 결과물을 투표를 통해 최종 결과물을 정리하였다. 짧은 시간에 이 정도 결과물이 나올 줄 몰랐다면서 참가한 직원들을 칭찬하였다. 그런데 결과물에 대해 한 가지 만족하지 못하는 게 있었다. 그것은 바로 핵심가치였다. 사실 대표는 오래 전부터 마음속에 품고 있는 3가지 핵심가치가 있었다. 워크숍을 마치고 표현과 용어를 다듬는 후속 작업을 하면서 대표가 핵심가치를 자기가 생각하는 것으로 바꾸었으면 좋겠다고 말을 하였다. 이 부분에 대해 짧은 코칭대화를 나누었다.

코치: 대표님, 직원들이 만든 핵심가치가 마음에 안 드시나요?

대표: 그건 아닙니다만, 우리 회사에 더 중요한 것이 무엇인가를 생각하면 제가 생각하는 것이 더 나을 것 같다는 생각이 들어서요.

(직원들이 도출한 핵심가치는 합리, 신뢰, 배려다. 대표는 이 중에서 배려를 빼고 공정을 넣고 싶어한다. 이유는 일은 합리적으로 하고, 고객에겐 신뢰를 지키고, 결과는 공정하게 배분하는 것이 평소 자신이 회사를 운영하면서 생각하던 것이라고 한다.)

코치: 대표님, 핵심가치를 만드는 이유가 무엇인가요?

대표: 핵심가치가 행동의 기준이 되기 때문입니다.

코치: 그 행동은 누가 하는 것인가요?

대표: 직원들이 하는 것이죠.

코치: 사람은 누구나 자신이 소중하다고 생각하는 것에 더 가치를 두고 실천하려고 하죠. 어떻게 생각하세요?

대표: 그렇죠.

코칭: 그럼 직원들이 소중하게 생각하는 것을 하게 하는 것이 더 실행력을 높일 수 있지 않을까요?

대표: 그래도 저는 공정이란 가치를 꼭 넣고 싶습니다.

코치: 그럼 4가지로 하면 어떨까요?

대표: 그래도 될까요?

코치: 그럼요, 꼭 3가지 해야 한다는 법이 있습니까? 우리가 좋으면 4가지 하는 거죠.

대표: 그럼 그렇게 하시죠.

이렇게 하여 T사는 핵심가치를 합리, 신뢰, 배려, 공정으로 정하였고, 대표의 첫 번째 코칭 주제는 이렇게 마무리되었다.

**주제 2: 밀레니얼과의 소통**

코칭의 두 번째 주제는 밀레니얼 세대 직원과의 소통이었다. 이것을 주제로 잡은 이유를 물어보니 자신은 X세대인데 밀레니얼 세대라고 불리는 직원들에 대해 이해가 안 되는 부분들이 많아서 그들이 어떠한지 좀 알고 싶다고 했다. 그와 관련해서 소통이 안 되어 불편하거나 곤란을 겪은 적이 있냐고 묻자 최근에 승진한 팀장들과 대화가 잘 안 된다고 하였다. 구체적으로 어떤 부분에서 소통이 안 되냐고 물었더니, 최근에 승진한 팀장들이 팀원인 시절에는 아직 팀원이라서 그런가 했는데 팀장이 되어서도 똑같다는 것이다. 뭐가 똑같냐고 물으니, 회사에 대한 충성도나 팀장으로서의 마음가짐이라고 한다. 그래서 직원들의 나이 분포를 물어보니 대표는 1974년생으로 전형적인 X세대이며, 이사를 포함하여 고참 팀장까지도 X세대이고, 최근 3년 이내에 승진한 팀장들은 밀레니얼 세대였다. 최근에 밀레니얼 세대가 조직이나 기업에서 30%의 비중을 넘고 팀장급 중간 관리자가 되면서 조직문화에 많은 변화가 일고 있다. T사의 경우는 디지털미디어 분야라는 업의 특성상 다른 조직에 비해 밀레니얼 세대가 더 많았다. 전체 직원 중 60% 정도가 밀레니얼 세대이며 팀장 중에서도 1/3 정도나 된다.

대표는 회사 창립 이후 오랜 세월을 함께 일해 왔고 또 같은 X세대인 고참 팀장들과는 사회적 경험이나 사고방식이 유사해서 동질감을 느끼고 대화가 자연스러우나, 밀레니얼 세대와는 다른 경험, 다른 사고방식 등 세대 간극으로 인해 오는 어쩔 수 없는 이질감 때문이 아닌가 생각되었다. 그렇다면 이는 소통의 기술이나 방식 이전에 밀레니얼 세대에 대한 특징과 배경에 대한 이해가 선행되어야 한다는 생각이 들었다.

그래서 이 주제에 관해서는 '밀레니얼 세대'에 관한 책을 선정하여 독서토론으로 풀어가는 것이 효과적일 것이란 판단이 들어서 대표에게 관련 책을 읽고 함께 토론하는 독서 코칭을 제안하였다. 그리고 밀레니얼 세대와의 소통이 주제이니, 독서토론에 밀레니얼 세대 직원을 몇 명 포함시켜 그룹 코칭으로 하면 어떻겠냐고 제안하였다. 대표는 좋은 아이디어라면서 수용을 하였다. HR 담당에게 적합한 직원 4명을 선발하라고 지시하고 총 5명으로 구성된 그룹 독서 코칭을 하기로 하였다.

토론할 책은 몇 권의 책을 검토한 끝에 브래드 카쉬와 커트니 템플린이 공저로 쓴 『넥스트 리더십 3.0』으로 정했다. 이 책을 선정하게 된 배경은 책의 겉표지에 적혀 있는'이제 밀레니얼 세대가 관리자 대열에 들어섰고, 우리의 직장 생활은 대대적인 변화를 맞게 되었다. 이 책은 생산성 향상,

혁신과 변화, 최고의 인재를 추구하는 모든 기업경영의 지침서가 될 것이다.'라는 문구가 대표의 마음을 사로잡았기 때문이었다.

독서 코칭의 진행 방식은 각자 책을 읽고 중요하다고 생각되는 부분에 밑줄 긋고, 책의 내용에 코멘트하고 싶은 것이 있으면 적고, 토론하고 싶은 것이 있으면 질문을 정리하여 사전에 공유한 Workflowy의 독서노트에 입력한 후에 진행하였다. 이렇게 하니 미리 책을 자세히 읽게 되고, 상대방이 중요하게 생각하는 부분이 무엇이며 어떤 의견이 있는지, 어떤 주제로 토론을 하고 싶은지도 미리 알 수 있어서 빠른 시간에 많은 대화를 나눌 수 있었다. 이 중에서 주요한 토론이 진행된 부분을 소개하면 아래와 같다.

**#밑줄: 하지만 그들이 저를 만나러 어느 중간까지는 와야 합니다. 그런데 모든 걸 아는 체하며 떠드는 모습을 보이면 이해하기가 힘듭니다. 그들은 제 경험이 가치 있다고 생각하지 않는 걸까요? @대표**

**#질문: 우리 회사의 X세대 관리자들도 위의 말처럼 밀레니얼 세대의 경험을 인정하지 않는가? @대표**

밑줄 친 내용은 밀레니얼 세대의 직원들이 X세대나 베이비부머 세대의 관리자들이 자신들의 경험을 과신하고 밀레니얼 세대의 경험을 얕보는 태도에 대한 불만을 이야기하는 부분이다. 대표는 이 부분에 밑줄을 치고, 혹시 우리 회사에도 이런 관리자가 있다고 생각하는지 질문을 던진 것이다. 대표가 직원들에게 회의 도중이나 차를 마시면서 위의 질문을 했더라면 뜬금없다고 생각하거나 속마음을 이야기하지 않았을 것이다. 그러나 책의 내용을 공유하고 맥락을 이해하고 있는 시점에서 이 질문에 대해서는 보다 솔직하게 이야기할 수 있는 분위기다. 그래서인지 직원들은 솔직하게 생각하는 대로 이야기를 했다. 우리도 이제 직장인인데 마치 아무것도 모르는, 모든 것을 가르쳐야 하는 대상으로 보는 경향이 있는데, 솔직히 새로운 정보를 접하고 학습하는 능력은 선배들보다 더 빠르다는 걸 인정하지 않는다고. 어떨 때는 선배들의 아이디어가 몹시 구린데 직급으로 밀리는 경우도 있다고. 평소 회의에서 선배들에게 하지 못하던 이야기들이 오히려 대표 앞에서 자연스레 흘러나왔다.

**#밑줄: 밀레니얼 관리자는 이전 세대보다 업무 투명성을 추구한다. 밀레니얼은 많은 고위 리더가 회의실에 있었던 일과 대외비의 집행 결정을 은폐한다는 느낌이 든다면, 회사 상태가 직원들에게 노출이 되면 안 된다는 생각을 이해할 수 없다고 말한다. 그들은 해결안을 내는 과정에서 팀이 참여하기를 원한다면 마땅히 모든 이야기를 팀원들에게 알려줘야 한다고 생각한다. @김○○ 대리**

**#질문: 우리 회사의 업무 투명성은 어떠한가? @대표**

이 질문에 대해서는 다들 필요한 만큼의 정보는 투명하게 공유되는 것 같다고 말했다. 일의 성격상 여러 팀이 서로 협업해서 함께 작업하고, 최종 결과물까지 보고할 때 작업자들이 참여하여 의사결정을 하는 구조이기 때문이다.

**#밑줄: 베이비부머 세대의 모토는 '죽을 때까지 일하자'여서 그들은 수업료를 치르면서 차근차근 윗 단계를 밟아 올라가는 것을 신봉하였다. 그런데 지금의 밀레니얼은 나름대로 일과 삶의 균형이 마련된 조직에서조차 단절이 일어난다고 느낀다. @대표**

**#질문: 우리 회사는 일과 삶의 균형이 마련된 조직인가? @대표**

**#의견: 회사는 시스템적으로 그렇게 하려고 하나 워낙 일이 많아서 실현이 안되는 것 같다. @허○○ 대리**

**#의견: 밑줄 부분에 충분히 공감한다 @민○○ 대리**

**#의견: 회사에서도 팀마다 스케줄이 달라 다르게 느낄 것이다. 나는 일의 성격상 주말 작업을 할 경우가 없지만 다른 팀의 경우 출장, 촬영 등 주말에도 일을 해야 하는 경우가 있어서 구조적으로 워라밸이 보장이 안 되는 팀이 있는 것 같다. @이○○ 과장**

위의 질문에 대해서는 사전에 독서 노트에 의견이 많이 달려 있었다. 독서노트를 기반으로 하는 그룹 코칭을 진행하는 장점은 첫째, 모든 사람들이 책을 충실하게 읽어 오기 때문에 토론의 깊이가 깊어진다. 둘째, 질문을 사전에 알 수 있기 때문에 미리 생각해와서 짧은 시간에 많은 이야기를 나눌 수 있다. 셋째, 책의 내용을 대상으로 질문을 한 것이기 때문에 마치 객관적인 사실을 두고 이야기하는 느낌이 들기 때문에 보다 편하게 속에 있는 이야기를 많이 한다는 것 등이다.

독서 코칭을 마친 후 대표에게 소감을 물었다. 대표는 독서 노트를 기반으로 한 코칭이 이렇게 파워풀한지 몰랐다. 직원들이 이렇게 솔직하게 말하는 것은 회사를 만든 후 처음이라고 말했다. 너무 솔직하게 말해서 좀 불편한 부분도 있었다고 말했다. 그런데 생각해 보니 직원들의 속마음을 알게 된 것이 경영하는 데 큰 도움이 될 것 같다고 했다. 독서 코칭이 지식의 습득뿐 아니라 소통에도 매우 효과적인 수단이라는 것을 알게 되었는데 이번 기회에 독서 코칭을 전사로 확산하려고 하니 전사 확산 방안을 준비해 달라는 요청을 하였다.

### 5. 중소기업 CEO 코칭의 교훈과 제언

중소기업의 CEO는 회사의 규모는 대기업에 비해 작지만 해야 할 일은 더 많다. 대기업은 업력이 오래되다 보니 인적 자원이 풍부하다. 경험과 지식이 풍부하고 재능이 뛰어난 임원들이 자신이 맡은 본부를 책임지고 잘 운영하기 때문에 CEO는 임원만 잘 둬도 회사를 운영하는 데 지장이 없다. 그러나 중소기업은 아직 업력이 부족하여 임원뿐 아니라 CEO조차도 경험이 충분하지 않고 또 뛰어난 역량을 갖춘 사람을 구하기도 쉽지 않다. 결국 CEO가 자신의 경험과 지식을 총동원하여 회사의 많은 부분에 직간접적으로 개입하여 처리할 수밖에 없다. 이런 이유로 중소기업 CEO의 코칭 주제는 전사적이고 실무적인 경우가 많다. T사의 CEO 코칭의 경우도 개인적인 이슈로 보이지만 사실은 전사적인 문제를 내포하고 있었으며, 일대일 개인 코칭에서 전사 워크숍이나, 전사 독서 코칭으로 확산하게 된 것이다.

T사의 CEO코칭을 통해 얻은 교훈과 중소기업 CEO 코칭을 위한 제언을 정리하면 다음과 같다.

첫째, 중소기업 CEO의 코칭 이슈는 전사적인 주제이거나 개인적인 이슈일지라도 전사적인 문제와 연계된 경우가 많다. 따라서 주제를 전사 차원에서 접근한다.

둘째, CEO도 개인적인 성향이나 욕구로 판단의 오류가 있을 수 있다. 이런 경우 코치는 자신의 경험을 기반으로 설득하거나 조언을 주려 하지 말고, 질문을 통해 다른 관점에서 보도록 돕는다. 예를 들면 회사 내부 문제라면 직원 입장에서는 어떻게 보이는지, 협력사와 관련된 문제라면 고객 입장에서는 어떻게 보이는지를 객관적으로 볼 수 있게 도와줘야 한다.

셋째, CEO는 다양한 일을 처리해야 하기 때문에 매우 바쁘다. 현안으로 인해 코칭 시간을 미루거나 코칭 시간에 다른 당면 문제를 상의하려고 할 때가 있다. 코치는 코칭 시간을 미루거나 다른 주제로 시간을 보내지 않게 주의해야 한다.

넷째, CEO는 코치가 다른 직원들과 한 코칭 내용에 관심이 많고 또 정보를 얻고 싶어 한다. 그러나 직원과 코칭하면서 나눴던 중요한 이야기가 CEO의 귀에 들어간다는 것을 직원들이 알게 되면 직원들이 더이상 코칭을 받으려 하지 않을 것이다. 처음부터 CEO에게 직원과의 코칭 내용은 일체 비밀이라는 것을 말하고 약속을 받아야 한다.

다섯째, 중소기업 CEO는 자기 성공 경험이 있는 사람이라 자기 확신과 주장이 강한 편이다. 자신의 의견이나 생각에 대해 코치에게 지지나 동의를 구하는 경우, 코치는 쉽게 빨려 들어가서는 안 된다. 적절한 격려와 지지는 필요하지만 합리적이지 않거나 자의적인 해석에 동조하다 보면 코치로서의 객관적인 포지션을 상실하게 되고 결국 코치로서의 기능을 잃게 된다. 적절한 거리 유지가 필요하다.

**임기용**

뇌과학을 기반으로 개인과 조직의 코칭과 컨설팅을 하는 뉴코컨설팅의 대표코치다. 뇌과학박사(Ph.D.)로서 사람들이 자유롭게 창조적인 삶을 살아가도록 돕는 코치로 활동하고 있다. 단국대학교 대학원에서 조직개발과 코칭, 뇌과학기반의 NLP코칭 강의를 하고 있으며, 저서로는 공저 『초보작가의 글감옥 탈출기』, 『게슈탈트 코칭』과 번역서 『코칭의 역사』 등이 있다. (사)한국코치협회 이사이며 KSC(Korea Supervisor Coach)코치, 게슈탈트상담심리학회 상담심리사다.

이메일: imbraincoach@gmail.com

블로그: https://blog.naver.com/imbraincoach/

# 중소기업 팀장들의 리더십 역량 강화를 위한 그룹코칭

최동하

본 사례는 필자가 2020년 5월부터 8월까지 4개월간 서울 소재 P사의 팀장 6명과 6회기(개별코칭 1회기 별도)를 진행한 그룹코칭의 내용이다. P사는 IT솔루션 개발회사로서 200여 명 규모의 중소기업이며 이번 그룹코칭은 팀장들의 리더십 역량을 강화한다는 회사의 연간 교육 계획의 일환으로 실시되었다. 대상자는 솔루션 개발 관련 팀의 팀장들로 구성되었다.

회사에서 실시하는 그룹코칭은 일반적으로 팀장들을 대상으로 이루어지는데 특히 중소기업의 경우 개별적인 코칭을 도입하기 전에 코칭의 효과를 경험하기 위해 이루어지는 사례와 개별코칭보다 저예산인 점을 선호해서 실시되는 사례가 많다. 그러나 그룹코칭은 이러한 대안적 방안으로 존재하는 것이 아니라 나름의 차별적인 효과를 목적으로 만들어진 코칭의 형식 중 하나다.

그룹코칭은 공동의 관심사에 대해 여러 명이 모여서 각자의 이슈를 다루는 코칭인데, 같은 이슈와 목적을 가지고 코칭을 실시하는 팀코칭과 대별된다. 그룹코칭의 인원은 대개 6~8명 정도로 구성되며 8명이 넘어가면 단위 시간 내 개별적인 이슈를 다루기 힘들다. 물론 경우에 따라서 15명 정도까지 확대해서 그룹코칭을 실시하기도 하는데 그런 경우엔 상당히 구조화된 형식과 사전 사후 과제물 활용을 적극적으로 해야 한다. 진행 시간은 일반적으로 회기당 2시간 내외이다.

전술했듯이 그룹코칭은 개별코칭의 대안이 아니라 개별코칭에서 다루지 못하는 집단의 지적 역동 즉 집단의 지혜를 공유하는 효과가 있으며 함께 하는 그룹코칭 구성원을 통해 자기성찰을 경험하는 유익을 포함한다. 따라서 전문 코치들은 고객사가 대안적 선택으로 그룹코칭을 선택한다 하더라도 그룹코칭 본래의 기능을 최대한 살릴 수 있도록 노력해야 하며 코칭의 효과를 실감할 수 있도록 최선을 다 할 필요가 있다. 또한 경우에 따라서 그룹코칭 전체 회기 안에 1~2회 개별코칭을 포함하여 실시하는 것도 매우 효과적이다. 아무래도 여러 명이 함께 소통하다 보면 개인적인 상황이나 속사정을 제한적으로 표현하게 되기 때문에 보완적 차원에서 개별 코칭을 실시하는 것이 그룹코칭의 효과를 최대화할 수 있는 유효한 방안이 된다.

본 사례는 해당 그룹코칭의 처음부터 끝까지 진행 내용을 순서대로 소개하는 것으로 구성되었으며 보충 설명이 포함되어 있다. 회사에서 그룹코칭을 할 때, 주로 리더십 관련 주제를 다루는데 본 사례도 기본 공동 주제는 팀장들의 리더십 역량 강화 방안이었다. 그러나 이렇게 기본 주제 설정 없이 코칭 첫 회기에 공동의 주제를 회의를 통해 정하는 경우도 있다는 것을 알고 있어야 한다. 예컨대 다양한 후보 주제를 말하고 회사 조직문화에 대한 주제를 선택할 수도 있고, 리더십 관련 주제라 하더라도 하위 주제를 정해서 공동의 주제로 설정할 수도 있다. 리더십 관련 하위 주제로는 '세대차이 극복하기'라든가 '팀 갈등 관리 방안' 등을 정할 수 있을 것이다. 또한 이러한 하위 주제를 회차 별 주제로 배분하여 공동의 주제로 삼고 진행하는 것도 가능하다. 하위 주제는 그룹코칭 참가자가 회의를 통해서 정하기도 하며 코치가 사전에 회사의 코칭 담당자와 협의하여 제시하기도 한다.

그룹코칭의 기본 구조

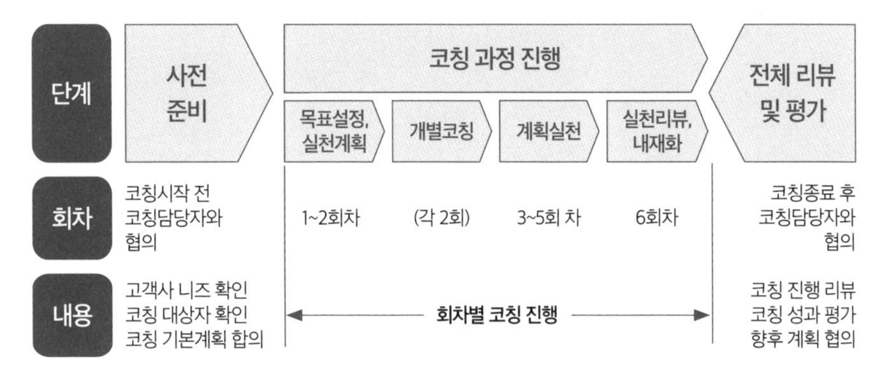

### 고객사와의 협의 사항

코칭은 고객의 요청에 의해서 이루어지는 것이기에 회사가 고객일 경우 회사의 HR(인사/교육)담당자와의 협의를 통해 고객의 요청 사항을 잘 이해하고 그룹코칭의 전체 진행 사항에 대해 합의를 해야 한다. 고객의 기본적인 요청 사항을 전달받고 전문코치는 제안서를 제출하며 협의 과정을 통해 합의를 하고 일정대로 실시하게 되는 것이다.

본 사례의 제안서에 포함된 내용은

1. 고객으로부터 전달받은 그룹코칭 실시 배경과 규모 및 기간 그리고 기대 사항 요약.
2. 위 내용을 효과적으로 수행할 그룹코칭 기본 계획(회사는 근거 서류를 중요시하므로 회차별 실시 계획을 요구한다. 회차별 주제가 바뀔 수 있음을 조건으로 제시함).
3. 회사별 코칭 보고서 양식 및 회기 중 사용할 코칭 툴 소개(코칭 관련 카드 및 작성 양식 등).
4. 사전 진단 검토 및 사후 효과 평가 방법 제시.
5. 규모와 기간에 따른 예산 제시.
6. 담당 코칭 회사 및 전문 코치 소개.

위 내용의 제안서에 대해 협의를 통해 합의가 이루어졌으며 합의 내용을 기반으로 계약을 했다.

### 합의된 그룹코칭 진행 계획

1. 그룹코칭 6회(2주 간격), 개별 코칭은 2회차와 3회차 사이에 각 1회 개별적으로 실시. 따라서 2회차와 3회차 간격은 3주. 마지막 6회차는 5회차 1개월 후에 실시하기로 함.
2. 하위 주제는 별도로 정하지 않고 리더십 관련 개별적 이슈를 다루기로 함.
3. 사전 진단 생략, 사후 효과 평가 방법은 구글 설문 사용.
4. 각 코칭 후 2일 이내 보고서 제출(코칭 진행 내용 위주 작성-비밀보장원칙 준수).

### 그룹코칭 준비

그룹코칭을 앞두고 고객사의 HR담당자는 코칭 대상자들에게 통보를 하고 코치로부터 연락이 올 것임을 알린다. 코치는 연락처를 받아서 각 참석자들에게 그룹코칭 안내 이메일을 보낸다. 이메일엔 간단한 인사와 코치 소개 및 첫 회차 일정을 포함하여 다음과 같은 내용이 들어 있다(이때 회차 별 일정을 고객사에 미리 정하는 경우도 있고 첫 회차를 제외한 이후 일정은 참석자들과 협의해서 정하기도 한다).

1. 코칭과 그룹코칭에 관한 간단한 소개(한국코치협회에서 만든 코칭 소개 동영상 유튜브 링크 삽입 및 그룹코칭에 관한 간단한 설명).
2. 그룹코칭과 개별코칭을 위한 간단한 질문지 양식: 미리 정해진 주제인 '리더십 역량 강화'와 관련된 개별적인 과제 혹은 이슈, 팀장으로

서 가장 중요하게 생각하는 것, 어떤 팀장이 되고 싶은가, 팀의 미션과 비전, 팀장 역할에서 가장 힘든 부분, 팀장으로서 발휘되고 있는 강점, 조직에서의 개인적 이슈, 개인적인 차원의 비전과 가치 등(이 부분은 그룹코칭 첫 회차에 코칭 목표를 설정하기 위한 사전 작업이며 개별 코칭 시 참고할 내용임).

3. 담당 코치 프로필

### 그룹코칭 1회차

첫 회차에서는 참석자들과의 분위기 형성이 매우 중요하다. 같은 회사 구성원들이고 잘 알고 지내는 사이이며 같은 직급의 팀장이지만 이런 형식으로 모이기는 처음인 경우가 대부분이고 뭘 어떻게 해야 하는지 매우 어색해한다. 분위기를 부드럽고 우호적으로 만들기 위해 주로 아이스 브레이크 게임을 하거나 다소 재미있게 자기소개를 하기도 한다. 본 사례에서는 서로 잘 아는 사이라는 사전 정보가 있어서 별도로 아이스 브레이크는 실시하지 않았고 준비된 파워포인트(PPT)를 사용해서 순서대로 진행했다.

먼저 첫 회차에서 다룰 내용을 소개했다. 상호인사(소속, 상호 도울 점), 그라운드 룰, 그룹코칭 개요, 차수별 진행 계획, 목표 설정, 실행양식 소개 등을 목차로 제시했다. 이 중에 상호인사, 그라운드 룰, 차수별 진행 계획은 아래와 같다.

상호인사(소속, 상호 도울 점)

| 이름 | 소속 | 나는 이런 부분을 잘 돕는다 | 나는 이런 부분을 도움 받고 싶다 |
|---|---|---|---|
| A팀장 | OO팀 | 분위기 코디네이터 | 적극적 반응, 피드백 |
| B팀장 | OO팀 | 잘 들어주기 | 해결책 제시 |
| C팀장 | OO팀 | 잘 들어주기 | 설득력 |
| D팀장 | OO팀 | 적극 협조, 포기 없음 | 거절하는 용기 |
| E팀장 | OO팀 | 솔선수범, 희생정신 | 시야 넓히기 |
| F팀장 | OO팀 | 자료 공유 | 자료 공유 |

이 부분은 각자의 장점을 확인하고 코칭 기간 동안 도움받고 싶은 부분을 표현함으로써 서로 도움을 주고받을 수 있는 근거를 마련하는 효과를 기대할 수 있다. 실제로 이 장면에서 자동적으로 분위기가 부드러워졌으며 아이스 브레이크의 효과가 있었다.

**그라운드 룰**은 열린 마음으로 그룹코칭에 참여하고 각자가 의도한 이번 과정의 목표를 효과적으로 달성하기 위하여 함께 지키면 좋을 기본적인 규칙을 정하는 것으로서 한 사람마다 한두 개씩 말하면서 작성되었으며 참여자 중 반장으로 선출된 F팀장이 선창하고 참여자 전체가 복창하는 형식으로 마무리했다. 향후 매 회차마다 반복하기로 했다. 발표된 그라운드 룰은 적극적 참여, 경청하기, 늦지 않기, 보안 유지, 결석 금지, 의견 존중, 핸드폰 끄기 등이었다.

### 차수별 진행 계획

| 차수 | Topic | 기본 과제 | 학습 | 비고 |
|---|---|---|---|---|
| 1회차 | Start<br>개인별 이슈 | 개인별<br>목표 설정서<br>작성 | 목표설정 | 양식 설명 |
| 2회차 | 실행결과리뷰<br>과정 피드백 | 실천 관리 | 알아주기<br>경청 | 개별목표<br>달성을 위한<br>구체적 방안 |
| 개별 코칭 | | | | 1:1 코칭 |
| 3회차 | 실행결과리뷰<br>과정피드백 | 실천관리 | 피어코칭 | 실행일지 작성<br>피어코칭 매칭 |
| 4회차 | 실행결과리뷰<br>과정피드백 | 실천관리 | 코칭질문 | 실행일지 작성 |
| 5회차 | 실행결과리뷰<br>과정피드백 | 실천관리<br>팀원의 피드백 | 피드백 | 실행일지 작성 |
| 6회차 | Wrap-up<br>향후 계획 | 내재화 | 확산 방안 | 5회차 1개월 후 |

이 부분이 그룹코칭에서 상당히 중요한 장면이다. 정해진 주제와 더불어 향후 어떻게 코칭이 진행되는지에 대한 상세한 설명인데 그룹코칭의 전체적인 구조와 행동 계획을 이해할 수 있도록 도와야 한다. 2회차 후에 개별코칭이 실시됨을 다시 한번 확인했으며 2~6회차 일정을 정했다. 개별코칭 일정은 2회차 후에 개별적으로 연락하여 정하기로 했다.

위 표의 Topic은 회차별 중점 진행사항이며 기본과제는 차주까지 해야 하는 기본과제이며 비고란에 설명이 있다. 물론 개인별 본인이 세우는 실행과제는 당연히 기본과제에 포함된다. 학습이라고 표기되어 있는 것은 그룹코칭 진행 중에 따로 시간을 내어 15분 정도 간단한 강의를 실시했다. 코칭리더십에 도움이 되는 기본 기술을 소개하고 실행과제의 실천에 도움이 되도록 했다.

1회차에서 무엇보다 우선되어야 하는 것은 개인별 이슈와 더불어 목표 설정이다. 리더십과 관련된 개별적인 이슈를 발표하고 해결과제로 삼아 달성 목표로 만드는 것이다. 그 과정에서 한 사람씩 참여자와 코치의 대화가 이루어지며 다른 참석자들은 경청하면서 자신의 경우를 대입해보고 자신의 의견을 발표하거나 궁금한 점을 질문하기도 한다. 이런 방식의 소통이 바로 그룹코칭의 기본적인 장면이다. 다른 사람과 코치가 나누는 대화 속에서 자신의 모습을 발견하고 성찰하는 과정이 그룹코칭의 핵심이라고 해도 과언이 아니다. 따라서 참여자 한 사람과 코치의 대화가 이루어지는 동안 다른 참여자들의 진지한 경청 태도는 그룹코칭의 성패가 달려 있는 매우 중요한 포인트다. 이를 위해 코치는 사전에 이 부분에 대해 충분히 강조해야 하며 집중할 수 있는 분위기를 유지해야 한다. 필자는 이를 위해 중간중간 다른 참여자들에게 질문을 한다.

A팀장: 저는 이번에 업무적으로 저항이 심한 파트장과의 관계를 개선하고 싶습니다.

코치: 네, 마음이 다소 불편하실 수 있겠네요. 특히 어떤 부분에서 저항이 있는지요?

A팀장: 아, 위에서 갑자기 내려온 지시 사항에 대해선 나 몰라라 식의 태도가 심한 편이에요. 그럴 때마다 저와 긴장된 분위기가 형성되고 저는 정말 황당해서 말이 안 나올 정도죠.

코치: 네, A팀장님은 구체적으로 그분의 어떤 행동을 보고 그렇게 생각하게 되었을까요?

A팀장: (중략)

코치: 그렇게 생각하셨군요. 그분의 어떤 생각이나 마음이 그런 행동을 하게 했을까요?

A팀장: 그걸 잘 모르겠어요. 이해가 안 되니까요. 나로서는……

코치: A팀장님도 기분이 별로 좋질 않으시니 그럴 수 있겠네요. 혹시 여러분들 중에 이런 상황에서 도움 말씀 주실 분 계실까요?

C팀장: 네, 제 생각엔……(생략)

이런 상황은 팀장이라면 한두 번쯤 겪었거나 겪고 있을 수 있다. 그래서 자기도 그렇다고 동감을 표할 수도 있고, 극복한 경험이 있으면 그 경험을 나눌 수도 있다. 한편 이걸 다른 사람의 사례로 듣게 되면 객관적인 시각으로 생각할 수 있게 되어 돌연 좋은 생각이 나기도 한다. 이것이 그룹코칭의 역동이다. 다시 한번 말하지만 이런 장면은 모두가 집중해서 참여할 때 일어난다.

개인적 이슈에 대한 검토가 끝나면 그룹코칭 기간에 달성하고 싶은 목표를 정한다. 이 목표를 정하는 일은 남은 5회기의 그룹코칭과 실제 현업에의 적용에 결정적인 영향을 미치는 것이기에 신중하게 생각해서 작성되어야 한다. 따라서 첫 회기엔 이 부분을 느슨하게 다루면서 대강의 생각을 말하게 하고 첫 회차 후 목표설정서라는 양식에 작성해서 코치에게 이메일로 제출하도록 요청했다. 목표설정서를 작성하는 방법을 학습하는 시간을 가졌다. 목표설정은 크게 두 가지 측면에서 이루어지는데 정성적 목표와 정량적 목표가 그것이다. 먼저 정성적 목표를 세운다. 뭔가 에너지가 오르는 매력적인 문장으로 표현하면 좋다. 예컨대 '인짱되기(인기짱인 팀장 되기)'라고 할 수 있다. 반면에 정량적 목표는 그런 '인짱이 된다'는 것을 무엇을 보고(측정해서) 알 수 있는지를 정량적으로 표현한다. 목표설정서의 양식과 샘플은 다음과 같다.

**B팀장, D팀장의 경우**

| 정성적 목표: 인짱 팀장 되기 | 정량적 목표:<br>1. 보고서 피드백 요청이 증가(2주 1회 이하 → 주 2회 이상)<br>2. 팀 내 상호 감사 메시지 보내기 증가(주 1회 이하 → 일 1회 이상)<br>3. 팀 회의 시 몰입도 및 적극성 증가(5점 → 10점) |
|---|---|
| 정성적 목표: 즐거운 팀장 되기 | 정량적 목표:<br>1. 출근길이 즐겁다(5점 → 8점)<br>2. 팀원들과 회의시간이 기다려진다(6점 → 8점)<br>3. 자발적 기획안이 늘었다(3점 → 5점) |

## 그룹코칭 2회차

2회차 전에 코치는 참석자들로부터 받은 목표설정서를 종합하고 다음과 같은 표를 만들어서 2회차 PPT에 삽입하고 그룹코칭 진행 시 공유했다. 여기서 3점, 7점 등으로 표기되는 점수는 자기 평가 또는 만족도를 10점을 만점으로 정량화 한 수치이다.

| 이름 | 정성적 목표 | 정량적 목표 |
|---|---|---|
| A팀장 | 현명한<br>리더 되기 | 1. 결과에 책임을 지는 리더가 된다.<br>2. 대화와 소통을 강화해서 최선의 대안을 세운다.<br>3. 팀원들에게 힘을 실어 주어 자율성을 높인다. |
| B팀장 | 인짱<br>팀장 되기 | 1. 보고서 피드백 요청이 증가(2주 1회 이하 → 주 2회 이상)<br>2. 팀 내 상호 감사 메시지 보내기 증가(주 1회 이하 → 일 1회)<br>3. 팀 회의 시 몰입도 및 적극성 증가(5점 → 9점) |
| C팀장 | 깊이 있는<br>리더 되기 | 1. 상급자에게 보고가 편안해졌다(3점 → 7점)<br>2. 팀원과 생산적인 대화하기(주 1회 이상)<br>3. 전략적 접근 역량 강화하기(5점 → 8점) |
| D팀장 | 즐거운<br>팀장 되기 | 1. 출근길이 즐겁다(5점 → 8점)<br>2. 팀원들과 회의 시간이 기다려진다(6점 → 8점)<br>3. 팀원들의 자발적 기획안 보고가 늘었다 3점 → 5점) |
| E팀장 | 관계에<br>자신감 갖기 | 1. 팀원들과 좀 더 친해졌다(1점 → 5점)<br>2. 상사에게 보고 시 떨지 않는다(2점 → 6점)<br>3. 회사의 사업과 소식에 대해 잘 알게 되었다(1점 → 5점) |
| F팀장 | 진짜<br>리더 되기 | 1. 말투가 완전히 바뀌었다는 말을 듣는다(수직적 → 수평적)<br>2. 협력적 대화의 만족도가 높아졌다(5점 → 9점)<br>3. 팀원들의 자발적 몰입도가 높아졌다(5점 → 8점) |

코칭 초입에 위의 표를 PPT 화면으로 공유하면서 개인별 목표 설정에 대해 참가자가 간단하게 설명하는 순서를 가졌다. 자신의 목표를 다시 한 번 다지며 다른 사람의 목표를 참고하게 된다.

A팀장은 자신의 리더십 스타일을 더욱 책임감 있는 행동 강화로 변화시키고자 하였다. 그러나 정량적 목표설정의 표현이 적절치 않아 다시 한 번 설명하고 A팀장이 직접 아래와 같이 수정했다.

| 정성적 목표:<br>현명한 리더 되기 | 정량적 목표:<br>1. 과정 피드백의 빈도가 높아졌다(월 2회 → 주 1회)<br>2. 피드백 시 팀원의 의견에 대한 경청이 늘어났다(2점 → 6점)<br>3. 팀원들의 자율적 업무 태도가 향상되었다(3점 → 7점) |
|---|---|

팀장들 대부분은 모두 자신의 현재의 아쉬운 부분에 대해 정확하게 알고 있었고 그 부분을 개선하고자 하는 목표를 세울 수 있었다. 개별적으로 목표를 리뷰한 다음 이제는 그 목표를 달성하기 위한 실행 계획을 세워야 하는 순서가 이어진다. 사실 목표를 세우면서 내면에 이미 실행 방법들이 준비되고 있었을 가능성이 높다. 먼저 생각해 두었던 또는 지금 생각해낸 실행 계획을 각자의 노트에 먼저 적고 준비된 팀장부터 발표했다. 발표하면서 함께 참여하고 있는 다른 팀장들에게 도움을 청하기도 한다. 코치도 다른 팀장들에게 의견을 말하도록 촉진한다. 여기서는 부정적인 견해는 필요 없고 오직 새로운 아이디어 제공이 필수다. 다른 참석자들의 의견을 채택하고 안 하고는 오로지 발표자의 판단과 선택이다. 위

표를 보면 알 수 있듯이 참석하고 있는 팀장들의 공통 목표는 각자 표현은 달라도 대부분 소통의 질을 높이는 것과 팀원들의 자발성을 높일 수 있는 리더의 노력에 대한 것이다. 이런 경우 참여자들은 자신만 그런 게 아니라는 동질감과 의견 교환을 통해서 해결책을 얻는 기회를 얻게 된다. 이것이 바로 자신의 생각을 검증 받는 또는 성찰하는 그룹코칭만의 역동성을 경험하게 되는 것이다.

다음은 2회차의 중요한 활동인 실행 계획 세우기를 개별적으로 정리하고 발표한 사례이다.

**C팀장이 발표한 실행 계획**

| 정성적 목표:<br>깊이 있는 리더 되기 | 정량적 목표:<br>1. 상급자에게 보고가 편안해졌다(3점 → 7점)<br>2. 팀원과 생산적인 대화하기(주 1회 이상)<br>3. 전략적 접근 역량 강화하기(5점 → 8점) |
|---|---|
| 실행 계획<br>1. 보고 안건에 대해 깊이 있는 검토를 하기 위해 주변과 정보 교환을 한다.<br>2. 자료를 직접 확인하고 팀원과 자주 대화한다.<br>3. 팀 내에서 2차 자료를 체계적으로 관리하여 근거를 확보해 놓는다.<br>4. CRM 관련 사례 연구를 정례적으로 실시하고 팀 내 스터디를 진행한다.<br>5. 1시간 일찍 출근해서 일일 보고 사항과 팀 내 추진사항을 미리 점검하기. | |

C팀의 경우 고객관리 관련 부서인데 워낙 보고 건수도 많고 매일 일어나는 상황이 변동성이 많아서 큰 그림을 보면서 발전적인 전략을 수립하라는 상사의 주문을 받고있는 터였다. 실행 계획은 정량적 목표를 달성하

기 위한 수단들인데 여기서는 우선순위가 중요하다. 상기 실행 계획 순서는 C팀장이 발표했던 것과는 다른 우선순위를 반영한 결과다. 우선순위를 정하는 것은 업무의 홍수 속에서 방향을 잃지 않는 강력한 방법이다.

다소 바쁘게 진행되었지만 당초 계획한 대로 알아주기와 경청에 대한 학습도 간단하게 실시했다. 충분한 시간은 아니지만 준비한 PPT를 중심으로 인정과 칭찬의 중요성과 효과적인 방법 그리고 공감적 경청을 하기 위한 확인 질문법을 설명했다. 이 부분에 대해선 각자 팀으로 돌아가 각자의 상황에 맞게 실습하기로 했다.

2회차에 수립한 실행 계획 실천과 알아주기와 경청 실습은 3회차까지 실천해야 하는 과제가 되었다. 3회차까지는 중간에 개별 코칭이 있기 때문에 실천할 수 있는 시간이 3주 정도 있는 셈이었다. 2회차에 각자 발표한 실행 계획과 3주차 전까지 실천한 결과에 대한 부분을 3회차 시작 전에 코치에게 이메일로 보내기로 약속하고 2회차를 종료했다.

**〈개별 코칭〉**

2회차 후 개별적으로 연락하여 일정을 잡았으며 1시간 30분 정도의 시간을 확보하고 코칭을 실시했다. 개별 코칭의 주제는 대부분 2회차에서 정한 목표와 연관된 내용이었다. 그룹코칭 시 말하기 힘들었던 개인적 사정과 배경에 대해 듣고 리더십과 관련해서 어떤 부분들을 강화하거나 개선할 수 있는지에 대해 코칭대화를 나누었다. 그로 인해 실행 계획을 좀 더 충실하게 세우는 데 도움이 되는 효과가 있었고, 그룹코칭 중간에 이런 개별 코칭이 있는 것이 매우 유익했다고 참가자들의 소감을 듣기도 했다.

### 그룹코칭 3~5회차

3회차 전에 코치는 참석자들로부터 받은 실행 계획서를 3회차 시작 후 PPT로 공유하면서 각자의 과제 실천 내용과 소감을 발표했다. 3회차에서 5회차는 동일한 형식의 과제와 실천 점검이 이루어졌다. 물론 매 회차마다 실행 계획이 다소 수정되고 우선순위가 바뀌기도 하며 학습내용도 회차별로 다르기 때문에 매회 과제의 내용은 다르지만 진행 방식은 동일하다. 여기서 중요한 것은 과제 실천이다. 회차와 회차 사이의 실천이 수반되어야 그룹코칭 시간에 나눌 이야기가 있으며 그 이야기를 나누는 것이 그룹코칭의 핵심이기 때문이다. 실천이라는 경험과 경험하면서 일어나는 성찰과 통찰이 그룹코칭 기간 이후 내재화될 수 있는 동력이 될 수 있고, 그룹코칭 참여자들 간의 학습 역동에 가속이 붙는 촉진제가 된다. 따라서 그룹코칭에서 코치의 역할은 개인 코칭에서 발휘되는 코칭대화 역량도 중요하지만 참가자 각자가 동기부여 상태를 유지하게 하는 촉진자 역할도 매우 중요하다. 그룹코칭을 효과적으로 수행하기 위해서는 평소에 액션러닝이나 퍼실리테이팅에 관한 관심을 가지고 학습과 경험을 해 놓는 것이 좋다.

다음은 4회차를 위해 제출한 C팀장의 실행 계획 및 과제 리뷰를 위한 목표관리 과정계획서 사례이다. 항목 수정과 우선순위의 변동이 있음을 알 수 있다.

**C팀장이 제출하고 발표한 목표 및 실행 계획서(4회차 준비)**

<table>
<tr><td>정성적 목표:<br>깊이 있는 리더 되기</td><td>정량적 목표:<br>1. 상급자에게 보고가 편안해졌다(3점 → 7점)<br>2. 팀원과 생산적인 대화하기(주 1회 이상)<br>3. 전략적 접근 역량 강화하기(5점 → 8점)</td></tr>
<tr><td colspan="2">실행 계획<br>1. 보고 안건에 대해 깊이 있는 검토를 하기 위해 주변과 정보 교환을 한다.<br>2. 1시간 일찍 출근해서 일일 보고 사항과 팀 내 추진사항을 미리 점검하기<br>3. 팀원과 업무 대화 시 데이터를 기반으로 확인하며 대화하기<br>4. 팀 내에서 2차 자료를 체계적으로 관리하여 근거를 확보해 놓는다.<br>5. CRM 관련 사례 연구를 정례적으로 실시하고 팀 내 스터디 진행</td></tr>
<tr><td colspan="2">실행 사항<br>1. 3개 영업팀과 정례 미팅 일정 협의<br>2. 1시간 일찍 출근하기 실천<br>3. ○○ 책임과 회의 시 회의실에 PPT 띄워 놓고 회의 실시<br>4. 데이터 업데이트 관련 인정과 칭찬 실천</td></tr>
<tr><td colspan="2">과정 피드백(실천 과정에서 알게 되고 느낀 점)<br>1. 팀원들에 대한 고마움 → 팀장의 변화에 동참하겠다고 하면서 데이터 정리 시작함.<br>2. 내가 먼저 의지를 보이고 실천을 하니까 주위에서 도와준다는 사실을 알게 됨.<br>3. 우선순위를 생각하면서 일을 하니까 시간 관리가 되는 듯함.</td></tr>
<tr><td colspan="2">실천 강화를 위한 자기 격려<br>1. 서두르지 말고 하나씩!<br>2. 양보다 질!</td></tr>
</table>

## 그룹코칭 6회차

6회차는 5회차 후 1개월이 지난 시점에 실시되었다. 5회차까지 유지된 목표와 실행 계획을 1개월 동안 종합적으로 실천하면서 팀원들의 피드백도 확인하고 향후 내재화에 대한 계획을 세우는 과정이다. 각자 미리 제출한 계획서를 PPT로 공유하면서 발표하고 소감을 나누었다. 다음은 C팀장이 제출하고 발표한 종합 리뷰 및 내재화 계획서를 제출했다.

**C팀장이 제출하고 발표한 종합 피드백 및 내재화 계획서(6회차 준비)**

<table>
<tr><td>정성적 목표:<br>깊이 있는 리더 되기</td><td>정량적 목표:<br>1. 상급자에게 보고가 편안해졌다(3점 → 7점)<br>2. 팀원과 생산적인 대화하기(주 1회 이상)<br>3. 전략적 접근 역량 강화하기(5점 → 8점)</td></tr>
<tr><td colspan="2">실행 계획<br>(앞의 것과 같음. 생략)</td></tr>
<tr><td colspan="2">목표 달성 리뷰<br>- 전체적으로 코칭 기간 동안 90% 목표 달성함.<br>→ 미 달성 10% 내용: 전략적 접근 역량에 대한 만족도(상사로부터의 확실한 피드백 아직 없음)<br>- CRM 관련 사례 연구 관련 팀 내 스터디는 2021년부터 실시하기로 함. (팀원들 동의)</td></tr>
<tr><td colspan="2">내재화 계획<br>1. 관련 팀과의 협업 시스템 보강<br>2. 데이터 기반의 회의 문화 정착 (평소에 데이터 공유, 무엇이 공유되어 있는지 알 수 있도록)<br>3. 이번 그룹코칭에서 실습한 목표와 과정 관리 프로세스를 팀원들에게 전수<br>4. 팀에 맞는 과정 관리 프로세스가 될 수 있도록 수정 및 시행<br>5. 피어코칭 실시(팀원 전원이 코칭 입문서 『마법의 코칭』 읽고 워크숍 예정)</td></tr>
</table>

내재화를 위한 자기 격려
1. 깊이 있는 팀이 되자!
2. 양보다 질, 그리고 워라밸!

## 전체 리뷰 및 평가

6회차 끝부분에 참가자 전원이 그룹코칭에 대한 소감을 나누었고 코치도 그간의 수고와 적극적인 참여에 대해 감사의 말을 전했다. 전체적으로 동료 팀장들과 함께 나눌 수 있어서 좋았고 체계적으로 목표를 세우고 실천함으로써 결실을 맺어 나가는 경험을 했던 점이 유익했다고 했다. 또한 그룹코칭 시간에 학습한 코칭 대화법과 피어코칭 방법론은 향후 팀워크를 강화하는 데 도움이 될 것이라고 했으며 코칭에 대한 긍정적인 인식이 형성되었음을 알 수 있었다. 코칭을 담당하는 HR팀과의 코칭 완료 후 미팅에서는 그간의 코칭 리포트 내용에 대한 확인과 구글 설문을 통한 효과성 평가 결과에 대한 리뷰를 실시했다. 코치는 이번 그룹코칭을 통해 기업문화의 긍정적인 측면(비교적 조직에 대한 긍정적인 태도)을 보았고 향후엔 부서장급 이상은 개별 리더십 코칭을, 중간관리자급은 그룹코칭이나 팀코칭을 실시하면 좋겠다고 제안했으며 특별히 조직문화의 긍정적인 변화와 성장을 위해선 사내코치양성이 필수라는 점을 강조했다.

구글 설문에 사용된 문항과 평가 결과는 다음과 같고 6회차 코칭 직후 발송되고 수집되었다.

| 설문 문항<br>(5점 척도) | 평균점수<br>(5점 척도) |
|---|---|
| 그룹코칭은 안정되고 편안한 가운데 진행되었다. | 5 |
| 코치는 그룹코칭 일정계획을 모두 진행하였으며 코칭 시간을 준수하였다. | 5 |
| 코치는 그룹코칭을 전문적인 방법으로 진행했다. | 5 |
| 그룹코칭 후 피드백 및 Follow up을 통해 실천할 수 있도록 적절한 도움을 받았다. | 4.8 |
| 그룹코칭이 자신의 리더십 혹은 팀운영 역량 함양에 도움이 되었다 | 4.8 |
| 그룹코칭이 조직의 팀워크 향상에 도움이 되었다. | 4.6 |
| 그룹코칭에서 배운 다양한 기법/기술 등을 잘 익혀서 계속 활용하고 싶다. | 5 |
| 본 그룹코칭을 다른 팀/사람에게 추천하겠다. | 5 |
| 코칭문화가 우리 조직에 필요하다는 것을 알게 되었다. | 4.8 |
| 그룹코칭 중 특히 좋았던 점은 무엇입니까? (주관식) | 생략 |
| 그룹코칭 중 실제로 적용을 해본 결과는 어떻습니까? (주관식) | 생략 |
| 그룹 코칭 과정에 적극적으로 참여했다. | 5 |
| 코칭에 임할 때 가능한 한 마음의 문을 열었다. | 5 |
| 그룹 코칭 목표를 명확하게 인지하였다. | 4.8 |
| 그룹 코칭 후 과제를 성실하게 실행했다. | 4.8 |
| 더욱 유익한 그룹코칭이 되기 위해 코치가 보완해야 할 사항은? (주관식) | 생략 |
| 기타 지원요청 사항 및 종합 소감 (주관식) | 생략 |

## 맺는말

본 사례에서 필자는 실제로 그룹코칭이 어떻게 진행되는지를 실무 차원에서 살펴볼 수 있도록 소개했다. 실제로 이 그룹코칭에서는 참석자들의 만족도가 매우 높았다. 중소기업의 특성상 재직자들이 이러한 형식의 학습이나 코칭을 경험하지 못했을 가능성이 크기 때문에 코칭 초기에 기대감이 그리 높지 않았다. 오히려 가뜩이나 바쁜데 뭔가 더 부가되는 것 같다는 반응을 보이기도 했다. 그러나 공동의 이슈를 가진 동료 팀장들이 서로의 애로사항을 나누게 되고 본인의 변화를 위한 선택과 책임을 스스로 경험하면서 그룹코칭의 효과를 실감하게 되었다. 본 사례에 소개된 중소기업은 거의 모든 중소기업의 직원들이 그렇듯이 인원 부족과 보상에 대한 불만이 있지만 그럼에도 불구하고 비교적 코쳐블(Coachable)한 팀장들이었다. 목표 수립 과정이나 실행 계획에 대한 실천도가 높으며 성찰역량도 높았다. 이는 이 회사가 더욱 성장할 수 있음을 보여 주는 매우 결정적인 지표가 된다. 필자는 HR담당과 이 부분에 대해 대화를 나누었고 향후 코칭 문화 도입과 관련한 제안을 해달라는 요청을 받았다.

본 사례에서 생략된 코치의 리포트는 이 책의 다른 부분에서 다루는 개인 코칭의 그것과 크게 다르지 않기 때문에 별도로 소개하지 않았다. 실제로 코칭 후 매 회차별로 회사에 리포트를 했으며 전체 완료 후 종합리포트와 평가 리포트를 제출했다.

**최동하**

조직코칭 전문기업인 (주)KBC파트너스의 CEO/대표코치. 국민대 문화학 박사. 단국대 경영대학원 협상코칭전공 주임(초빙)교수. 30여 년간 마케팅 커뮤니케이션 분야에서 일을 해 왔고 코칭도 커뮤니케이션 분야로 인식하면서 10여 년 전부터 전문코치의 길을 걷고 있다. 한국코치협회의 수퍼바이저코치(KSC)와 국제코치연맹의 전문코치(PCC) 자격이 있으며 국제인증 NLP 트레이너로서 멘탈 코칭도 수행하고 있다. 주로 기업의 경영자와 조직의 리더, 각계 전문가를 코칭하고, 조직문화를 새롭게 하는 데 코칭문화가 필수라는 신념으로 사내코치와 전문코치를 양성하고 있다. 저서로는 『코칭의 역사』(공역), 『VUCA 시대의 조직문화와 피어코칭』(공역)과 『미래에 묻고 삶으로 답하다』(공저), 『오늘이 미래다』(공저)가 있다.

메일: hwanta@netsgo.com
홈페이지: (주)KBC파트너스 www.bizcoaching.kr

# 기업 부장급 대상 화상대면 온라인 코칭

최용균

코로나로 기업교육과 코칭이 잔뜩 얼어붙었던 2020년 연말 모 기업 부장급 12명을 대상으로 하루 8시간 4회기 ZOOM을 활용한 화상 코칭을 의뢰받았다. 대상자 12명에 대해 4회기 전반적인 코칭 프로세스를 설계하고 코치풀을 모아 전체를 진행하는 PM 역할을 하게 된 것이다. 참여 코치로는 내가 평소 알고 지내는 비즈니스 코칭과 라이프 코칭 경험이 있는 KPC 자격을 갖춘 12명의 코치를 모집했다. 오프라인 사전 미팅은 물론 코칭 진행 중 매주 1회 저녁 시간 ZOOM에서 만나 진행 과정을 피드백하고 코칭 성과를 공유하며 코치들도 성장하는 기쁨을 얻었고 비즈니스 코칭도 훌륭하게 완료할 수 있었다.

### 1. 코칭 프로세스 설계

| 구분 | 1회기 | 2회기 | 3회기 | 4회기 |
|---|---|---|---|---|
| 비즈니스 코칭 | 라포 형성 MBTI 진단 & 해석 | MBTI 커뮤니케이션 & 코칭 | 직무적성검사와 해석 & 코칭 | 문제해결 코칭 |
| 라이프 코칭 | 라포 형성 감성진단과 해석 | 인생변화곡선 & 코칭 | Life Balance Wheel & 코칭 | Vision House & 코칭 |

회기는 4회기지만 하루 8시간을 코칭을 하는 과정이라 고객 개인으로 따지면 32시간 코칭을 받게 되는 과정이므로 기업 HR 파트에서는 코칭 효과에 대한 기대가 컸고 그래서 사전 기업교육 컨설팅 대표와 몇 차례 만나 최적의 코칭 프로세스를 설계했다.

우선 오전 4시간, 오후 4시간으로 나누어 오전에는 비즈니스 코칭을 하고 오후에는 라이프 코칭을 번갈아 하는 것으로 큰 틀을 잡고 회기별 소주제와 코칭 활용 도구를 정했다.

라이프 코칭 첫 회기 첫 시간에는 라포 형성 시간을 가진 후 20분 정도 소요되는 온라인 감성진단을 통해 고객의 감성역량 중 뛰어난 부분과 부족한 부분이 어떤 것인지 알게 하고 부족한 감성역량을 키울 수 있도록 안내했다. 감성역량 진단 결과 중 강점에 해당하는 것을 발휘하고 뿌듯한 성과를 냈던 사례를 나눌 때는 고객의 긍정에너지가 높게 나오는 것을 알게 되었다. 감성역량 중 부족한 것 때문에 발생했던 불편하거나 힘들었던 사례를 나눌 때는 고객과 함께 감정적으로 공감하며 그 순간을 지지해 주었다.

2회기 코칭에서는 개인의 인생 변화 곡선을 그리고 거기에 따른 대화를 나누었는데 개인별로 남들에게 하지 못했던 속 깊은 이야기까지 나눌 수 있었다. 어린 시절부터 지금까지 살면서 즐겁고 흐뭇했던 추억도 있었고 속상하고 힘들었던 시절 이야기도 나누고 코치 또한 듣기만 한 것이 아니라 코치 자신의 인생 변화 곡선 중 즐거웠던 추억과 괴로웠던 시절이 있었음을 이야기하며 코치와 고객의 마음의 간격을 점점 좁힐 수 있었다. 아직 펼쳐지지 않은 미래도 마음속으로 그리고 어떤 미래를 만들면 좋은지에 대해 2회기를 진행했다.

3회기에서는 라이프 밸런스 휠(Life Balance Wheel)을 그리게 하고 살면서 중요하게 여기는 영역(대인관계, 경제, 건강, 친구, 여가, 가족, 직장, 영성) 중 현재 만족한 정도를 표시하고 앞으로 어떤 변화를 주고 싶은지 척도를 그림으로 표시해 더 행복한 나를 만들기 위해 앞으로 노력해야 할 부분이 어떤 것인지를 알게 하고 코치와 함께 더 나은 미래를 설계하는 아이디어를 추출해 보았다.

4회기에서는 비전 하우스(Vision House)를 그리게 하여 어떤 인생을 살고 싶은지 태어난 이유가 무엇인지를 알게 하는 사명을 만들게 하고 되고 싶은 모습을 비전으로 구체화하고 2021년 집중할 목표를 쓰게 하였는데 처음 해 보는 작업이라 힘들게 받아들이는 사람도 있었지만 대부분 훌륭하게 잘 마무리하였다. 마지막 코칭 회기에서 소감을 물어보았는데 이제까지 받았던 어느 교육보다 가장 유익한 교육이었고 내 인생에 새로운 시대가 열릴 것 같다는 피드백을 해 준 사람도 있었다.

비즈니스 코칭도 4시간씩 4회기를 진행했는데 1회기에서는 라포 형성 후 성격진단도구 MBTI를 온라인으로 진단하고 MBTI에 대한 이론적인 배경과 도구 활용방안에 대해 강의했다.

2회기에서는 본인의 MBTI 성격유형에 대한 강점과 개선점을 찾게 하고 반대유형이 보았을 때 불편한 점에 대해 어떻게 하면 성격이 다른 사람들과 직장에서 잘 교류할 수 있는지 질문을 통해 스스로 답을 찾게 했다. 본인 유형이 선호하는 환경과 리더십에서 개선하면 좋은 점 등을 이해하면서 MBTI를 업무에 잘 활용할 수 있도록 안내했다.

3회기에서는 직무적성검사를 통해 본인이 스스로 판단하는 현재 직무 만족도와 개선 아이디어를 도출하도록 안내했다.

마지막 4회기는 직장생활을 하면서 아직 시원하게 풀리지 않는 문제점 혹은 직장 내 미해결 과제와 남은 직장생활을 어떤 자세와 태도로 하면 좋은지 등에 대해 코칭을 하고 마무리 소감을 듣는 것으로 종료했다.

## 2. ZOOM 화상 대면 코칭 첫 만남

전체적인 프로세스는 앞에서 언급했고 이제부터는 내가 코칭을 했던 고객에 대한 코칭 과정과 결과를 소개한다.

고객과 이야기하면서 비슷한 점이 나올 때마다 "와우! 저랑 유사한 경험을 하셨네요? 저도 그 심정 잘 알고 있습니다. 저도 살면서 또 직장생활 하면서 그런 경험이 있었습니다."라고 맞장구치면서 공감해 드렸더니 고객과 금방 친해질 수 있었다. ZOOM을 활용한 코칭이기 때문에 화면으로 얼굴을 마주하고 대화를 나누니 표정으로 상대방의 기분과 에너지 상태를 함께 느낄 수 있었다. 코칭 첫날 화면 상대편 얼굴을 통해 느낀 점은 '내가 이 교육을 왜 받아야 하지?' 하는 표정을 느꼈고 다소 불편한 마음을 읽을 수 있었다. 본인이 받고 싶어서 신청한 교육이 아니고 회사 HR에서 일방적으로 명단에 넣어 불과 며칠 전 통보 받은 케이스라고 했다. 매일매일 쏟아지는 업무를 하기에도 바쁜데 굳이 이런 시간을 가질 필요가 없다고 생각하는 것 같았다. 그것도 하루종일 4번이나 한다니? 본인을 코칭 대상자 명단에 넣은 HR 부서에 불편한 마음이 있는 것을 느꼈다. 일단 지난주에 어떻게 시간을 보냈는지, 코로나 장기화로 생활에 불편한 점은 무엇인지, 취미생활은 무엇인지 라포 형성을 위해 이런저런 이야기를 나누었다. 직장생활 하면서 어떤 부서를 경험했는지 등 전반적인 이야기를 나누다가 본인의 성격 중 좋은 점과 개선하고 싶은 점이 무엇인지 물었다. 품질관리 부서 일을 오래 해서 그런지 강직하고 소신이 뚜렷한 것이 보였고 자기와 입장과 논리가 다른 사람들에게 분명하게 선을 그으며 대한다는 것을 본인이 알고 있었다. 첫 회기에 나누고 싶은 코칭 주제를 물어보았더니 정년까지 남은 2년 동안 '꼰대 기질 탈출하기'라는 다소 재미있는 주제를 설정했다. 코칭 대화를 나누는 동안 보통 50대 후반 직장인에 비해 꼰대 기질이 별로 없어 보이는 고객이었지만 젊은 사원들이 볼 때는 세대 차이를 느낄 것이고 그래서 자신에게 오랜 세월 살면서 본인도 모르게 묻어 있는 꼰대 기질을 탈피하면 젊은 직원들이 편하게 다가가고 싶은 선배가 될 것 같다고 했다. 그래서 그 주제로 이야기를 나누었다.

실제 진행한 코칭 대화 일부를 소개한다.

코치: 안녕하세요! 저는 최용균 코치라고 합니다. 앞으로 4주 동안 화면으로 만날 텐데 호칭을 뭐라고 부르면 좋을까요?

고객: 네, 저는 이○○이라고 합니다.

코치: 이번 코칭에 대해 어떤 기대를 하고 계신가요?

고객: 별다른 기대 없이 HR 부서에서 코칭 받으라는 연락을 받고 그냥 왔습니다.

코치: 대상자로 처음 연락받고 기분이 어떠셨나요?

고객: 솔직히 말해도 되나요? 솔직히 말하면 기분이 별로였습니다.

코치: 아, 기분이 별로였군요? 왜 기분이 별로였는지 여쭤봐도 될까요?

고객: 일만 하기에도 바쁜데 다른 사람들은 받지 않고 우리 부서에서 나만 갑자기 코칭 받으라고 일방적으로 통보하니 기분이 별로였습니다.

코치: 그러시군요? 기분이 별로인 상태에서 이렇게 나와 주셔서 감사합니다. 그래도 이왕 코칭 받으러 나왔으니 어떻게 하면 상호 대화를 주고받으면서 유익한 시간으로 만들 수 있을까요?

고객: 어차피 오늘은 출근하지 않고 재택근무하면서 코칭 받는 거니까 서로 솔직하게 하고 싶은 이야기를 하면 좋겠습니다.

코치: 네, 좋습니다. 저도 솔직한 이야기를 나누도록 하겠습니다. 회사생활 하면서 가장 기뻤던 기억이 있다면 어떤 것인가요?

고객: 독일 지사 발령받고 처음 독일을 방문했는데 외국 사람들과 소통하며 업무 처리할 때, 그때가 좋았던 것 같습니다.

코치: 아, 독일 지사 근무 경험이 있으시군요? 독일어 잘하시나 봐요?

고객: 독일어를 잘하는 수준은 아니고 영어는 조금 합니다. 주로 영어로 소통을 합니다.

코치: 멋지십니다. 직장생활 하는 동안 회사에서 보내 주는 외국 지사 근무, 가고 싶다고 해서 아무나 가는 게 아닐 텐데 그만큼 회사에서 실력을 인정받았다는 것 아닐까요? (고객 얼굴이 조금씩 밝아짐) 오늘 첫 회기인데 저와 나누고 싶은 주제를 찾아본다면 어떤 주제가 좋을까요?

고객: 제가 나이가 들었다고 젊은 직원들이 약간 피하는 것을 느끼고 있는데 제가 꼰대 기질이 있나 봅니다.

코치: 하하하, 저랑 연배가 비슷할 것 같은데…… 저도 실은 젊은 후배 강사들에게 꼰대 소리를 듣고 있답니다. 그럼 오늘 주제를 '꼰대 기질 탈출하기' 이렇게 정해도 될까요?

고객: 꼰대 기질 탈출하기? 뭐, 좋습니다. 그렇게 해 보죠.

(중략)

첫 회기를 진행하면서 여러 가지 대화를 나누었고 주제에 대한 실천계획은

- 젊은 직원들에게 먼저 다가가기

- 간식이나 티 타임 제안하기
- 젊은 문화(드라마, 영화, 음악 프로그램 등) 관심 갖기
- 고민 상담역할(내 집 마련 전략, 연애와 결혼 등)이었다.

구체적 실천계획까지 나누다 보니 시간이 빨리 흘렀다.

첫 회기 셋째 시간에 MBTI에 대해 설명하고 온라인 진단을 받게 했다. MBTI 진단결과는 ISTJ(소금형)이 나왔다. 첫 회기를 마치며 느낀 점과 소감을 물어보았는데 후배들에게 좋은 이미지를 관리해 평판을 좋게 해야 한다는 것. 직장에서 인간관계의 중요성에 대해 알게 되었고 미래준비에 대한 약간의 길라잡이가 되어 참 좋았다고 했고 이제부터 새롭게 배운다는 자세로 출발해야겠다고 다짐을 보였다. 오전 잠깐이었는데 기대 이상으로 많은 인사이트를 받았고 앞으로 많이 기대된다는 인사말로 첫 회기를 마무리했다.

첫 회기를 진행한 코치로서의 느낌은 자신보다 나이 어린 상사를 대하는 것에 대해 마음이 불편함이 있었고 정년이 2년 정도 남았지만 젊은 직원들에게 뭔가 밀린다는 느낌을 받아 다소 위축되어 있다는 느낌을 받았다. 그동안 회사를 위해 많은 일을 해 온 경륜을 잘 정리해 후배들이 이어갈 수 있도록 코칭과 멘토링하는 분위기를 만들면 좋겠다고 피드백을 했다.

첫 회기를 마치고 둘째 회기를 준비하는 동안 파트너 코치의 라이프 코칭 결과를 공유했다. 라이프 코칭 첫 회기에서는 개발해야 할 감성역량이 공감 능력과 사회적 책임, 대인관계 부분에서 본인이 향후 개발 과제를 선정했다.

▶ 공감 능력에서는

- 상대방의 입장을 이해한다.
- 타인의 관점에서 보고 역지사지한다.
- 상대방의 제스처와 표정을 통해 내면을 탐색한다.
- 대화에 진정성을 더한다.

▶ 사회적 책임 부분에서는

- 타 부문과 시너지 공조효과를 고려한다.
- 개인 중심에서 집단/사회 중심으로 사고한다.
- 사회에 기여할 방법을 고민한다.

▶ 대인관계에서는

- 사람에 대한 수용/포용력을 확장한다.
- 다양한 부류와 관계한다.
- 상대를 고려한 대화 스킬을 증진시킨다.
- 다른 사람들의 피드백을 수렴한다.

## 3. MBTI 진단결과 코칭

### 2회기 코칭

고객이 온라인으로 진단한 MBTI 진단 결과 해석을 준비하면서 2회기를 맞이했다. 2회기 코칭에서는 1회기에 진단한 MBTI 결과 보고서를 가지고 유형의 리더십 스타일과 개발할 점, 성격 차이로 인한 갈등, 진단 해석 후 변화할 것 등에 대해 코칭했다.

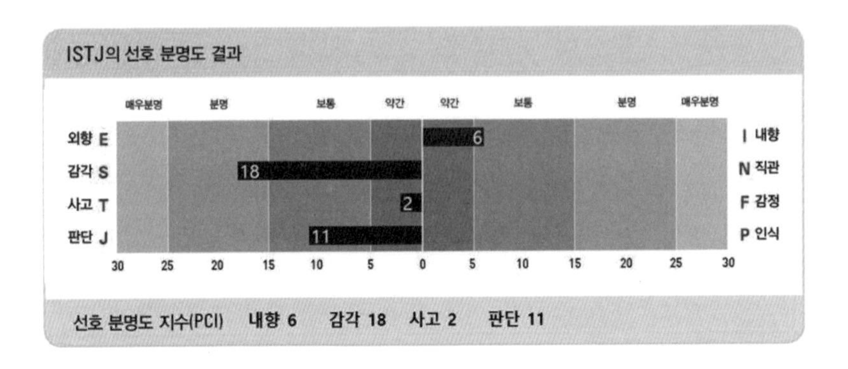


고객 유형이 ISTJ(내향, 감각, 사고, 판단 - 별칭: 소금형)인데 내향은 보통 정도, 사고기질은 약간의 선호도가 있었고 감각형은 분명한 정도, 판단형은 보통 정도의 선호도가 있었다. 그 유형의 리더십 스타일은 체계적이고 논리적이며 현실적인 사고에 강하고 냉철하고 원칙을 중요시하는 그래서 인간미는 다소 덜 느껴지는 스타일이다. 질서를 잘 지키지만 냉정하다는 느낌을 타인에게 보여 줄 수 있다. 조직에서의 강점은 계획과 목표 달성을 중요하게 여기기 때문에 일 처리에서 빈틈없이 일정을 잘 지키는 스타일이다. 문서 작성이나 계약 과정에 세부 사항에 충실하므로 끈기 있게 마무리를 잘한다. 본인이 이미 자신의 성격을 잘 알고 있었다. 유형에서 개발할 점은 타인의 감정과 인식에 대한 배려를 증진해야 하고 예외적인 상황에서 융통성 있는 대처도 필요하고 단기적 접근에서 장기적 관점으로 시각을 확대하는 것이 필요함을 인식시켰다. 정서 표현에 인색할 수가 있으므로 정서 표현에 노력할 필요가 있고 자신의 생각과 방법이 다른 사람들과의 소통에서 상대방의 입장과 관점을 이해하려는 노력도 해야 한다. 타인에게 먼저 다가가 개방적으로 자신의 마음을 표현할 필요가 있다.

성격 차이로 인한 갈등 사례를 물어보니 업무 회의 시 후속 추진 일정을 정리할 때 누가, 언제까지, 무엇을, 어떻게 해야 할지 구체적으로 명시하도록 요구를 많이 하는 편인데 그것 때문에 다른 참가자들에게 부담을 느낄 수 있게 한 것이 있었고 그로 인해 자신에 대한 평판이 떨어지지 않았나 하는 생각을 하고 있었다. 지금까지의 대처 방법으로는 불만이 있어도 본인에게는 표시하지 않고 제3자를 통해 불만 사항이 전달되는 경우가 많아 직접적인 소통이 어려웠다고 한다. 앞으로 어떤 시도를 해 볼 수 있느냐고 물어보았더니 타 부서의 입장을 고려하여 일정을 조율하고 가능한 상대방이 먼저 일정을 제시하도록 유도하고 그렇게 결정해 준 것에 대해 고마움을 표시하고 약간 남아있는 오해나 불편함이 감지되면 전화로 다독여 인간적인 관계를 유지·발전시키도록 해야겠다고 본인이 정리를 잘 해 주었다.

2회기에서도 실행 계획을 정리했는데 타 부문은 포괄하는 통합적 관점 갖기로 코칭 주제를 정하고 실행 계획으로 다음과 같이 설정했다.

- 다른 부서의 입장이 되어 업무 접근하기
- 이해 관련 부서 직원과 1:1 티 타임 갖기
- 타 부서 인원들과 친밀감 강화하기

- 회의 시 조율이 필요한 민감한 부분은 사전 설명하기
- 멀게 느껴지는 사람에게 먼저 다가가기
- 통합적 사고를 위해 트렌드 관련 서적 읽기

2회기에서 배운 점과 느낀 점을 물어보니 원활한 업무협력은 프로세스와 원칙뿐 아니라 상대방 입장의 역지사지 배려가 있을 때 더 효율적으로 잘 될 수 있고 이러한 방향이 인간관계를 비롯해 회사의 업무처리에도 중요함을 알게 되었다고 한다. 본인이 아직 잘 인식하지 못했던 편협한 사고들을 재발견하는 귀한 시간이었다고 소감을 이야기해서 2회기 코칭한 보람이 있었다.

고객과 이제까지 살아온 이야기도 나누었는데 청소년 시절 가난한 집안 형편으로 공고를 졸업하고 공장에서 생산직 사원으로 출발했지만, 본인이 스스로 노력하며 공부하여 나중에 일반직으로 직종 전환을 하였다. 서비스 분야 전문 능력을 인정받아 40대에는 약 10년 동안 가족들과 같이 유럽과 중동지방 해외 주재원으로 근무했던 경험이 있었고 지금도 그 경험을 바탕으로 본사에 근무하면서 해외 지사의 서비스관리를 하는 중이다.

마음이 조금 불편한 것은 본인보다 나이가 어린 상사를 대하는 것과 정년 2년을 앞둔 시점에서 뭔가 밀려나는 느낌을 갖게 된다는 것, 회사를 향한 서운함과 그동안 쌓았던 회사에 대한 자긍심과 일에 대한 자부심이 점점 작아지는 것을 아쉬워했다. 그래서 남은 정년을 어떤 마음으로 어떤 태도로 근무하는 것이 본인에게나 주변 동료들에게 혹은 상사에게 서로

도움이 될 수 있을지에 대해 생각하고 오라는 숙제를 내주고 직무적성검사에 대한 안내와 함께 3회차에 들어섰다.

### 3회기 코칭

3회기 코칭에 앞서 지난 회기 실천사항에 대해 점검했다. 벌써 자기계발에 필요한 서적을 구입해 읽고 있었고 코칭에서 나왔던 과제들에 대해 많은 부분 실행을 하고 있었다.

3회기 앞 시간에서는 주중에 진단한 직무적성검사 결과를 피드백했다. 직무적성진단 결과는 분석가형으로 나왔고 독립성, 분석적, 논리적 업무에 대한 전문성이 있는 것으로 나왔다. 취약점은 복잡한 인간관계에서 힘들어할 수 있고 모호한 상황에서 의사결정할 때 어려울 수 있다는 것이 나왔다. 감정 표현을 많이 억제하고 표현하더라도 우회적으로 표현하는 것으로 나왔다. 매우 침착한 편이어서 반복적인 업무가 적합하다고 진단 결과가 나왔다. 자신의 감정을 표현하지 않아 주변과 마찰과 갈등은 크지 않으나 그것 때문에 본인이 스트레스를 많이 받을 수 있다는 결과도 나왔는데 본인도 잘 인정했다.

3회기에서는 코칭 주제를 '직장 33년 경험을 책으로 엮어내기'로 정하고 코치가 알고 있는 같은 회사 동년배 중 회사에 근무하면서 책을 낸 사례를 소개하고 책을 내고 싶은 이유와 어떤 내용을 책에 담고 싶은지 책을 내면 본인과 후배들에게 어떤 유익한 것이 있을지에 대해 대화를 했다.

코칭 후 실천계획을 다음과 같이 정리해 보았다.

- 직장생활 관련 도서 읽기
- 본인만의 차별적인 스토리 라인과 콘텐츠 구성하기
- 2021년 10월 출간 목표로 글쓰기

3회기에서 배운 점과 느낀 점도 물어보니 다음과 같은 답변을 했다.
- 인생 중간 단계에서 자서전의 필요함을 알게 되었다.
- 목적과 대상을 정하고 어떻게 준비하여 마무리해야 할지 알게 되었다.
- 본인의 남다른 경험이 다른 사람들에게 감동과 인사이트를 줄 수 있다.
- 책 쓰는 것이 자신과 먼 이야기라고 생각하고 있었는데 이번 기회에 도전할 용기가 생겼다.
- 직장생활을 멋지게 마무리할 수 있는 귀한 코칭 시간이었다.

### 4. 라이프 밸런스 휠(삶의 수레바퀴)과 직무진단 코칭

라이프 코칭 부분에서 작성한 라이프 밸런스 휠(Life Balance Wheel)을 살펴보니 가족 부분에서는 최고 만족도 10점 중 9점을 주었다. 아들과 딸 두 자녀를 훌륭하게 키운 것에 대한 축하와 인정을 해 드렸다. 가장 만족도가 낮게 나오는 부분이 일과 직장인데 그것은 본인의 현재 마음을 솔직하게 표시한 것 같았다. 자기계발 성장 부분에서도 만족도가 적게 나와 자기계발 분야와 직장에서 일하는 마음가짐에 대해 세 번째 회기를 코칭했다.

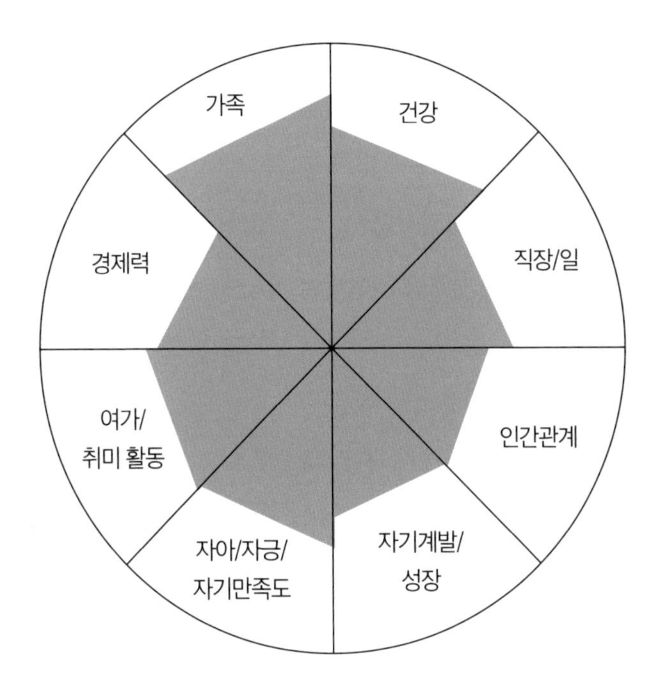


코칭 회기가 더해질수록 코치가 더 기다려지고 기대감이 생기는 특별한 고객이었다. 이제 4회기 마지막 회기를 앞두고 1~3회기 코칭 내용을 살펴보며 마지막 회기에서 고객에게 정말 필요하고 도움이 되는 질문이 뭘까 곰곰이 생각해 보았다.

### 5. Vision House(비전 하우스)와 종료코칭

마지막 회기인 4회기에서는 라이프 코칭 부분에는 비전 하우스를 작성하고 그 내용을 주제로 코칭하고 비즈니스 코칭에서는 회사생활 마무리를 위한 슬기로운 퇴직 점검으로 코칭 주제를 정하였다. 직장생활을 잘 마무리했다는 것을 무엇으로 나타내고 싶으냐고 질문하면서 코칭 대화를 이어갔다. 코칭 대화 일부를 소개한다.

코치: 직장을 퇴직하면서 후배들에게 어떤 모습을 남기고 싶습니까?

고객: "나도 저 선배처럼 정년까지 잘 근무하고 직장생활에 대한 자부심도 갖고 보람도 느끼고 웃으면서 잘 마무리하고 싶습니다"라는 소리를 듣고 싶습니다.

코치: 그렇게 마무리하기 위해 회사에 대해 어떤 생각을 하면 좋을까요?

고객: 33년 일할 수 있도록 일터를 제공해 주고 월급으로 자식들 잘 키울 수 있었던 것에 감사한 마음을 가져야 할 것 같습니다.

코치: 그러시군요. 후배들에게는 어떤 마음입니까?

고객: 가끔 꼰대 기질을 내보였던 것 미안하고 나이 든 사람에게 새로운 디지털 기술도 알려준 것에 고마운 마음입니다.

코치: 이번 코칭을 통해 회사생활을 정리하는 책을 쓰신다고 하셨는데 출판기념회를 한다고 가정하고 잠시 상상을 해 보겠습니다. 어떤 장면이 떠오르시나요?

고객: 어떤 작은 홀 안에서 지인들이 모여 제가 출판한 책 제목과 출판기념회 현수막이 보입니다.

코치: 참석한 친구들이 무어라고 축하의 말을 해 주던가요?

고객: 야! 너 대단하다. 우리 친구들 중 너 참 멋지게 살아온 친구야. 축하한다!

코치: 회사 후배는 뭐라고 축하의 메시지를 전하나요?

고객: 선배님! 참 훌륭하십니다. 저도 선배님처럼 멋지게 직장생활을 마무리하고 싶습니다.

코치: 함께 온 아내는 뭐라고 칭찬을 하셨나요?

고객: 여보! 당신 그동안 수고 많았어요. 당신 덕분에 우리 아들딸이 잘 자랐어요. 고마워요.

코치: 옆에 있는 따님은 뭐라고 하나요?

고객: 아빠! 오늘 정말 멋졌어요. 책 출판 축하드려요. 아빠! 사랑해요.

코치: 이런 이야기를 들으니 기분이 어떤가요?

고객: 기분이 최고입니다. 눈물이 날 것 같습니다.

코치: 출판기념회 축하하러 오신 손님들에게 한 말씀 하시지요?

고객: 오늘 이 자리에 있기까지 옆에 제 아내의 내조가 큰 힘이 되었습니다. 여보! 고마워요. 그리고 잘 자라 준 제 아들과 딸도 너무 감사합니다. 여러분 저를 격려하기 위해 바쁜 것 마다하고 이 자리를 찾아 주셔서 정말 감사합니다. 제가 쓴 책이 직장생활에, 인생을 살아가는 데 조금이라도 도움이 된다면 큰 보람으로 여기겠습니다. 남은 인생도 세상에 진 빚 갚으며 살도록 하겠습니다. 여러분! 감사합니다.

코치: 와우! 제가 들어도 벌써 가슴이 설레고 흥분됩니다. ○○님은 충분히 그렇게 하실 수 있습니다. 미리 축하드립니다.

이렇게 코칭을 진행해 보니 고객의 눈에서 긍정에너지가 더 크게 느껴졌다. 고객이 만족하고 즐거워하는 모습이 보였다.

구체적 실천계획으로는 다음과 같이 정리하였다.

- 회사와 함께 한 과정/사건 히스토리 정리
- 회사에 대한 100가지 감사 쓰기
- 선배/동료/후배들에게 먼저 가깝게 다가가기
- 꼰대 되지 않기

회사에 대한 감사쓰기에 곁들여 자신의 상사(전 상사, 현재 상사)에 대한 감사쓰기도 권유했는데 잘 수용해 주었다.

이번 코칭을 통해 배운 점과 느낀 점을 물어보았다.

- 삶을 대하는 태도가 인생 사명을 쓰면서 달라졌다.
- 정년 2년을 남긴 시점에서 서쪽 하늘 커다란 태양같이 의미 있게 마무리하고 싶었는데 코칭을 통해 이정표를 확인하게 되었다.
- 퇴직하는 자리가 스스로에게 명예로워야겠기에 이를 위해 어떻게 해야 할지 성찰할 수 있는 시간이었다.
- 삶을 새롭게 정립해 보는 시간이었다.

라이프 코칭에서 작성한 Vision House(비전 하우스)는 다음과 같다. 멋진 비전을 꼭 이루어낼 수 있다는 생각이 들었다.

| ( 이○○ )의 2021년 목표 | | | |
|---|---|---|---|
| 사명 | 스스로와 타인에게<br>만족하고 귀감이 되는 삶을 살자 | | |
| 비전 | - 미래예측관련 독서와 개인 성찰을 통한 후배들의 멘토 코칭 수행하기<br>- 인생 중반기 성찰을 위한 자서전 쓰기 (이를 통한 인생 후반기 삶의 지향점 도출)<br>- 가족과 사회에 감사 표현하기 (감사편지/정기 기부 등 건강한 사회의식고취) | | |
| | 직업, 일 | 가정, 건강 | 사회, 커뮤니티,봉사 |
| 목표 | - 회사에서 남은 2년 동안 후배들에게 건강한 Role-model 되기<br><br>- 인생 중간의 삶의 회고록 자서전 쓰기 (원고완료 '21.12월, 출간 /22.1Q) | - 일일 일만보 걷기<br>: 계단이용/점심산책<br><br>- 탁구 배우기 (재개)<br>: '21년초 중단-코로나<br><br>- 가족/지인 [감사편지 등]<br>: 아내/자녀/어머님 외 | - 정기 기부 참여 시작<br>: 유니세프, 기부재단<br><br>- 주변 인맥관리<br>: 사회활동연계/인근 지인<br><br>* 미래의 건강한 삶의 방향성 정립<br>: 인생 황금기인 60~80세 20년을 정서적으로 충만하게 맞이하는 비결 정립 |

코칭을 하면서 고객에게 느낀 것은 하나를 알려 주면 열을 알아차리고 코치에게도 계속 질문을 하면서 호기심과 학습 욕구가 매우 뛰어나다는 것이다. 코치가 알려 주는 주제와 관련된 사항을 메모하면서 꼭 하고야 말겠다는 의지가 엿보였다. 코칭 회기가 더해질수록 코칭에 대해 적극적

으로 참여했고 본인이 거듭나겠다는 각오로 코칭에 임하였다. 정년까지 남은 기간을 시간만 때우다 가는 것이 아니라 후배들에게도 귀감이 될 만한 책을 쓰고 알차고 의미 있는 시간을 보내겠다는 마음을 다지는 시간이었다. 코칭한 보람이 컸던 고객이고 코치인 나도 본받고 싶은 부분이 많은 고객이었다.

## 6. 코칭 효과

고객이 정리했던 코칭 성과는 다음과 같다.

- 평소 생각하지 못했던 성격상의 개선할 점을 알고 개선할 방향을 실천하게 되었다.
- 나와 생각이 다른 타인과도 대화할 때 상대방을 이해하면서 할 수 있게 되었다.
- 회사에 서운한 생각이 많았었는데 서운함보다는 고마움이 더 많은 것을 알게 되었다.
- 후배들을 신경 쓰지 않고 지내는 정도로 대했었는데 관심을 가지게 되었다.
- 정년퇴직 남은 2년을 알차고 의미 있게 보낼 수 있게 되었다.
- 내가 살아야 할 이유와 목적 즉 사명을 만들 수 있어 좋았다.
- 그냥 시간만 보내면서 회사생활을 했었는데 명예로운 퇴직을 준비하게 되었다.
- 회사생활 33년을 후배들에게 도움이 되는 책을 쓰겠다는 목표가 생겼다.

- 퇴직 이후에 할 일을 미리 정하고 준비할 수 있어서 좋았다.

마무리 소감에서 고객이 코치에게 해 준 말이 기억에 크게 남아 있다.

"이번 코칭을 통해 직장생활과 나 자신 그리고 가족들에게 앞으로 어떤 삶을 살아야 하는지 생각해 본 종합선물세트를 받은 것 같은 느낌입니다. 정말 인생 최고의 선물을 받은 것 같습니다. 코치님! 감사합니다."

고객이 이렇게 표현해 주니 코칭을 마무리하는 시간, 뿌듯하고 기뻤다. 보람 있는 4주간의 코칭이었다.

**최용균**

비전경영연구소 소장이며 한국코칭학회 상임이사, 기독교코칭학회 부회장이다. 꿈이 있는 사람들에게 교육과 코칭을 통해 꿈이 현실에서 이루어지도록 돕는 것을 사명으로 20년 동안 기업과 기관에서 코칭, 리더십, 커뮤니케이션 등을 강의하고 있고 대한민국산업현장 교수와 NCS 컨설턴트 활동도 하고 있다. 한국코치합창단 지휘자로 음악을 통해 행복한 세상을 만드는 아마추어 음악가이다. (사)한국코치협회 인증코치인 KPC, KPCC이며 저서로는 『행복한 성공』, 『최고의 강의』, 『멘토이야기』, 『오늘이 미래다』 등이 있다.

이메일: tonggyun@naver.com,

홈페이지: www.visionpower.or.kr

유튜브: 최용균tv

# COACHING

PART 2

# 리더십 코칭

# 여성 팀장의 자존감 회복과 리더십 향상

김경화

## 1. 호의적이지 않은 고객을 소개받다

내게 코칭을 받았던 한 고객이 자신의 지인이라며, 코칭을 안 하게 되더라도 한번 만나 볼 수 있겠는가 의사를 타진해 왔다. 예전 직장동료였던 그를 얼마 전에 만났는데 매우 힘들어하더라는 것이다. 그래서 코칭을 받아 보라고 권했더니 거절했다고 한다. 자신도 비슷한 상황이었을 때 코칭으로 크게 도움받은 경험이 있어 그 친구도 꼭 코칭을 받으면 좋을 것 같아서 요청한다고 했다. 코칭에서는 무엇보다도 코칭을 받는 본인의 의지가 중요한데 이런 경우에 코칭의 효과를 볼 수 있을까 염려가 되었지만, 일단 당사자(이하 K로 호칭)를 만나 보기로 했다.

K는 생활용품을 수입, 판매하는 A기업에서 홍보팀장으로 근무하는 30대 후반 여성이다. 시각디자인 전공으로 유학 갔다가 이런저런 사정으로

도중에 돌아와 늦은 나이에 취업했다. 몇 군데 직장을 짧게 전전하다 현재 직장에 입사한 지 4년째라고 한다. 이번 회사는 규모가 작지만 연봉이 높고 직무도 마음에 들어 만족도가 높았다고 했다. 지난해 말에는 팀장으로 승진도 했다. 그런데 최근 퇴사를 고민할 정도로 힘들어한다는 것이다. 여기까지가 내가 미리 들어 알고 있던 K의 상황이었다.

약속 장소로 가는 길에 나는 다소 긴장이 되었다. 고객과의 첫 만남은 언제나 약간의 긴장감을 동반하지만 그것은 일종의 설렘과 같은 기분 좋은 상태인데 그날은 달랐다. 호의적이지 않은 상대라서 그런 듯했다. 하지만 소개해 준 사람과의 관계도 있으니 차나 한잔하자는 가벼운 마음으로 부담감을 덜어냈다.

"안녕하세요? 만나서 반갑습니다."

K를 만나자 나는 환하게 웃으며 인사를 건넸다. K와의 첫 만남에서 내가 가장 신경 쓴 것은 어떻게 하면 짧은 시간임에도 코칭을 '설명'하지 않고 '느끼게' 할 수 있을까 하는 거였다. 그는 다소 경직돼 보였지만 곧 미소를 지으며 내게 악수를 청했다. 날씨 이야기로 가볍게 말문을 열면서 대화를 시작했다. 그는 리더십 교육이나 직무능력 향상 워크숍 등을 받은 적이 있어서 코칭도 그런 종류의 하나라고 지레짐작하고 있었다. 그리고 요즘 너무 바쁘고 이런저런 일들로 머리가 복잡해 코칭을 받을 여유가 없다고 잘라 말했다. 살짝 나를 밀어내는 느낌, 그러면서도 나와 약속을 잡은 이유는? 누군가의 도움을 받고 싶은 욕구도 적지 않음을 느낄 수 있었다.

"요즘 많이 바쁘고 머리가 복잡하시군요. 그런 자신을 보면서 어떤 느낌이 드세요?"

"글쎄요…… 답답하네요. 매일 정신없이 종종걸음치며 뭐 하는지……"

"종종걸음으로 어디를 가세요?"

"……"

순간 K는 대답을 못하고 잠시 생각에 잠긴 듯했다. 이야기하기 곤란한 것인지, 어떤 갈등을 느끼는 것인지…… 한참 뒤 입을 연 그는 "그러게요. 어디를 가는 걸까요?"라고 되묻더니 다시 생각에 잠겼다.

K로부터 코칭을 받겠다는 연락이 온 것은 그로부터 일주일 뒤였다. "내가 도대체 어디를 향해 왜 끝도 없이 종종걸음을 치는지 알고 싶다"라고 했다. 나는 K에게 "그 답은 K가 가장 잘 알고 있을 것이며, 내가 그 답을 찾을 수 있도록 함께 동행하며 돕겠다"라고 답했다.

## 2. 코칭 계약을 하다

코칭을 시작하기 전에 우선 간단한 오리엔테이션을 하기로 했다. K와는 이미 한번 만남을 가졌던 터라 이메일로 웰컴패키지와 코칭계약서를 보내는 것으로 대신했다. 웰컴패키지는 코칭에 대한 기본적인 설명과 안내, 고객의 신상 정보, 고객의 삶 전반에 대한 질문으로 구성된다. 코치는 코칭 세션을 성공적으로 진행하기 위한 최소한의 정보를 얻을 수 있어 유익하며, 고객의 입장에서는 코칭 전에 자신에 대해 깊게 생각하는 기회가 되어 코칭 이슈를 좀 더 구체화시킬 수 있다.

웰컴패키지는 정해진 양식이 있다기보다는 고객에게 맞춰 적절한 양식으로 응용해서 사용한다. 나는 특히 "코칭은 코치와 코칭을 받는 대상자가 코칭 대화로 해답을 찾아가는 프로세스다. 코치가 모든 문제를 해결하는 마법사는 아니다. 코칭의 효과와 성과는 코칭을 받는 사람의 의지와 노력에 달려 있다"는 내용을 명시하여 고객의 적극적인 참여를 이끌어 낸다.

웰컴패키지와 코칭계약서를 주고받은 후 K와의 코칭은 정식으로 시작되었다. 코칭은 총 6회기 면대면 코칭으로 매주 1시간씩 진행하기로 했고, 장소는 고객의 편의를 위해 K의 회사 내에 있는 회의실을 이용하기로 했다.

### 3. 코칭을 시작하다 - 라포 형성과 온전한 경청

첫 세션에서는 고객이 코치와 코칭 과정에 대해 긍정적이고 적극적으로 몰입할 수 있도록 동기를 부여하는 것이 중요하다. 그러기 위해서는 코치에 대한 신뢰를 갖고 서로 간에 라포 형성이 이루어지는 게 우선이다. 나는 코칭 1회기를 시작할 때 일종의 의식과 같이 '코칭 선서'를 서로 낭독하는 시간을 갖는다. 자칫 형식적으로 느껴질 수도 있으나 진정성을 갖고 낭독하면 코칭을 하기 전 마음을 가다듬는 데 효과적이다. 참고로 내가 사용하는 코치 선서와 코칭 대상자 선서의 문구는 다음과 같다.

**코치 선서**

코치 ○○○은 코칭 과정에서 알게 되는 모든 일에 대해 절대 비밀을 유지할 것이며, 고객이 코칭에 몰입하고, 창의성을 발휘, 활발한 대화를 통한 성찰과 성장을 돕기 위해 최선을 다할 것을 약속합니다.

**고객 선서**

나 ○○○은 최우선 순위를 두고 코칭에 참여하면서 긍정적이고, 적극적이며, 활발한 대화를 통해 성찰과 성장의 기회로 삼겠습니다. 또한 실행 약속은 반드시 지킬 것을 약속합니다.

K는 웰컴패키지의 질문들에 단답형으로 짧게 답을 적거나 거의 공란으로 비워 두었다. 답변을 받아 본 나는 순간 매우 '성의 없다'고 느껴져 이번 코칭이 쉽지 않겠다는 불안과 긴장이 살짝 올라왔다. 본인이 코칭을 하겠다고는 했지만, 아직 마음의 준비가 안 되었나 염려도 되었다. 하지만 선입견을 갖는 것은 금물이다. 곧 '무슨 이유가 있겠지'라고 생각을 바꾸었다.

코치는 자신과 맞는 성향의 고객 또는 잘 할 수 있는 주제만 선택해서 코칭할 수는 없다. 어떤 고객을 만나든 일단 그 고객과 완벽한 파트너십을 이루기 위한 노력을 해야 한다. 물론 고객이 코칭이 아닌 치료를 요하는 상태이거나 다른 분야의 전문가가 더 도움이 될 것으로 판단되면 도중이라도 상호합의 하에 코칭을 종료하는 경우는 있다.

"웰컴패키지를 작성하시면서 어떤 느낌이 들었어요?

"사실, 제대로 적지 못했어요. 나의 가치관이나 비전, 기대 사항 등에 대한 답변은 깊이 생각할 여유가 없었습니다. 죄송합니다."

"아, 괜찮습니다. 많이 바쁘셨군요. 그렇게 바쁘신 중에도 제게 시간을 내주셔서 감사합니다."

내가 오히려 감사를 표하자 민망해하던 K가 조금 편안해진 모습을 보였다.

"매우 바빠 보이시는데 요즘 하루 일과가 어떻게 되세요?"

"새벽 6시에 일어나서 1시간 동안 영어공부를 합니다. 이어서 출근 준비를 마치는 대로 바로 뛰어나가죠. 일찍 나가야 길이 덜 막히거든요. 아침 식사는 이때껏 해 본 적이 없어요. 출근하자마자 커피 한잔 손에 들고, 이메일 확인하고 자료 조사하고, 홍보자료 만들고, 발표하고, 외부인들과 미팅을 하다 보면 어느새 퇴근 시간입니다. 회사 방침이 야근을 안 하는 추세라서 가능한 한 정시에 퇴근하려고 합니다만, 미처 못한 일은 집으로 가져가죠. 주말에는 석사 과정 중이라서 대학원에 가고요."

속사포처럼 말을 쏟아내던 K가 "말하다 보니 갑자기 제가 불쌍해 보이네요."라며 한숨을 내쉬었다.

"갑자기 왜 그런 생각이 들었을까요?"

"이렇게 바쁘게 돌아가는데 제대로 하는 건 하나도 없거든요."

"저는 회사 일도 자기계발도 모두 최선을 다하는 K의 모습에서 대단한 열정이 느껴지는데요."

"하아…… 그런가요? 전 사실 전임 팀장이 갑자기 퇴사하는 바람에 운 좋게 팀장이 되었어요. 그런데 팀장 된 지 5개월이 다 되어 가는데 아직도 적응이 안 돼요. 성과를 내기는커녕 실수투성이에요. 팀장으로서의 역할을 제대로 못하니 팀원들과의 소통도 부서 간 협조도 맘먹은 대로 안 되네요. 혼란스러워요. 회사를 관둬야 할 것 같아요.”

K는 팀장이 된 후 일을 제대로 못하면 안 된다는 과중한 압박에 시달리고, 대학원 공부까지 겸하느라 체력은 바닥나고 스트레스가 극에 달한 상황이었다. K는 배터리가 모두 방전된 것 같이 어떤 것도 할 수 없는 무력감을 느낀다고 털어놓았다

이야기를 듣다 보니 어느덧 약속한 한 시간이 금방 지나갔다. 나는 첫 세션에서 주로 경청만 했다. 그런데 K는 비교적 만족스러운 표정이었다. 처음 만났을 때보다 한결 가볍고 기분 좋아 보였다. 코칭의 기본은 경청이다. 경청을 통한 공감과 지지만으로 고객이 코칭에 만족하는 경우를 흔히 볼 수 있다. 그만큼 경청은 코칭에서 중요한 요소다. 특히 커뮤니케이션을 중시하는 여성 고객들에게 경청을 통한 공감과 지지는 더 큰 효과를 발휘한다. K는 한결 밝아진 얼굴로 다음 코칭 일정을 확인하고 문을 나섰다.

### 4. 욕구를 파악하고 목표를 정하다

K는 홍보팀장이 되었을 때, 기쁘기보다는 덜컥 겁부터 났다. 팀장 될 준비가 전혀 안 된 상태에서 어쩌다 보니 떠밀려 승진을 했다고 생각했다. 팀장이 되고 보니 그동안 자신이 얼마나 우물 안 개구리였나 깨닫게 되었고 의기소침해졌다. 팀장에게는 실무 능력에 더해 상사와 부하 사이의 조

율, 타 부서와의 협조, 외부 업체 관리 능력 등이 요구되고, 상황에 대한 이해, 사람에 대한 이해 등 전체를 조망할 줄 아는 역량이 필요한데 본인에게는 전혀 그런 역량이 없는 것처럼 느껴졌다.

K는 자신의 성공이 노력이 아닌 우연이라고 생각하며 불안해하고, 자신이 유능해 보이는 가면을 쓰고 있다고 믿는 '가면 증후군(Imposter Syndrome)' 경향을 보였다. 자신의 성취를 과대평가된 것으로 여기며 스스로의 능력을 과소평가하는 것이다. 이런 여성들은 성공할 자격이 없다고 믿기 때문에 칭찬을 부정하는 경향을 보이고, 자신의 부족함을 가리기 위해 과도하게 노력하면서 자신을 혹사하고 일 중독에 빠지기도 한다.

"팀장이 되고 나서 임원회의나 간부회의에 정기적으로 참석하게 되었는데 너무 힘들어요. 분위기가 굉장히 경쟁적이고 위압적이어서 저는 대부분 말없이 잠자코 있습니다. 제가 발언할 때면 다른 사람들이 무시하는 느낌이 들어요. 분위기에 눌려 우리 팀의 요구 사항을 꺼내지  못하고, 부서로 돌아오면 팀원들 볼 낯이 없어요. 팀장으로서 신뢰를 못 받을 것 같아요."

그러다 보니 K는 임원 회의가 싫고 두렵기까지 했다. 회의가 있는 날 아침이면 출근하기가 꺼려질 정도였고, 회의가 끝나고 나면, 온몸에 힘이 빠진 기분이었다고 털어놓았다.

코치: 회의하는 동안 어떤 느낌이 들었어요?

K: 매우 불안했어요

코치: 무엇이 불안하게 하나요?

K: 아무 말도 못 하고 있거나 얼굴이 붉어지고 더듬거리며 실수할 거란 생각에서죠.

코치: 실수한 순간을 상상해 볼까요? 지금 가장 불안한 것은 무엇이죠?

K: 그들이 나를 무능하다고 생각하는 거예요.

코치: 그렇다면 어떻게 되나요?

K: 결국 해고당하거나 아니면 스스로 회사를 그만두어야 하겠죠.

K는 자조적으로 말을 내뱉으며, 얼굴이 급격히 어두워졌다. 내 마음도 함께 가라앉음을 느꼈다. 잠시 침묵의 시간을 가진 후 "정말 원하는 것은 무엇인가요?"라고 물었다. K는 잠시 생각하더니 대답했다. "능력 있는 팀장으로 인정받고 싶어요."

코치: 능력 있는 팀장은 어떤 사람인가요?

K: 자신감 있고, 실수 안 하고, 당당하고, 윗사람은 물론 팀원들에게도 인정받는 사람이죠.

코치: 인정받는 것은 K에게 어떤 의미인가요?

K: 제 자존감을 지키는 거예요.

코치: 이번 코칭을 통해 어떤 결과를 얻고 싶나요?

K: 지금과 달라지고 싶어요.

코치: 어떤 모습이 되면 달라졌다고 느낄까요?

K: 좀 더 자신감 있는 모습, 실수 안 하는 모습……

신임 팀장은 빠른 기간 내에 주변의 인정을 받겠다는 조급함이 올라오거나, 그동안 하지 못했던 것을 펼쳐보겠다는 과욕으로 의사결정에 오류를 범하기 쉽다. K는 자신이 능력에 비해 맞지 않는 역할을 하고 있다고 여기며 팀에 기여하는 리더가 되기 위해선 더 큰 노력이 필요하다고 생각했다. 자신이 부족하다고 느끼는 심리적 갈등을 해결하기 위해 자신을 돌이켜 보고, 부족한 자신감을 채우기 위해 학습에 몰두하거나 두려움 속에서도 계속 무엇인가를 시도했던 것을 볼 수 있었다.

코칭에서는 주제를 정하고, 목표가 무엇인지 정확히 파악하는 것이 중요하다. 목표가 애매하거나 비현실적으로 설정하면 달성하기 어렵다. 완전한 목표 안에서 그것을 성취하고자 하는 이유, 달성하고자 하는 목표와 그것을 달성하는 방법을 알아가야 한다.

K는 자신의 욕구가 무엇인지 정확히 알아냈고, 이번 코칭을 통해 자존감과 자기효능감을 회복하고, 팀장으로서의 리더십을 갖추는 것을 목표로 삼았다.

자기효능감은 개인이 가지고 있는 판단 능력으로서 목적이나 결과를 이루기 위해서 필요한 행동을 조직하고 효과적으로 수행될 수 있도록 조정하는 것을 말한다. 리더에게 있어서 자기효능감은 스스로 할 수 있다는 자신감을 갖게 해 줌으로써 그로 하여금 성취할 수 있는 용기를 부여해 주고 도전할 수 있도록 해 준다. 미국의 심리학자 반두라(Bandura)는 자기효능감을 극대화하기 위해서는 긍정적인 자아상을 구현해야 한다고 제시하였다. K에게 지금 필요한 것은 자기효능감의 향상이었다.

### 5. 자신의 강점과 가치를 발견하다

코치: 최근에 노력해서 성취한 것이 있다면 어떤 게 있나요?

K: 대학원 종합시험을 통과했어요.

코치: 와, 정말 축하합니다. 멋진 성취를 하셨네요. 주변에서 뭐라고 하던가요?

K: 모두들 대단하다고 축하해 주었어요.

코치: 그때 마음이 어떠셨어요?

K: 굉장히 뿌듯하고 자랑스러웠죠. 사실 사내 프리젠테이션과 일정이 겹쳐서 정말 힘들었거든요.

코치: 그러셨군요. 멋지네요. 그런 힘든 상황에서도 시험을 통과하게 한 자신의 자원은 무엇이었을까요?

K: 글쎄요. 맡은 일을 끝까지 포기하지 않는 책임감?

코치: 책임감, 참 중요한 강점을 갖고 계시네요. 그렇다면 임원 회의에서 도움이 될 것 같은 본인의 자원이나 강점은 무엇인가요?

K: 팀장으로서의 책임감이라는 생각이 드네요.

나는 K에게 기적 질문을 던졌다. 기적 질문은 모든 문제가 해결되었다고 가정하고 이로 인해서 희망을 얻게 하여 스스로 문제를 해결해야 한다는 동기를 갖게 된다.

코치: 자, 우리 상상해 볼까요? 어느 날 자고 있을 때 놀라운 기적이 일어났어요. 임원 회의에서 굉장히 말을 잘할 능력이 생긴 거죠. 회의하는 날 아침에 어떤 모습인가요?

K: 마음이 무척 가벼워요. 아침 식사도 하고 출근하는 발걸음이 여유롭네요.

코치: 회의실로 가고 있네요. 기분이 어떠세요?

K: 회의에서 팀 이슈를 어떻게 말해야 할 지 다 준비해 두었으니 염려 없어요.

코치: 회의실 앞이에요. 무엇을 하고 있나요?

K: 회의가 시작되기 전 크게 심호흡을 했고, 주위에 가볍게 인사를 건넸어요. 모두 밝게 인사를 받아 주네요.

코치: 회의가 시작되었어요. 무엇을 하시나요?

K: 마침내 우리 팀의 이슈를 안건에 상정했습니다.

코치: 지금 마음이 어떠세요?

K: 드디어 해냈구나, 가슴이 뻥 뚫리듯 시원하고 기쁘네요.

코치: 앞으로 무엇이 달라질까요?

K: 출근이 즐겁고, 일이 재미있어요.

코치: 다른 사람에게는 어떤 영향이 있을까요?

K: 팀원들이 나를 온전한 팀장으로 인정하죠.

코치: 그것을 다 이룬 지금 마음이 어떠세요?

K: 너무 홀가분하고 뿌듯해요.

코치: 지금 자신을 어떤 사람이라고 할 수 있을까요? 자신을 동물이나 식물 등 이미지로 표현해본다면 어떻게 표현하시겠어요?

K: 예전엔 '우물 안 개구리'였는데 이제 '마당을 나온 암탉'이 되었어요.

코치: 오, 멋진 표현입니다. '마당을 나온 암탉'의 마음은 어떤 마음인가요?

K: 독수리 같은 위협적인 존재가 있더라도 두려움을 떨치고 세상으로 크게 한 발 내딛은 마음이에요.

코치: 그렇군요. 그럼, 마당을 나온 암탉은 어떤 능력이 있나요?

K: 희망과 꿈을 포기하지 않고 역경을 이겨 내는 끈기, 그리고 책임감입니다.

코치: 그렇게 되기 위해 어떤 행동을 시도해 볼 수 있을까요?

기적 질문에 대한 대답을 기반으로 K는 앞으로의 실행 계획을 세웠다. 우선 회의를 위해서는 1. 임원회의 전날까지 회의 준비를 철저하게 끝내기 2. 회의에서 심호흡으로 마음을 가다듬기 3. 회의 초반에 단순한 인사말이나 간단한 질문이더라도 일단 발언 시도하기 등을 결정했다. 그리고 일을 즐기면서 하기 위해서 일에 대한 인식을 전환하고 다시 마인드 셋을 할 수 있는 방법을 찾기로 했다.

### 6. 명상을 통한 마인드 셋, 집중과 긍정 마인드

K는 명상으로 자신과의 소통을 시작하기로 했다. 예전에 요가를 한 적이 있던 K에게 명상은 그리 낯선 것이 아니었다. 명상을 하면 평정심이 생기며 이 평정심이 '지금 여기'에 집중하게 한다. 이 상태에 이르면 업무에 집중도 잘 되고 몰입하게 된다. 사소한 실수도 줄고, 마음에 여유가 생기면서 갈등도 해소되어 스트레스 관리에 도움이 된다.

K는 우선 마음챙김 훈련 중 가장 쉬운 활동이자 효과가 좋은 호흡 훈련을 했다. 이것은 간단히 말해 호흡을 인식하는 것이다. 호흡에 집중하며 주의를 기울일 때 잡념은 자연스럽게 사라지게 된다. K는 호흡을 통해 자신의 감정과 생각, 그리고 신체에서 느껴지는 것들을 알아차리는 훈련을 했다. '과연 내가 할 수 있을까?'라는 두려움과 막막함이 스멀스멀 올라왔지만 그 마음들을 알아차리고 일정 시간 동안 그 마음을 바라보면 어느 정도 시간이 지난 후 사라졌다. 자신의 감정을 알아차리게 되면서 자신을 객관적으로 바라볼 수 있게 되었다. 마음이 편해지고 자신감이 차오르면서 긍정적인 마음이 생겨났다.

### 7. 관계도 작성, 액션 플랜을 세우다

K가 팀장으로 승진했을 때 이전과 크게 달라진 상황은 직속 부하 직원들이 늘어남과 동시에 조직 내 모든 계층 사람들의 협조에 대한 의존도가 높아진 것이다. K가 단독으로 할 수 있는 일보다는 다른 사람들을 통해서

일을 진행하거나 그들의 협조가 필요했다. 조직 생활에서 일 자체보다는 관계 때문에 힘든 경우가 많다. 제대로 된 관계 맺기는 매우 중요하다.

나는 K에게 업무 진행과 연결되는 사람들과의 관계도를 만들어볼 것을 제안했다. K는 커다란 플립 차트용지에 자신이 해야 할 업무와 무엇을 달성해야 하는지 자세하고 정확하게 적기 시작했다. 거기에는 다양한 목표들이 등장했고 각각을 연결하는 관계도를 그렸다. 그리고 이러한 활동에 영향을 주는 각 사람들의 이름도 적어 나갔다. K는 업무와 관련된 고위 임원들, 다른 부서의 동료들, 직속 부하직원, 업무상 관련된 직원, 그리고 긴밀한 관계를 갖고 있는 팀장들을 포함시켰다. 예상되는 모든 관계자들을 그 지면 위에 올려놓고 K는 각 사람들에 대해 다음 항목들을 확인했다.

▶ 그의 주요 목표와 목적은 무엇인가?

▶ 그에게 요청해야 할 것은 무엇인가?

▶ 그가 프로젝트에 어떻게 도움이 되거나 해를 입힐 수 있나?

▶ 그와 가장 효과적으로 소통하기 위해서는 무엇이 필요한가?

▶ 나에 대한 그의 태도는 어떠한가? 우호적인가? 적대적인가?

▶ 그에 대해 나는 어떻게 생각하고 있는가?

이 과정을 마치고 K는 어떤 사람은 프로젝트 성과에 있어서 생각했던 것보다 덜 중요한 반면 또 다른 사람은 더 중요했지만 지금까지 간과되고 있었음을 알게 되었다. 이것을 바탕으로 K는 각 사람들과의 관계를 잘 맺기 위한 액션 플랜을 세웠다. 자신이 원하는 모습이 되기 위해 누구를 만나야 하는가, 또 그 사람들과 얼마나 자주, 어떻게 관계를 맺어야 하는가를 설계했다. 협력자에게 무엇을 요청해야 할지 알고, 그 협력자가 대신에 무엇을 기대할 수 있는지도 명확하게 파악할 수 있어야 했다. 좀 더 잘 지내야 할 사람과는 점심 약속을 하거나 커피 타임 갖기, 협조를 요청할 때도 상대방의 스타일에 따라 전화로도 가능한지, 직접 대면이 효과적인지 등도 알아 둘 필요가 있음을 인지했다.

## 8. 새로운 관계 정립을 위한 도전과 시도

그리고 그동안 소원했던 팀원들과의 관계를 새로 정립해 보기로 했다. K는 팀원들이 속으로는 자신을 무시하고 팀장으로 인정하지 않을 거라고 지레짐작하고 있었다. 전임 팀장 시절부터 함께 하던 팀원들인데 K가 팀장이 된 이후 이렇다 할 성과가 없고, 오히려 사내에서 부서의 위상이 축소되었다고 느낄 거라는 것이다.

코치: 그것은 누구의 생각인가요?

K: 제 생각이죠.

코치: 팀원들과 그 부분에 관해 대화를 나눠 본 적 있어요?

K: 아뇨. 사실은 두렵기도 하고, 새삼스럽게 말하기도 어색해서 기회를 만들지 못했어요.

코치: 팀원들에게 두렵고 어색한 느낌이 있군요. 그들은 어떨까요?

K: 글쎄요. 잘 모르겠어요……

K는 팀원들의 생각, 의욕, 열정, 태도 등에 대해 있는 그대로 알기 위해 다음과 같은 질문을 준비해 팀원들과의 면담 자리를 마련하기로 했다. K는 팀원들이 진솔한 대화는커녕 개별 면담의 자리조차 꺼릴까 봐 마음을 졸였다.

- ▶ 여태까지 우리 팀이 잘했던 것은 무엇인가요?
- ▶ 그동안 잘하려고 했지만, 아쉬운 점이 있다면 무엇인가요?
- ▶ 앞으로 더 잘해 보고 싶은 건 무엇인가요?
- ▶ 우리 팀에 대해 나에게 더 알려 주고 싶은 건 무엇인가요?
- ▶ 내가 리더로서 꼭 해 주기를 바라는 건 무엇인가요?
- ▶ 내가 리더로서 절대 하지 말았으면 하는 게 있다면, 무엇인가요?

다음 세션에서 팀원들과의 면담의 결과를 물어보았다. K는 밝은 얼굴로 "내가 팀원들을 오해하고 있었다."라고 말했다. 한 명 한 명 따로 시간을 내어 진정성 있게 대화를 나누자, 뜻밖에도 그들 모두 자신을 응원하고 있음을 알았다고 했다. 한 팀원으로부터 임원 회의에서 돌아와 지쳐 보일 때 얼마나 속상할까 염려했다는 말을 들었을 때는 울컥한 마음에 눈물까지 보였다고 했다. 문제를 회피하지 않고 용기를 내어 직면하자 의외로 매듭은 쉽게 풀렸다.

## 9. 코칭의 주요 성과와 성찰

K는 코치와 만날 때마다 목표 대비 자신이 이룬 것을 점검하고 성공 요인을 성찰해 나갔다. 성찰하면서 학습을 심화하고, 리더십과 커뮤니케이션 스킬을 배우고 실습했다. 명상을 통해 평정심을 기르고 자존감을 회복하며 새롭게 마인드셋을 했다. 조직 내 관계도를 작성하여 후원 환경을 정립했다. 회피하지 않고 직면하는 용기를 발휘하여 팀원들과의 관계를 개선했다.

리더십은 상호적인 과정이다. 리더가 리더십을 보여 줄 때 팀원들은 리더를 따르게 된다. 리더십이 있는 행동은 항상 존재감을 가져온다. 존재감의 중심은 진정성에 있으며 진정성은 솔선수범함으로써 얻게 된다. 리더는 직원들에게 보여지는 모습을 통해 시간이 갈수록 진정성을 얻는다.

여성 리더를 코칭할 때 특히 필요한 것은 그들이 전략적 차원에서 더욱 영향력을 발휘하도록 돕는 것이다. 전략적인 영향력이 있다는 것은 어떻게 이런 자원들을 생산하고 이용하고 배치하며 분배하고 전달할 것인가에 대해 가장 중요한 발언권이 있다는 것을 의미한다. 오늘날 여성은 전략적 결정의 실행에는 적극적으로 참여하지만 그러한 결정을 내리는 데 미치는 영향은 제한적이다. 〈참고: 샐리 헬게센, 남성과 여성을 위한 의식 코칭〉

이러한 한계를 극복하기 위해서 여성 리더 스스로 지지자를 확보하고 활용하기, 강력하고 진정성 있는 리더십 존재감 기르기, 가면증후군 벗어나기 등의 노력을 통해 패러다임을 바꾸면 역량 있는 리더로 성장할 것이다.

**김경화**

(현) 에듀코칭포럼 대표, 한국사회적코칭협회 아카데미원장, LWL 여성리더십연구소 대표를 맡고 있다. 언론사에서 기자, 편집장을 역임하며 취재하고 글 쓰는 일에 20여 년간 종사했다. 퇴직 후 평소 관심 있던 교육사업 분야로 진출, 유아교육기관을 운영하면서 코칭을 만났다. 현재 KPC, CPC 전문코치로서 기업과 학교에서 여성리더십, 커리어, 생애설계, 관계관리, 책 쓰기 코칭과 강의를 하고 있으며, 신문, 잡지 등 여러 미디어에 리더십 관련 칼럼을 기고하고 있다. 저서 『알로에 면역혁명』과 공동번역서 『코칭의 역사』, 공저 『미래에게 묻고 삶으로 답하다』, 『오늘이 미래다』 등이 있다.

이메일: hwa3230@hanmail.net

블로그: https://blog.naver.co/happycoach7

# CEO의 의사결정력 향상을 위한 아들러 리더십 코칭

서재진

## 1. 만남과 라포 형성

이 글은 수도권 지자체의 한 공공기관장에 대한 코칭 사례이다. 인사관리 담당자로부터 정부출연기관들은 매년 경영평가를 받기 때문에 기관장의 경영 성과 관리 및 리더십 향상에 관심이 많다는 배경 설명과 함께, 소속 기관장의 리더십 향상을 위한 코칭을 의뢰받고서 코칭 프로세스가 시작되었다.

첫 만남을 준비하기 위하여 나는 HR 담당자와 협의하여 기관 내의 임원급 3명, 팀장급 3명, 일반직원 4명의 이름과 이메일 아이디를 받아서 10개 문항의 다면평가를 의뢰하고, 기관장의 MBTI 성격검사 설문지를 보냈다. 기관장 본인에게는 코치 프로필과 코칭 과정에 대한 안내를 담은 웰컴 레터를 이메일로 보냈다. 그리고 한 열흘쯤 후 첫 세션으로 합의한 초

가을의 어느 날 10명의 구성원에게서 받은 다면평가를 종합한 디브리핑 보고서와 MBTI 검사 결과를 지참하고 P원장을 그의 집무실에서 만났다.

P원장은 해당 기관의 원장으로 선임된 지 4개월 정도 된 시점이었다. 반갑게 만나서 원장 취임을 축하드리고 임용 배경 등에 관한 이야기를 나누면서 라포를 형성하는 시간을 가졌다. 외향성이 높은 사람이라서 코치가 한마디 운만 떼어도 많은 이야기를 쏟아냈다. 자기 기관의 업무 관련해서는 관련 전문가들로부터 많은 이야기를 들어서 어떻게 해야 할지 감을 잡고 있다고 했다.

P원장은 정치인 출신으로서 앞으로 더 큰 무대에서 성장하고 기여하고 싶은 꿈 이야기도 하였다. 이전 원장보다 기관을 한 단계 더 업그레이드시키고 싶다고 했다. 그리고 "자기가 있던 자리에서 향이 나야 한다, 알량한 갑질, 권한 행사는 No"라고 강조해서 말하는 사람이었다.

이미 훌륭한 분이어서 리더십 코칭이 필요할 것 같지 않다고 말하자, 나름대로 문제가 많다고 말하면서 코칭에서 해결하고 싶은 주제를 먼저 꺼냈다. 본인은 인간관계와 일에서 추진력이 없고 결단력이 없다고 한다. 결단력이 없어서 민원사항이 있는데 해결을 못 한다고 했다. 자기가 조기축구 회장인데 총무 한 사람을 바꾸지 못하고 있으며, 원장으로 취임한 지 4개월이 지났는데, 기관의 보직 인사발령을 아직 내지 못하고 있다고 호소한다. 자기는 의사결정에 큰 장애가 있는 것 같다고 하였다.

## 2. 진단 디브리핑과 코칭 주제 합의

라포를 형성한 이후 맨 먼저 진행한 프로세스가 MBTI 검사 결과에 대한 디브리핑이다. P원장의 유형은 ESTP로 나왔다. MBTI 매뉴얼에 수완좋은 활동가형, 외향적 감각형으로 나와 있다. 그의 MBTI 유형의 특성이 시사하는 대로, 그는 축구, 마라톤, 등산 등 운동을 좋아하고, 검도도 오래 하였다고 한다. 대신 책 읽기는 싫어한다고 하였다. 그의 몸은 운동으로 다져진 탄탄한 근육질에 건강하고 활기차 보였다. 외향형답게 그는 사람을 넓고 얕게 사귄다고 했다. 전형적인 외향형으로 보이는 특징들이다. ESTP의 주기능, 부기능, 3차기능, 4차기능은 Se Ti F Ni 순이다. 외향적 감각이 발달했으나, 큰 그림을 보는 것이 어렵다. 그래서 결단하기가 쉽지 않은 유형이기도 하다. 결단력을 길렀으면 좋겠다는 호소가 나오는 이유의 하나로 느껴졌다.

MBTI는 성격유형의 특징 그 자체를 이해하는 것도 의미가 있지만 자기 자신을 인식하는 계기가 된다. 지금까지 시선을 밖으로 두고 살았다면, MBTI 디브리핑으로 자기 자신의 생각과 행동을 알아차리는 계기가 된다. 리더십의 중요한 덕목의 하나가 자기인식이라라는 점을 생각할 때, MBTI 검사 결과 디브리핑을 통해서 자기를 성찰하는 계기가 되는 것만으로도 자기성장의 여정을 시작하는데 도움이 된다.

MBTI 성격검사를 보완하기 위하여 다면평가가 실시되었다. 다면평가는 리더를 둘러싼 구성원들이 실제로 리더에 대해서 어떻게 바라보고 어떤 평가를 하고 있는지 리더가 알아차리도록 하는 효과가 있다. P원장의 다면평가의 결과를 보면 긍정 평가가 우세하나 양극적 평가도 여럿 나왔다. 10개의 질문에 대한 몇 가지의 다면평가 결과를 소개하면 다음과 같다.

▶ 원장님의 개선할 점, 그분이 스스로 깨닫지 못하는 부분은(blind spot) 무엇입니까?

- 누군 신뢰하고 누군 불신하고가 아닌 그 어떤 누구도 신뢰하지 않고 우리를 살펴보는 느낌? 왜 그렇게 생각이 드는지 모르는데 그 감정은 시간이 지날수록 더 커짐. (구성원에 대한 신뢰)
- 원장님 말씀에 무조건적 수용만이 조직이 잘되는 건 아닌데 '충심으로 말해도 안 듣고 안 좋아해' 의식이 고착화될까 우려되고 그로 인한 수동적 태도와 의욕상실 우려됨.
- 탐문과 개별적 동향 파악 지양 / 본인의 의견 근거가 다른 사람이라고 말하는 태도 등 의사소통 방법에 개선점.
- 의사결정의 지연: 본인이 결정할 사항에 대해서 본인이 신속히 결정해야 함. (의사결정 타이밍)
- 원장님이 개인적으로 가지고 계신 우리 기관의 비전, 향후 나아가야 할 방향성 등에 대해 직원들과 공유하는 시간을 가져서 직원들이 이것을 이해하고 사업을 기획하고 구상해 나가는 것이 필요. (소통)
- 사업 간 연계 강화 지향: 신규 사업 발굴 및 진행 시 기존 사업 접목 및 활용을 통한 안정 사업 정착 도모 및 시너지 효과 발휘. (업무 관련 일하는 방식)

▶ 원장님에 대한 코칭이 종료되었을 때 원장님의 어떤 모습이 변화하면 이번 코칭이 성공적이었다고 할 수 있을까요? 가장 중요한 것 한 가지만 말씀해 주시기 바랍니다.

- 기관장과 우리 기관이 함께 상생할 수 있으며, 기관의 미래를 제시할 수 있는 기관장으로서의 모습을 기대
- 직원들에게 동기부여를 잘해 주고, 성과를 인정하고 칭찬해 주는 모습
- 직원들과 신뢰를 바탕으로 한 가족적 분위기
- 추가 업무량 지시 최소화 (올해 다 수행하려는 생각은 무리)
- 직원 신뢰
- 관련 기관 또는 관계자들과의 소통을 원활히 하기

다면평가에 나타난 구성원들의 평가는 P원장의 의사결정의 신속성에 대한 요청과 소통 문제에 대한 문제 제기가 많았다. 이러한 구성원 평가에 대하여 P원장은 수용적인 태도를 보였다.

P원장 본인이 처음부터 제기했던 코칭 주제가 의사결정 문제인데 구성원들의 다면평가에서도 언급되고 있음을 감안하여 결단력 개발을 우선적 코칭 주제로 선정하였다. 그는 조기축구회 총무 하나 바꾸지 못하는 이유가 사람들의 감정을 너무 배려하여 결정을 못 내린다고 재차 언급하고 있다. 구성원들이 제기한 문제들을 반영하여 코칭 주제로 합의된 것은 다음의 두 가지다.

1. 효과적으로 의사결정하고 결단하는 리더 되기
2. 큰 그릇의 리더로 성장하기 위한 소통기술 개발

**1회기** 코칭을 성찰해 보면, 첫 회기 과제인 라포 형성이 어느 정도 이루어지고, MBTI 진단과 다면평가의 두 가지 진단에 대한 수용도가 높아서 자기인식의 계기가 되었으며, 코칭 주제와 도달목표를 도출할 수 있었다. '효과적으로 의사결정 하기'를 우선적 목표로 합의하게 되었다.

코치의 관점에서 P원장은 처음 경험하는 코칭을 통하여 정치인 출신으로서 더 큰 리더로 성장하고자 하는 의지가 높다는 것도 읽을 수 있었다.

첫 회기 코칭 후 코치를 점심식사에 초대하여 식사를 함께하면서 더욱 친밀감이 형성되어 향후 코칭이 순조롭게 진행될 것으로 기대되었다.

### 3. 라이프스타일 유형 진단: 아들러 리더십 코칭의 적용

P원장이 적극적으로 제안한 코칭 주제인 의사결정 향상 이슈를 다루기 위해서 아들러 리더십 코칭의 기법을 사용하기로 하였다. 그 첫 번째 프로세스가 라이프스타일(lifestyle) 조사이다.

라이프스타일이란 우리말로 '생존양식'이라 번역될 수 있는데, 유아기 및 아동기에 형성된 것으로서 현재까지 지속되는 신념체계이자 성격에 가까운 것이다. 아들러 심리학에서 라이프스타일은 취업, 사람관계, 사랑 및 결혼을 포함한 '인생과제(life task)' 개념과 쌍벽을 이루는 개념이다. 즉 인생과제를 해결하기 위한 전략으로서의 개념이 라이프스타일이다. 생의 초기인 아동기에 가장 중요한 가족 환경에서 부모로부터 인정받기 위한 전략으로서 형성되기 시작한다. 그래서 라이프스타일은 삶의 전략이자 사고모델에 가깝다.

아들러 심리학의 라이프스타일은 4가지 유형으로 구성되어 있다. 우월성 추구, 통제 추구, 기쁨주기 추구, 편안함 추구이다. 각 유형의 사람들의 자기인식 패턴은 다음과 같다.

- 우월성 추구(superiority) 유형: 나는 능력이 없다. 그래서 나는 열심히 노력하여 남보다 잘해야 한다. 내가 맡은 일을 성공적으로 잘해야 한다.
- 통제 추구(control) 유형: 나는 미래에 대해 불안하다. 주변 상황을 잘 통제하여 삶을 안정적으로 사는 것이 가장 중요하다.
- 기쁨주기 추구(pleasing) 유형: 나는 사랑받기에는 부족하다. 그래서 다른 사람의 기대에 맞추어 좋은 사람으로 인정받는 것이 중요하다.
- 편안함 추구(comfort) 유형: 삶은 고통이다. 지금 여기에서 만족하고 편안하게 사는 것이 중요하다.

라이프스타일 조사는 진단지를 사용하기도 하지만 기존의 진단지가 변별력이 높지 않아서 위의 4가지 유형을 자세히 설명하는 유형 설명서를 읽으면서 본인에게 가장 근접한 유형이라고 판단되는 것을 선택하는 방식을 취한다.

최종적인 판별은 아래의 표를 보고 자신의 가치와 일치한다고 생각하는 것을 고르게 한다. 이것이 변별력이 보다 높은 방식이다. 다음 질문에 대한 대답에 기초해서 결정된다.

내가 가장 중요하게 생각하는 것은 무엇인가?

내가 반드시 피해야 하는 것은 무엇인가?

| 가장 중요하게 추구하는 것 | 어떤 경우에도 피하고 싶은 것 |
|---|---|
| 우월성(superiority) 추구 | 무의미, 즉 실패하거나 성공하지 못하면 의미가 없다. |
| 통제(control) 추구 | 모욕, 굴욕, 굴복, 내가 원하는 대로 안 되면 화가 잘 난다. |
| 기쁨주기(pleasing) 추구 | 거절당하는 것을 싫어한다. |
| 편안함(comfort) 추구 | 스트레스 받는 것, 책임지는 것, 기대를 받는 것을 싫어한다. |

라이프스타일 조사 결과 P원장은 기쁨주기 추구(pleasing) 유형이 강한 것으로 나타났다. P원장은 4가지 라이프스타일 유형에 대한 설명을 듣고, 자기는 기쁨주기 추구 유형에 가까운 것 같다고 동의해 주었다. 일상에서 자신의 유형이 평소에 어떻게 드러나는지를 다음과 같이 서술하였다.

나는 상대를 위해서 나를 양보하면서 기쁨 주기를 하는 사람이다. 대신 나는 실속이 없다. 내가 기쁨을 주려고 노력하는데 처음에는 좋은 관계로 있다가 시간이 지나면서 부정적인 반응이 있더라. 내 사람 챙기고 능력을 인정해서 명쾌하게 가지 않기에 부작용도 발생한다. 일에 대한 효율이 낮다. 나 자신에게는 실속이 없다. 시간이 지나면서 모든 사람에게 인정받고 끌고 가는 것이 아니더라.

정확하게 재단해서 잘잘못을 따지지 않고 사람 관계를 하다 보니 진짜 내 사람은 없다. 능력에 대한 정확한 평가가 이루어지지 않는다. 또 사람들에게는 내가 좋은 사람으로만 남아있고 일에 있어서 동력이 안 생긴다. 남들과 마찰하면 내가 힘이 드니, 그렇겠거니 하고 이해해 주고 만다.
내가 사람을 객관적으로 평가해서 나에게 충성하는 사람, 능력이 있는 사람에게 상을 주고 칭찬해 주고, 그 사람을 통해서 동력을 확보해야 하는데 나는 그것이 안 된다. 그리고 정확한 판단력, 결단력이 안 나온다.

P원장의 이런 자기진술을 보면 Pleasing 유형에 매우 근접한 것으로 볼 수 있다. 이렇게 스스로 말하면서 P원장은 자신이 일상에서 어떻게 살고 있는지를 알아차리는 계기가 되었고, 자기의 모습을 많이 바라보게 되었다고 한다. 그는 기쁨주기의 대가처럼 보인다. Pleasing 유형은 상대에 대한 기쁨주기에 쏠려서 냉철한 판단력과 결단력을 흐리게 한다. 긍정적인 측면은 화합, 소통, 이해하려는 노력을 많이 하고, 조직사회에서 구성원들에게 상처를 안 주는 순기능이 있다.

다음 프로세스는 Pleasing 유형의 뿌리를 찾는 작업이다. 자신의 라이프스타일이 언제 어떻게 해서 형성되었는지를 찾는 것이다. 이를 위해서 아들러 코칭은 유아기 및 아동기 때의 초기기억을 조사한다. 초기의 경험에서 자신의 생존전략이 형성되기 때문이다.

초기기억 조사에 앞서 먼저 '가족구도'를 조사하였는데, 그는 6남매 중 다섯 번째로 출생하였다. 위로 두 명의 형과 두 명의 누나가 있는, 다섯째 아들이다. 밑으로 8살 아래의 여동생이 있으나 여동생과의 터울이 크기 때문에 그는 사실상 막내이다. 막내가 흔히 가지는 응석받이 같은 특성이 P 원장에게도 보였다. 자기는 허약한 사람이라는 정체성을 가지고 있고,

부모에게 많이 의존적인 편이었다.

나는 어릴 때 허약하고 자주 아픈 아이였다. 아프니까 더 관심을 받았다. 허약하고 의존적이니까 사람들은 나에게 사랑을 주고 나를 보살펴주더라. 그러므로 나는 사람들에게 의존적이다. 어머니 품에서 안 떨어지려고 했다. 응석받이였다. 어머니가 장 보러 갈 때 치마폭에서 안 떨어지려고 했다. 안 떨어지니까 혼내면서 떼어놓고 갔다. 어머니가 나를 떼어놓고 갈 때 세상이 끝나는 것 같았다. 나는 사람에 대해, 특히 어머니에 대해 심한 의존성이 있었다. 어머니는 나를 빗자루로 때려서 장에 못 따라오게 했다. 어머니와 떨어지는 순간 나는 죽는 줄 알았다.

응석받이 성격이 형성된 것과 그의 라이프스타일 형성에 영향을 미친 요인의 하나는 그가 어릴 적에 몸이 허약했다는 사실이다.

내가 몸이 약해서 약으로 먹이기 위해서 아버지가 일꾼들과 함께 개구리를 잡아 오곤 했다. 내가 몸이 아파서 무서운 악몽을 꾸고, 어머니, 아버지, 일꾼이 나를 업고 병원으로 가던 일이 기억난다. 그리고 어머니 품에 안겨서 집으로 돌아왔던 기억이 생생하다. 나는 의존적인 사람, 나는 애처로운 사람이다. 잠잘 때 악몽을 자주 꾸었다. 다음 날 아침에 아버지가 나를 애처롭게 바라보던 눈빛이 생생히 기억난다.

P원장의 Pleasing 유형이 라이프스타일이 형성된 데는 두 가지 초기기억이 작용한 것으로 발견되었다. 첫 번째 기억은 자기가 신체 허약의 결함이 있다는 심리도식이다.

기억 1(결함 심리도식)

내가 몸이 약했다. 아버지가 농기구를 고치면서 나를 안타까운 눈으로 바라보던 것이 기억난다. 어릴 적에 몸이 아파 누워 있는 나를 아버지가 애처롭게 바라보던 모습이 기억난다. 나는 허약한 사람이다.

- 정체성(Identity): 나는 허약한 심성이다.
- 근원신념: 나는 약하기 때문에 다른 사람의 기대에 맞추어 좋은 사람으로 인정받아야 한다.

기억 2(유기 심리도식)

두 번째 기억은 어머니로부터 버려지는 유기 심리도식이다.

어머니가 나를 떼어놓고 시장 갈 때 세상이 끝나는 줄 알았다. 나를 빗자루로 때리면서 시장에 못 따라오게 했다. 어머니 치맛자락에서 떨어지는 순간 나는 죽는 줄 알았다.

- 정체성(Identity): 나는 의존적인 사람이다.
- 근원신념: 그러므로 나는 인정받기 위해 노력해야 한다. 부모님 사랑을 더 받기 위해 노력해야 한다. 나는 사람들에게 기쁨을 주고 인정을 받아야 한다. 나는 다른 사람의 기대에 맞추어 좋은 사람으로 인정받는 것이 중요하다.

이러한 라이프스타일에 대하여 P원장은 스스로 자신의 강점으로서 사람에 대해 이해를 잘하고, 배려하며, 화합을 잘한다고 진술하였다. 그리고 약점으로서 결단력이 부족하고 남의 요구에 거절을 잘못하며, No라고 말하지 못한다고 한다. 물에 물 탄 듯, 술에 술 탄 듯, 결단력이 없다고 한다. 자신은 사람 좋고 착한 사람이라고 했다.

P원장이 Pleasing 유형으로 성장하는 데 영향을 미친 또 하나 아동기의 경험이 부모와 오랫동안 떨어져서 살았다는 사실이다. 아버지는 고향이 거제도인데, 경찰관으로서 마산에서 살다가 초등학교 5학년에 고향 거제도로 갔다. 갈 때 자기와 형을 마산 이모 집에 떨구어 놓고 갔기 때문에 마산 이모 집에서 살았다. 이모집에 살 때 이모와 이모부의 눈칫밥을 먹었다. 이모가 고등어찌개를 맛있게 했는데 그것을 먹으려니 눈치 보였다고 한다.

2회기를 마무리하면서 P원장은 자신이 지금껏 왜 그렇게 살아왔는지를 알아차리게 되었다고 한다. 자신의 라이프스타일이 자신의 생존전략이라는 것도 알게 되었다. 자신이 기쁨주기를 추구하는 기쁨조라는 것이 분명히 맞다고 말했다. 자기는 허약하고 애처로운 사람이라는 정체성을 가지고 있었다는 사실도 맞는 것 같다고 한다. 그래서 의존적이었고, 부모님에게서 사랑을 더 받기 위해서 노력했다는 것이다. 이모 집에서도 눈칫밥을 먹었는데, 마산의 이모 집에서 하숙할 때 눈치 보면서 기쁨주기 추구 유형으로 더 강화되었다고 회상한다.

그리고 P원장은 기쁨주기와 의존성이 결단력 부족으로 연결되었다는 것을 알게 되었다. 자신이 정확히 판단하고 결단하는 것이 어려운 이유는 남을 의식하고 눈치를 보고, 사람들에게 잘 보이기 위해서 그렇게 하는 경향이 있다는 것을 알게 되었다. 자신이 좋게 이해하면 사람 좋다는 것, 나쁘게 말하면 허약하다는 것, 그런 생각에 자신이 지배받으며 여태 살았다는 것을 알아차렸다.

이런 정체성은 한편으로 긍정적 영향을 미치는 측면도 있다. 외상후 성장이라는 현상이다. P원장은 성장하면서 자신이 허약하다고 생각했기에 운동을 지속적으로 했다고 한다. 지금도 조기축구 회원이며 회장이다. 검도를 오랫동안 배웠다. 마라톤, 등산 등 운동을 좋아하고 수완 좋은 활동가 ESTP로 성장했다. 이제는 몸집이 탄탄하고 건강하다. 수완 좋은 활동가형으로 살고 있고, 출연기관의 기관장으로 살고 있다.

### 4. 큰 그릇의 리더로 성장하기 위하여 공동감각으로 살기

P원장은 자신이 어린 시절에 형성된 자신의 라이프스타일이 자신의 삶을 지배하고 있었다는 사실을 알아차렸고, 그것이 기관장으로서 자기가 의사결정을 제대로 하지 못하는 원인이었음을 알게 되었다. 초기기억 조사를 통하여 자기 라이프스타일의 뿌리까지 알게 된 것이다.

이제 P원장에게는 선택의 순간이 다가왔다. 옛날 방식대로 그대로 살 것인지, 아니면 과거의 패턴을 벗어나서, 주도적으로 선택하고 의사결정하고, 남에게 기쁨을 주기 위하여 사는 것이 아니라 자기주도적인 삶을 살 것인지를 선택할 수 있게 된 것이다. 코치의 질문에 그는 당연히 주도적으로 의사결정을 하는 사람이 되고 싶으니 그 방법을 알려주고, 치유해

주기를 코치에게 요청하였다.

아들러 심리학에 의하면 사적논리로 사는 것의 개선 방향은 공동감각으로 사는 것이다. 사적논리란 유아기 및 아동기에 형성된 자신의 라이프스타일을 구성하는 신념체계이다. 사적논리는 공동감각과 대비되는 신념체계이다. 공동감각은 사적논리가 아니라 보편적 공통 원칙과 가치로 사는 삶을 권장한다. 동양의 법가 사상에 유사한 사상이다.

코치는 P원장에게 지금까지 자기의 삶을 지배했던 자기의 라이프스타일은 유아기와 아동기에 만들어진 자신의 생존전략인 사적논리에 의하여 형성된 것임을 설명하고, 새로운 삶의 방식은 사적논리와 대비되는 공동감각과 공동체 감각으로 사는 방식임을 제시하고 어느 쪽을 선택할 것인지를 질문하였다.

사적논리(private logic)로 사는 삶은 유아기 및 아동기에 형성된 신념이 지배하며, 과거에 지배받는 삶이며, 열등감과 부족감에 지배받는 삶이며, 자기중심적이고, 때로는 역기능적으로 사는 삶이라고 설명해 주었다.

그에 반해 공동감각(common sense)으로 사는 삶은 아동기의 알을 깨고 나온 삶이라고 설명했다. 즉, 공동감각이란 세상에서 보편적으로, 공동으로(in common), 자명하게 수용되는 인식이나 이해를 의미하며, 있는 그대로 바라볼 수 있는 감각이다.[1] 사심과 사욕을 배제하고 상식적인 관점에서 사물과 사실을 바라보는 것이다.

공동감각은 더 쉬운 말로 번역하면 '상식'이다. 우리의 사고와 감정은

---

1) H. L. and R. R. Ansbacher, Eds. The Individual Psychology of Alfred Adler.

그 보편성이 전제될 때 비로소 아름다운 것으로 인식된다. 아름다움이 주는 기쁨도 미와 선에 대한 우리의 감정과 인식이 일반적이기 때문에 가능한 것이다. 그래서 정신발달의 더 높은 단계는 보편성을 지닌 공동감각을 인식하는 능력이다.[2)]

인간은 거울신경세포와 공유회로가 작용하여 공감을 기반으로 하는 공동감각을 얻게 된다. 공동감각의 보편성에 대비되는 말이 사적논리이다. 자기 생각의 감옥에 갇혀 있을 때 발생하는 사유와 행동이다. 이는 인간사회가 가장 경계하고 인문학이 극복하고자 애쓰는 문제이다.

P원장은 사적논리와 공동감각의 개념을 이해하고 더 큰 그릇의 리더가 되기 위해서는 공동감각으로 사는 삶을 살아야 한다는 사실을 수용하였다. 아들러는 공동감각의 삶을 한마디로 표현하면 상대의 눈으로 보고, 상대의 귀로 듣고, 상대의 가슴으로 느끼는 삶이라고 표현하였다.

## 5. 초기기억을 공동감각으로 재경험/재구성하기

공동감각으로 사는 삶으로 전환하기 위한 다음 코칭 과정은 초기기억으로 돌아가서 옛날의 초기기억을 재경험하거나 재구성하는 것이다. 앞에서 찾아낸 초기기억 두 가지를 각각 새롭게 재경험함으로써 과거 경험을 새로운 경험으로 대체하는 작업을 한다. 초기기억의 재경험은 공감(Common sense), 기여(Contribute), 격려(Encouragement)의 CCE 방식

2) 아들러, 『인간 이해』, p.37.

으로 한다. 첫 번째 초기기억부터 실시한다.

기억 1

나는 몸이 약했다. 아버지가 농기구를 고치면서 나를 안타까운 눈으로 바라보던 것이 기억난다. 어릴 적에 몸이 아파 누워 있는 나를 아버지가 애처롭게 바라보던 모습이 기억난다. 나는 허약한 사람이다.

- 정체성: 나는 허약한 심성이다.
- 근원신념: 다른 사람의 기대에 맞추어 좋은 사람으로 인정받아야 한다.

이 기억을 재경험하기 위해 이제 공공기관장이 된 자신의 모습을 거울에 비춰 보고, 성장한 모습으로, 공동감각의 옷을 입고, 어린 시절의 기억을 새롭게 경험하는 것이다. 눈을 감고 어린 시절 그 장면으로 들어간다.

아버지가 나를 애처로운 눈으로 바라볼 때, 먼저 아버지를 공감하며 이렇게 말한다. "아버지, 저를 허약하게 보시는군요. 저는 괜찮아요. 저는 몸이 약하기는 하지만 사지가 온전하잖아요. 밥 잘 먹고 축구도 하고 등산도 하고 검도도 하면 건강하고 튼튼한 신체를 기를 수 있으니, 별 문제가 없는 사람이에요."

그 다음에는 아버지를 위로한다. "아버지, 걱정하지 마세요. 제가 아직 어려서 그런 거예요. 앞으로 밥 잘 먹고 운동 열심히 하여 몸을 튼튼하게 성장시킬 거예요. 그리고 저는 훌륭한 리더가 될 거예요. 아버지께서 저를 걱정해 주셔서 감사합니다." 이렇게 말하면서 아버지를 위로하였다.

다음에는 아버지에게 격려의 말을 한다. "아버지는 정말 훌륭한 경찰관이세요. 우리나라를 지키고 우리 동네를 지키는 중요한 사람이에요. 저는 커서 아버지를 편안하게 해드리는 아들이 될 거예요. 아버지, 제가 클 때까지 조금만 참으세요."

이런 리허설을 몇 번 반복하였다. 이제 과거의 초기기억을 바라보니 어떠냐고 물었더니 P원장은 웃음이 난다고 하였다. 실제로 자기는 과거 유아기 아동기 때의 자신과는 완전히 다르다고 자신 있게 말하였다. 자기가 어린 시절의 그 허약한 정체성을 지속할 이유가 하나도 없다고 말하였다. 이제 그의 자기 정체성과 자신의 근원신념이 확 바뀐 것이다.

다음에는 두 번째의 초기기억을 재경험할 차례다. 두 번째 초기기억은 다음과 같은 것이다.

기억 2

어머니가 나를 떼어놓고 시장 갈 때 세상이 끝나는 줄 알았다. 어머니는 나를 빗자루로 때리면서 시장에 못 따라오게 했다. 어머니 치맛자락에서 떨어지면 순간 죽는 줄 알았다.

- 정체성: 나는 의존적인 사람이다.
- 근원신념: 그러므로 부모님 사랑을 더 받기 위해 노력해야 한다. 나는 다른 사람의 기대에 맞추어 좋은 사람으로 인정받는 것이 중요하다. 나는 인정받기 위해 노력해야 한다. 나는 사람들에게 기쁨을 주고 인정을 받아야 한다.

이 기억을 재경험하기 위해 이제 공공기관장이 된 자신의 모습을 거울에 비춰 보고, 공동감각의 옷을 입고 어린 시절의 기억을 새롭게 경험한다. 어머니가 시장에 갈 때 그 상황에서 P원장은 어머니에게 CCE의 대화를 한다. 공감하고 기여하고 용기를 주는 대화를 한다.

"어머니, 또 시장에 가세요? 얼마나 힘드세요. 집안의 온갖 살림 다 하시고, 시장도 보러 가시고, 하루 세 끼 식사도 준비하시고, 너무 수고 많으세요. 어머니, 제 걱정은 하지 말고 시장 잘 다녀오세요. 맛있는 것도 많이 사다 주시고 장난감도 좋은 것 있으면 사다 주세요."(공감)

"그리고 어머니, 지금은 어머니가 저를 위해 수고하시지만 제가 빨리 커서 어머니를 편하게 해드릴게요. 제가 공부도 열심히 해서 훌륭한 사람이 될 거예요. 두고 보세요. 제가 얼마나 멋진 사람이 되나."(기여)

"그리고 어머니, 우리 어머니는 세상에서 가장 좋은 어머니예요. 너무 사랑이 많으시고 헌신적이시고 우리 집에 너무 큰 기여를 하시는 거예요. 우리 어머니 큰 상을 받으셔야 해요."(격려)

이렇게 어머니에게 공감하고, 기여할 점을 말하고, 용기를 북돋우는 말을 하는 방식으로 대화를 하는 것이다. 마치 큰 리더가 되어서 어머니에게 말하듯이 그렇게 초기경험을 재경험한다.

이런 주문을 여러 번 되풀이하였다. 이로써 그의 자기 정체성과 자신의 근원신념이 바뀌게 된다.

이렇게 초기경험을 재경험하고 나서 P원장에게 사적논리 3단논법 검사를 다시 실시했다. 그가 말한 새로운 정체성과 근원신념은 아동기 때의 것을 새롭게 대체한 것이다.

- 정체성: 나는 매사에 주도적이고 자신감 있고, 사람들에게 용기를 북돋우는 삶을 사는 사람이다. 나는 의존적인 사람이 아니다. 나는 다른 사람에게 공감해 주고, 사람들에게 도움주기와 기여를 하며, 용기를 북돋워 주는 사람이다.
- 근원신념: 그러므로 나는 사적 감정에 쏠리지 않는 공동감각으로 원칙을 가지고 살아야 한다.

초기기억에 대한 재경험을 통하여 새로운 신념을 개발하게 되었다. 그는 이제 부모님에 대한 의존성, 사람에 대한 의존성에서 벗어나서 오히려 그들을 공감하고 기여하고 용기 부여하고 감사하게 생각하게 되었다. 나아가서 자기의 공직자로서의 꿈이었던, 자기가 떠나간 자리가 향이 나야 한다는 신념을 실현할 수 있게 되었다.

이전의 사적논리(private logic)에서 공동감각(common sense)으로 사는 삶을 살기로 결심함에 따라 큰 그릇의 리더로 성장할 수 있는 신념체계를 가지게 되었다. 유아기 및 아동기의 과거에 지배받는 삶에서 벗어나서 공동감각으로 사는 삶이 진실로 큰 그릇의 리더가 되기 위해 좋은 방법이라는 것을 알아차리게 되었다.

## 6. 공동감각과 원칙중심의 리더십 학습

이제 마지막 단계로서 공동감각으로 사는 삶을 구체적으로 실현할 수 있는 스킬을 학습하기로 하였다. 『성공하는 사람들의 7가지 습관』과 『원칙중심의 리더십』이라는 자기개발 책들을 쓴 스티브 코비는 아들러 사상의 영향을 받은 사람이다. 특히 그의 『원칙중심의 리더십』은 공동감각의 개념을 잘 담고 있다. 그 책에서 스티브 코비는 '원칙'이란 어떤 의미인지를 예를 들어서 설명하고 있다. 그는 '원칙'의 의미로 '공통의 가치'라는 말을 쓰는데 그것을 친절, 공평, 존엄, 공헌, 성실이라는 가치로 표현했고, 책의 전체 내용은 공감, 경청, 배려, 존중, 봉사, 협력과 같은 가치들을 포함한다.[3)]

그의 원칙중심의 삶이란 공동감각으로 사는 것과 매우 유사한 것으로 볼 수 있다. 특히 P원장에게는 의사결정을 할 때의 기준이 무엇인지를 밝혀 준다는 점에서 P원장에게 적합한 자기개발의 모델로 볼 수 있다. 그래서 스티브 코비의 『원칙중심의 리더십』 책을 교재로 반구조화 학습을 하기로 했다.

공동감각의 개념을 숙지하게 된 P원장은 사적 감정 관계를 넘어서 원칙중심으로 가야 한다는 것을 공감하였기 때문에, 새로운 모델의 학습을 적극적으로 수용하게 되었다. 의사결정의 기준과 모델이 생겼으니 결단이 쉬울 것 같다는 생각을 하게 되었다. 원칙중심으로 살면 흔들리지 않으

---

3) 스티브 코비, 『원칙중심의 리더십』, 김영사, 2015, p.134.

며, 원칙 외의 다른 것 중심으로 살면 매사에 흔들리게 될 것임을 인식하게 된 것이다. 그래서 향후 두 회기에 걸쳐서 원칙중심의 리더십에 관한 학습을 하기로 하고 먼저 책을 읽기로 하였다.

4~5회기의 코칭 주제는 '원칙중심의 리더십: 결단 내리는 기준'이라는 주제로 시작하였다. 스티브 코비의 『원칙중심의 리더십』 책은 원칙이 아닌 어떤 것도 삶의 기준으로 삼아서는 안 된다고 주장한다. 가령, 친구, 적, 교회, 자기, 배우자, 가족, 돈, 소유, 일, 쾌락 등 어떤 것도 기준이 되어서는 안 된다고 주장한다.

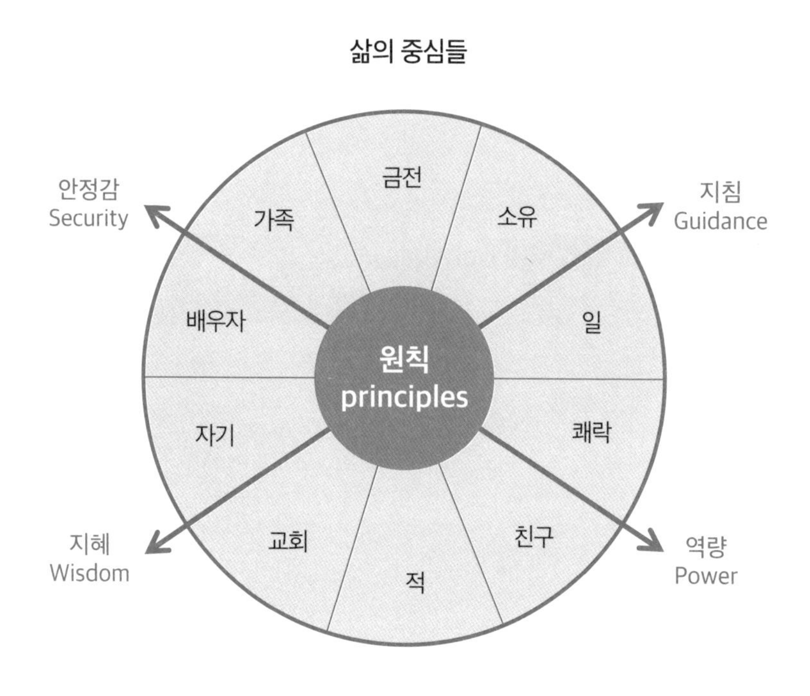


원칙중심이 아닌 것을 초점에 두거나, 사회적 거울에 초점을 둘 경우 자

칫 주위 환경이나 타인의 의견에 이끌려 가기 쉽다고 본다. 원칙중심의 삶이 주는 4가지 효과성은 안정감, 지침 제공, 지혜를 얻음, 역량발현의 효과를 얻는다고 본다.

① 안정감(Security)
- 고도의 본질적 가치의식을 의미
- 우리가 가지고 있는 가치의식, 자기정체성, 정서적 안정, 자존의식 및 개성의 강도
- 나는 누구인가에 대한 답이 가능함
- 가치 신념에 준거하여 아이덴티티(identity)를 확립

② 지침(Guidance) 제공
- 우리 인생의 방향을 결정해 주는 길잡이
- 매 순간의 의사결정과 행동을 좌우하는 표준, 원칙, 규범에서 나옴
- 내적인 감시장치=양심

③ 지혜 얻음
- 완전한 삶의 나침반
- 다양한 개체들과 원칙들이 어떻게 상호 관련되고 적용되는지에 대한 이해력
- 판단하고, 분별하고, 이해하는 능력=있는 그대로 바라봄
- 진정한 기쁨과 일시적 쾌락을 구분할 수 있는 능력

④ 역량 발현
- 행동할 수 있는 능력, 어떤 것을 성취하는 힘과 용기

이런 원칙중심의 효과성은 무엇인가를 결정할 때 반드시 필요한 에너지들이다. P원장은 원칙중심의 리더십에 관한 학습을 통하여 원칙중심의 리더십에 대한 개념정리가 확실히 되었고, 사회를 위해서, 소속한 조직을 위한다는 원칙을 만들어서 원칙중심의 리더십을 구현하기로 결심하였다. 나 중심도 아니고 상대 중심도 아닌 원칙중심으로 살아야 한다는 것을 학습하게 되었다.

P원장은 실행과제로서 구성원들과 1:1 면담을 통해서 구성원들이 바라는 원칙이 무엇인지에 대해 의견수렴을 하기로 하였고, 이를 반영하여 자신의 리더십의 원칙을 만들어야겠다고 결심하였다. P원장은 이제 원칙중심의 리더십을 활용하면 자기 스스로 자신감을 가지고 안정적인 의사결정을 할 수 있겠다고 안심하게 되었다. 이것이 바로 이번 코칭을 통해서 얻고자 했던 것이라고 만족해하기도 하였다.

## 7. 코칭 리더십 학습

두 번째 코칭 주제인 의사소통 역량을 개발하기 위하여 '코칭 리더십'을 학습하는 것으로 합의하였다. 소통 활성화를 위한 소통 스킬로써 공감 경청, 인정 칭찬, 피드백, 질문 스킬을 하나씩 학습하기로 하고 한 세션에 두 가지씩의 학습을 진행하고 실습을 병행하고 과제를 실행하기로 하였다.

코칭 리더십 학습의 성과로서 고객은 코칭의 커뮤니케이션 핵심 기술 4가지가 일상의 삶에서, 그리고 조직 현장에서 매우 유익하다는 것을 알게 되었고, 더 큰 리더로 성장하는 데 자신감이 생겼다고 만족해했다. 또한 직원들이 몰입하여 일할 수 있고 활기찬 일터 혁신을 실현해야겠다는 결의를 다지기도 하였다.

P원장은 리더십은 커뮤니케이션을 통하여 전달되기 때문에 소통의 중요성을 새삼 인식하게 되었고, 코칭 리더십을 통하여 구성원들과 상호작용을 통하여 상대의 의욕을 올리는 리더가 되는 비전을 가지게 되었다.

## 8. 코칭 마무리

마지막 8회기에 코칭의 주요 과정을 종합적으로 리뷰하면서 성장하고 변화한 부분을 정리하였다. 코칭에서 새롭게 알아차린 것이 무엇이냐는 질문에 대해서, "내가 기쁨주기 추구, 즉 기쁨조로 살았다는 것을 알게 된 것이 가장 새롭고, 내가 누구인지를 알 것 같다"라고 했다.

본인에게 일어난 가장 큰 변화에 대해서는 "공동감각이라는 새로운 개념을 알게 되고, 또한 내 가치가 원칙중심의 사고와 행동으로 변화함으로써 나 스스로 행하는 것에 자신감을 갖게 되었다며, 작은 것에 얽매이지 않고 큰 방향으로 원칙을 정립하게 되었다"라고 했다.

주변에서 자신의 변화에 대해 어떤 언급을 하는가라는 질문에 대해서는 "내가 원칙중심의 리더라고 수시로 말하게 되니 신뢰가 형성되었다. 구성원들이 내 말을 신뢰하여 내가 자신감을 얻게 되었다. 원칙중심의 리더십으로 향해 가고 있다"라고 대답하였다.

처음으로 접하게 된 코칭에 대해서 어떤 느낌인지를 물었을 때 P원장은 "오늘 알았는데, 코치께서 코칭을 이끌어 오면서 질문을 많이 했고, 내가 말하면서, 생각하면서, 내적인 것을 찾아가고 형성해 가는 계기가 되었다. 주입식 교육이 아닌, 나 스스로 생각하고 말하면서 습득해가는 기술이라는 점이 좋다"라고 말했다.

**서재진**

(재)미래인력연구원 원장, adler리더십코칭원 원장, 하우코칭 파트너코치. 정부출연기관인 통일연구원 원장 재임 시 리더십과 코칭 교육을 받은 것을 계기로 북한 전문가에서 리더십 전문코치로 변신, 현재 PCC/KPC, 아들러 심리학 기반 코치로서 CEO 및 임원 리더십 전문코치로 활동 중이다. 서애학회 부회장으로서 서애 류성룡 리더십의 연구와 확산에도 힘쓰고 있다. 저서로 『아들러 리더십 코칭』(박영스토리, 2020); 송복 · 서재진 공편, 『서애 류성룡의 리더십』(법문사, 2019); 논문으로 「류성룡의 유연 리더십」(『서애연구』 창간호, 2020), 「류성룡의 유연 리더십의 학문적 토대」(『서애연구』 제3권, 2021) 등이 있다.

이메일: jjsuh888@naver.com

블로그: blog.naver.com/jjsuh888

# 일 중심의 임원에 대한 워크-라이프 밸런스 코칭

윤순옥

## 1. 코칭의 시작

이 글은 40대 중반의 중견기업 여성임원인 J상무에 대한 코칭 사례이다. 그녀는 일이 너무나 즐겁고 행복한 사람이다. 소속 회사에서 전사적 차원에서 코칭을 도입하게 되었는데 우선적으로 고성과자, 차기 임원승진 대상자 위주로 코칭을 받게 되었다. 코칭 대상자로 선정된 J상무는 한편으로 설레기도 하고 또한 기대도 되어 적극적으로 코칭을 받고자 하는 마음이 충만한 상태였다.

코칭은 총 8회로 2주마다 한 번씩 진행하기로 했고, 코칭 시작 전에 사전 오리엔테이션과 웰컴패키지를 통해 코칭 대상자에 대한 상세한 정보를 습득한 상태에서 첫 미팅을 가졌다. 첫인상이 밝고 쾌활하여 비교적 쉽게 라포를 형성할 수 있었는데, 대화를 나누다 보니 매우 적극적이고 긍정적인 분으로 느껴졌고, 또 상당히 성과 지향적인 분이라는 것을 몇 마디 대화에서 바로 알 수 있었다.

그녀를 만난 후의 첫 느낌은 오직 일로써 자신의 존재를 드러내고자 하는 사람처럼 보였다는 것이다. 몸이 열 개라도 모자랄 정도로 업무에 둘러싸여 있지만 일이 힘들다고 느끼기보다 오히려 일거리가 많아야 만족하는 것처럼 보였다. 회사 대표 입장에서 볼 때도 J상무는 워낙 열정적이고 고성과자라서 그녀가 하는 일이라면 적극적으로 지지하는 편이었다. 한마디로 J상무는 아무리 일이 많아도 지친다는 생각이 들기보다는 오히려 일을 해야 살아 있는 것 같고 신이 나는 것처럼 보였다.

주변 사람들과의 관계에서 볼 때, 힘들어하는 사람은 그녀가 아니라 팀원들과 또 너무 잘 나가는 그녀를 바라보는 경쟁 관계에 있는 타 부서 임원들이었다. 그녀가 힘들어하는 사람은 바로 직속 상사인 P전무였다. 무엇이든 새로운 일을 벌이기 좋아하는 그녀가 종종 직속 상사인 P전무에게 제지(?)를 받다 보니 요즘 들어 새로운 일을 제안하기가 머뭇거려지고 뭔가 쉽지 않은 듯한 상황이었다. P전무로부터 자신이 좀 나댄다는 듯한 인상을 받은 뒤부터는 업무 제안하기도 꺼려지고 또다시 비슷한 상황이 생기지나 않을까 하는 생각에 마음이 무거웠다. 최근 대표로부터 새롭게 지시받은 사항에 대해 업무추진을 해야 하는데 우선 P전무에게 결재를 올려야 하는 일이 부담으로 다가왔다. P전무는 새로운 일을 벌이는 것보다 안정적으로 유지하는 것을 선호하는 편이라 새로운 업무를 추진할 때는 그를 설득하기가 가장 큰 어려움으로 다가왔다. J상무에게 회사생활에서 넘어야 할 유일한 산은 바로 P전무였다. 바로 이런 고민이 극에 달했을 때

코치인 나와 만나게 되었다.

다음으로 넘어야 할 작은 봉우리는 바로 함께 일하는 팀원들이었다. 자신은 책임감이 강하고 맡겨진 일은 최선을 다해서 해내는 전형적인 성과지향형이라면, 팀원들과의 관계에서는 성과에 대해 말하기보다는 좋은 관계 속에서 본인의 일은 스스로 알아서 하기를 바라는 자유방임적-관계지향적인 성향을 보였다.

또한 팀원들에 대해서는 피드백의 필요성을 느끼지 않는다고 했는데 그 이유는, 자신의 일은 본인이 가장 잘 알고 있고 또 본인이 알아서 할 거니까 팀원들도 자신이 무엇을 할지는 알고 있는지라 굳이 피드백할 필요를 느끼지 않는다고 말했다. 그러다 보니 팀원들이 목표를 달성하지 못하거나 맡은 일을 제대로 해내지 못할 경우에는 심한 배신감을 느꼈다.

## 2. 라포 형성

신뢰를 형성하는 빠른 방법 중 하나는 개인적인 이야기를 나누는 것이라고 생각한다. 나는 코치로서 첫 세션에서 반드시 묻는 질문이 있다. "이 코칭에 도움이 되고자 참고하기 위한 것인데, 자신의 라이프스토리에 대해 말씀해 주시겠어요? 본인이 허용하는 범위 내에서 자유롭게 말씀해 주시면 됩니다. 말씀하기 거북하시면 안 하셔도 되고요."

얼마간 라포를 형성한 후에 이 질문을 하면 어떤 분은 태어나면서부터 지금까지 자신의 삶에 대해 거침없이 줄줄 말하는 경우도 있고, 어떤 분은 눈이 휘둥그레지며 질문을 잘 이해하지 못한 듯한 표정을 짓기도 한다. 그러면 다시, 본인의 삶을 태어나서부터 학교(유치원)에 들어가기 전까지, 학창 시절, 그리고 졸업 후 지금까지의 사회생활로 나누어서 말해달라고 부탁한다. 그제야 비로소 어릴 적 기억부터 차근차근 회상에 잠기기도 하며 가족관계에서부터 교우관계, 현재의 직장생활까지 술술 이야기를 꺼내기 시작한다.

이 질문에 답하는 유형은 크게 두 가지다. 한 유형은 자신의 삶을 남김없이 자세하게 이야기하거나 기억나는 데까지는 최대한 나누고자 하는 분이고, 또 다른 유형은 '그냥 잘 살아온 것 같다'라며 별 나눌 내용이 없다는 듯이 간단한 문장으로 끝내는 분이다. 코칭 대상자의 라이프스토리를 들으면 앞으로의 코칭이 어떻게 진행될지 어느 정도 예측이 된다. 자신을 잘 드러내는 분들은 그만큼 오픈된 마음의 소유자로 자신의 과거와 자신을 분리함으로써 객관적으로 자신을 바라볼 수 있는 분들이다. 잘 나누지 않는 분들은 또 나름대로 여러 가지 이유가 있을 것이다. 자신의 삶을 속속들이 나누면서 나눈 만큼의 두 배, 세 배 이상 삶의 새 지평을 열어 가는 모습들을 보았기에 나누지 못하는 이들을 대하면 나눠 달라고 강요하지는 못하지만 내심 안타까움이 생기는 것은 어쩔 수가 없는 것 같다.

다행히 J상무의 경우는 전자에 속했다. 그녀는 자신의 어린 시절과 가정환경, 학창 시절을 비교적 소상하게 얘기했다. 간단히 요약하면, 1남 1녀 중 장녀인 그녀는 직업군인인 엄격한 아버지와 순종적인 어머니 밑에서 비교적 무난하게 어린 시절과 학창 시절을 보냈다. 그런데 직업군인인 아버지의 잦은 이동으로 친구들과 정이 들 만하면 학교를 옮겨 다녀야 해서 친구를 깊게 사귈 기회가 거의 없었다. 학창 시절의 가장 힘들고 아픈 기억은 친구들과 헤어지는 것이었는데 급기야는 아예 깊이 친해지는 것을 스스로 피하기도 했다. 또 아버지는 군인으로서의 엄격한 규율과 통제를 가정에서도 그대로 적용했다. 그래서인지 집안 분위기가 늘 무겁고 가족 간에 대화가 별로 없어 무슨 일이든 눈치껏 알아서 처리해야 했다. 특히 대학 시절에는 귀가 시간을 엄격하게 지켜야 하는 것이 가장 힘들었는데, 통제적인 아버지, 순종적인 어머니, 숨 막히는 집안 분위기가 너무 답답해서 빨리 결혼하여 독립하는 것이 꿈이었다. 또 자신은 결코 자기 어머니처럼 순종하고 복종만 하고 살지는 않을 것이라 다짐했다고 한다.

### 3. 문제의 제기

J상무는 일이 좋아서 회사 출근하는 것이 무척 기다려지고, 회사 일을 마치 자신의 일처럼 최선을 다해서 하고 있고, 성과도 잘 나고 있는 편이었다. 그런데도 최근 들어 뭔가 허전하다는 느낌이 이따금 들곤 한다고 했다. 특히 대학교 신입생이 된 큰딸은 학교생활에 어려움을 느끼는 것 같았고 또 엄마와 대화를 원하는 것 같은데 도저히 시간을 낼 수가 없어 마음이 무겁다고 했다. 집에 가면 가족들이 '우리와 함께 할 시간을 좀 할애해 달라'고 하지만 집에서도 회사 일로 머리가 가득 차 있다 보니 몸과 마음이 지칠 대로 지친 상태에서 가족들과 온전히 함께 하기가 쉽지 않은 상황이 몇 달째 이어지고 있었다.

일이 곧 삶이고 취미고 전부이다 보니 일하기에도 시간이 모자라는데 가족들을 위한 시간은 커녕 자신을 위한 시간을 내기도 힘든 상황이 지속되자 최근에는 요술을 부려서라도 자신을 위한 시간을 만들고 싶다는 생각이 수시로 들었다. 하지만 그녀에게 그것은 요원한 꿈이었다. 사실 건강 상태도 적신호를 보내고 있었다. 일에만 몰두하다 보니 매년 받는 정기검진도 놓치기 일쑤였고, 일 년에 한 번씩은 쓰러져 병원 신세를 지는 적도 있었다. 어쩌면 병원만이 자신이 쉴 수 있는 유일한 곳이라는 생각이 들었고, 그때야말로 자신을 돌보지 않은 것에 대해 반성하는 시간이기도 했다. 그러다 하루 이틀 만에 퇴원하고 나면 언제 그랬느냐는 듯 다시 일 속에 파묻혀 건강이나 병원은 까마득하게 잊고 살았다. 이제는 쓰러져도 연중행사거니 하면서 놀라지도 않는 상태가 되었다. 그녀와의 첫 만남에서 나눈 대화를 정리하면 대충 위와 같은 상황이었다.

### 4. 목표 구체화하기

사전 오리엔테이션 콜을 통해 코칭에 대한 간단한 소개와 인사말을 나누고 웰컴패키지를 통해 고객의 성격유형, 본인이 중요하게 생각하는 가치, 비전 등을 파악한 상태라 실제 만났을 때, 쉽게 라포가 형성되었고 코칭에 대한 기대도 높은 것 같았다. 현재 리더가 처한 상황과 라이프스토리에 대해 충분히 듣고 난 다음, 이번 코칭을 통해 해결하고 싶은 이슈 두세 가지를 함께 살펴보았다.

그녀가 해결하고자 하는 첫 번째 이슈는 상사와의 관계 해결이었다. 두 번째 이슈는 팀원들 동기부여 방법 및 팀원들과의 관계 재설정이었다. 가족과의 관계라든지 개인적인 시간 투자 등에 대해서도 비중 있게 이야기를 나누었지만, 막상 목표합의서에는 회사, 일, 성과 관련 이슈 위주로만 나타나 있었다. 코칭은 목표설정만 제대로 해도 반은 성공했다고 볼 수 있다. 첫 번째 세션에서는 전반적인 라포 형성과 라이프스토리 듣기, 코칭 목표에 대한 검토를 했고 두 번째 세션까지 코칭 목표에 대해 좀 더 살펴보고 난 다음 최종적으로 목표를 합의하기로 했다.

두 번째 세션에서는 삶의 수레바퀴(Life Balance Wheel)를 작성해 보기로 했다. 삶의 수레바퀴는 원 모양의 수레바퀴에 삶의 각각 다른 측면(역할)을 8가지로 나누어 바퀴의 가운데를 1, 바깥쪽을 10이라 보고 각 영역에서의 만족도를 점수로 나타내는 것이다. 그런 다음 그 점들을 연결하면 새로운 바깥 선이 생기게 된다. 새로 생긴 경계선이 본인의 삶의 수레바퀴를 보여 주게 되는데 만약 이것이 진짜 바퀴라면 얼마나 덜컹거릴 것인지를 보여 줌으로써 본인의 삶이 현재 어떤 상태인가를 객관적으로 볼 수 있게 도와준다. 따라서 이 도구는 유용하게 사용할 수 있다. J상무의 삶의 수레바퀴는 한쪽이 심하게 튀어나왔고 한쪽은 아주 작게 찌그러져 들어간 모양이었다.

코치: 라이프 밸런스 휠을 그려 보고 느낀 점은 어떤 것입니까?

J상무: 생각지도 못했는데, 제가 제대로 굴러가지 않는 바퀴를 굴리느라 너무 많은 에너지를 쓰고 있다는 생각이 드네요.

코치: 그런 성찰을 하셨군요. 그렇다면 이 바퀴를 잘 굴러가게 하려면 어떻게 하면 좋을까요?

J상무: 바퀴를 좀 더 둥글게 만들어야겠죠.

코치: 네, 그렇군요. 바퀴를 둥글게 만들기 위해 가장 변화시키고 싶은 영역은 무엇인지요?

J상무: 가족과 저 자신에 대한 부분인 것 같아요. 가장 낮은 점수가 나온 이 부분의 점수를 좀 올리면 찌그러진 바퀴가 그래도 펴질 것 같네요.

코치: 그것은 상무님의 삶에서 어떤 의미가 있나요?

J상무: 사실 가족은 제가 삶에서 가장 중요하게 생각하는 부분인데 이렇게 낮은 점수가 나온 것을 보니 좀 충격입니다.

코치: 현재 느낌은 어떠세요?

J상무: 그림으로 보니 비로소 직면이 되는 듯한 느낌입니다. 그동안 사실 가족에 대해서는 생각만 하고 이런저런 핑계를 대면서 몸은 따라가지 못해 계속 마음이 쓰이면서도 다음에 다음에 하면서 미루면서 여기까지 왔다는 생각이 드네요.

코치: 그러셨군요. 그렇다면, 미루기를 멈추기 위해 우선 무엇부터 한번 해 보시겠습니까?

J상무: 오늘 만든 목표합의서에 저 자신과 가족에 대한 부분을 추가하겠습니다.

## 5. 상사와의 관계 정립 코칭

이렇게 해서 업무적인 목표 외에 개인적인 목표를 추가한 다음, 당장 시급한 P전무와의 관계에 대해서 먼저 이야기를 나누기로 했다.

지금 가장 시급한 것이 P전무에게 결재를 올려야 하는데 또 나댄다는 듯한 피드백을 받을까 봐 두려워서 올리지 못하고 있는 상황이라 답답하고 힘들다고 했다. 실제로 P전무로부터 그런 피드백을 받았냐고 물었더니 그런 건 아니라고 하면서 스스로 그런 느낌을 받았다고 했다. 본인은 그동안 상사들과 무난히 잘 지내왔는데 유난히 P전무를 어려워하는 이유를 잘 모르겠다고 했다. 혹시 이것이 어릴 적 부모님과의 관계, 특히 아버지와 관련이 있는 것은 아닌지 물어보았다. 숨 막히는 집안 분위기 속에서 말하지 않아도 알아서 해야 했던 기억, 아버지에게 한마디도 못 하고 명령에 따라야 했던 기억, 순종하는 어머니 등이 떠오르면서 이 두려움이 막연한 두려움일 수 있다는 생각이 든다고 했다. 그래서 상대의 기분을 상하게 하지 않으면서 자신의 생각과 감정, 의도를 제대로 전달하는 피드백 대화 기법을 소개해 주었다.

예를 들어 퇴근하고 집에 왔는데 만약 중학생 아들이 기말고사 준비는 하지 않고 컴퓨터 게임을 하고 있다고 가정할 때, 보통 어머니라면 어떻게 반응할지 물어보았다. 그리고 아들의 감정을 건드리지 않으면서 엄마의 생각과 감정, 의도를 전달하는 문장을 만드는 연습을 해 보았다. 그런 후에, P전무에게 본인의 생각과 감정과 의도를 전달하는 문장을 만들어보게 했다. 코치를 P전무라 생각하고 한번 직접 말해 보라고 했다. 처음에는 좀 어색해하더니 점점 익숙해지면서 마음이 편안해지고 속이 후련하다고 했다. 다음 세션에서 P전무에게 결재를 올린 결과를 듣기로 하고 이번 세션을 마쳤다.

다음 세션이 시작되기 한 주 전에 J상무로부터 문자 연락이 왔다. 두려움은 완전히 자신의 기우였으며 P전무는 흔쾌히 결재를 했다고. 다음번 세션에서 만났을 때, 우선 축하를 드리며 이 건을 통해 어떤 성찰이 있었는지 대화를 나누었다.

코치: 상무님, 이번 건을 통해 어떤 성찰이 있었나요?

J상무: 제가 편견이 있었던 것 같아요. 코치님 덕분에 용기를 내어 실제로 부딪혀보니 생각했던 것만큼 어렵지 않았어요.

코치: 그랬군요. 또 어떤 생각이 드셨나요?

J상무: '일단 해 보자', '부딪혀 보자' 뭐 이런 생각이 들었어요. 혼자서 지레짐작하다 보니 쉬운 일도 어렵게 생각되더라고요.

어렵게만 생각되었던 상사와의 관계가 풀어졌으니 이제 아버지와도 잘 지낼 수 있는 계기를 마련해 보겠다고 했다.

정신과전문의인 정혜신은 다음과 같이 말한다. "과거로 돌아가 어린 시절의 관계를 변화시킬 수는 없지만, 지금 나에게 특별한 영향력을 행사하는 위치에 있는 사람과의 관계에서 내가 취하는 심리적 태도를 되짚어 보는 일은 중요하다. 그렇지 못할 경우, 내 삶의 결정적 대상(critical person)과의 관계에서 똑같은 패턴의 문제가 반복될 가능성은 '무조건'이다."

### 6. 팀원들과의 관계 설정: 피드백하기

가장 어렵고 당장 시급한 과제를 해결하고 나니 J상무의 표정이 더욱 환해지면서 다음으로 팀원들과의 관계 설정, 성과관리 등에 대해 이야기를 나누기로 했다.

코치: 팀원들에게 피드백을 자주 하지 않는다고 하셨는데 상무님께 피드백은 어떤 의미인가요?

J상무: 저는 피드백하면 왠지 야단을 치거나 질책하는 것으로 생각됩니다.

코치: 그렇게 생각하신다니 관계를 소중하게 생각하는 상무님으로서는 피드백을 할 수가 없었겠네요. 우선 피드백의 정의를 재정립할 필요가 있을 것 같은데 어떠세요?

J상무: 네. 일단 야단이나 질책이 아닌 것은 분명한 것 같네요.

코치: 지난 세션에서 피드백 대화 연습한 것 생각나시나요? 우리 문화에서는 피드백이 평가나 판단 등으로 잘못 이해되는 경우가 많은 것 같습니다. 피드백이란 평가라기보다는 '관심과 사랑의 마음을 전하는 메시지'입니다. 미국의 경영학자 피터 드러커는 '역사상 알려진 유일하고도 확실한 학습 방법은 피드백이다'라고 했고, 하버드 경영대학원 교수인 로버트 S. 캐플런은 '피드백을 못 받으면 직원은 무능해지고 리더는 독재자가 된다'고 했습니다. 만약에 신입사원이 입사했는데 이 사원이 자

신이 하는 일에 대해서 아무도 피드백을 하지 않는다면 어떤 일이 일어날까요?

J상무: 아마 자신이 잘하고 있는지 아닌지 모르겠죠? 또 아무도 자신에게 관심을 보이지 않는다고도 생각하겠네요.

코치: 이제는 피드백에 대한 느낌이 좀 어떠세요?

J상무: 음…… 상사의 의무라는 느낌이 더 드는데요? 그러고 보니 제가 그동안 의무를 다하지 않은 거네요.

코치: 그렇게 생각하셨다니 대단한 통찰력이십니다. 상무님은 스스로가 책임감이 강하고 자신에게 맡겨진 일은 최선을 다해서 해낸다고 하셨는데, 팀원들은 어떨까요?

J상무: 팀원들도 저와 같은 생각이리라 짐작됩니다. 이것도 저의 지레짐작일까요?

코치: 상무님은 사람들에 대해 어떤 신념이나 믿음을 갖고 계세요?

J상무: 신념이라고 하니 생각해 보지 못했는데요, 지금 생각해 보면 '적어도 자기에게 맡겨진 책임만은 다해야 한다' 이런 생각은 항상 했던 것 같네요.

코치: 팀원들은 그런 상무님을 어떻게 보고 있을까요?

J상무: 제가 또 지레짐작을 한 것 같네요. 신입직원도 있고 베테랑도 있는데 모두 다 자기책임을 해내지는 못하겠네요.

코치: 피드백을 받지 못하는 팀원들은 자신을 어떻게 생각하고 있을까요?

J상무: 잘하고 있는지 못 하고 있는지 잘 모르고 힘들어 할 것 같네요.

이런 대화들을 나누면서 J상무는 자신이 책임감이 강하다고 해서 다른 사람들도 그럴 것이라는 생각은 P전무와의 관계에서처럼 자신이 지레짐작하는 것과 비슷하다고 생각했다. 팀원들 각자는 성과에 대한 피드백이든 일에 대한 피드백이든 상사의 피드백을 필요로 하며 피드백은 상사의 책무임을 다시 한번 인식하게 되었다. 다음 세션까지 3명의 팀원과 1대 1 피드백 면담을 하기로 약속했다.

다음 세션에서 면담 결과를 물어보았다. 생각보다 시간이 오래 걸려 한 명만 면담했는데 일단 서로에 대해 개인적인 면까지 알게 되어 팀원들과 좀 더 가까워진 것 같고, 평가나 판단을 하지 않고 피드백을 할 수 있어 마음이 편안한 가운데 성과 이야기도 자연적으로 하게 되어 좋았다고 했다. 앞으로 1대 1 면담을 정형화해서 모든 팀원들과 주기적인 면담을 하기로 했다.

## 7. 가족과의 관계 코칭

오리엔테이션 콜과 웰컴패키지를 통해 파악한 J상무의 가장 소중한 가치는 가족이었는데 삶의 수레바퀴(Life Balance Wheel) 활동에서 가장 점수가 낮게 나온 항목 또한 가족이었다. 가장 소중하게 생각하는 부분의 만족도가 가장 낮으니 직장에서 성공가도를 달리고 있어도 뭔가 채워지지 않는다는 생각이 든 것 같았다. 그녀가 중요하게 생각하는 분야 5가지를 뽑아서 시간을 가장 많이 할애하는 순서대로 나열해 보니 자신과 가족이 가장 아랫부분을 차지했다. 본인은 정작 가족이 가장 소중하다고 생각하고 있었지만 실제로 나타난 행동은 정반대라 스스로도 좀 놀란 듯했다.

코치: 상무님께서는 가장 소중하게 생각하는 가족과 자신에게 가장 적은 시간을 할애하고 계신데 어떻게 생각하시나요?

J상무: 가족이 저에게는 정말 소중합니다. 그런데 가족은 좀 기다려 줄 수 있는데 코치님도 직장생활 해 보셔서 잘 아시겠지만 일은 그렇지 않잖아요.

코치: 그렇게 생각하시는군요. 그렇다면 좀 전에 대학교 신입생이 된 따님이 엄마와 대화를 나누고 싶어 하는데도 아직 대화를 나누지 못하고 있다고 하셨잖아요. 따님이 언제까지 엄마를 기다려 줄까요?

J상무: ……

코치: 이런 상황이 앞으로 한 5년간 지속된다면 어떻게 될까요?

J상무: …… 딸의 학창 시절에 대해 하나도 모르는 엄마가 되겠네요. 그동안 딸은 대학을 졸업해 버리고요. 이번에도 우선순위에서 계속 밀리다 보니 다음에 다음에 하다가 한 학기가 다 지나가 버렸네요.

코치: 그러면 따님과는 언제쯤 대화를 나눌 수 있을까요?

J상무: 이번 주말에는 꼭 시간을 내어 딸과 대화를 해 봐야겠네요.

왜 이런 일이 생기는 것일까? 클레이튼 M. 크리스텐슨 하버드 경영대학원 석좌교수가 하버드경영대학원 졸업생 특강에서 들려준 이야기를 책으로 출간한『하버드 인생학 특강』에 그 이유가 잘 나타나 있다.

“우리 중에는 성취욕이 높은 사람들이 있는데 그들은 성취를 가장 즉시 평가할 수 있는 방식으로 일한다. 성취욕이 높은 사람들은 직장에서 선망하는 사람이 되려고 엄청나게 애를 쓰는 반면, 집에서는 선망하는 사람이 되려는 데는 아무런 애를 쓰지 않는다. 아이를 훌륭하게 키우거나 배우자와 더 깊은 사랑을 나누는 것에는 아무리 시간과 에너지를 투자해도 성공했다는 분명한 증거가 나오지 않기 때문이다. 그래서 사회생활에는 과도하게 투자하되 가족에게는 투자를 줄인다. 그러다 보니 인생에서 가장 중요한 부분 중 하나인 가족이 번창하는 데 필요한 자원을 제공하지 않는 것이다.

가족관계에 시간과 에너지를 쏟는 것은 승승장구하는 생활이 주는 것과 같은 즉각적인 성취감을 주지는 못한다. 따라서 가족과의 관계는 무시할 수 있다. 그렇게 하더라도 언뜻 상황은 악화되는 것처럼 보이지 않는다. 그들은 스스로 가족이 자신에게 아주 중요하다고 믿고 있을지 몰라도 사실은 가장 중요하다고 말하는 것에 할당하고 있는 자원을 점점 더 줄이고 있다. 가족이 가장 중요하다면 임의로 쓸 수 있는 시간이 생겼다고 할 때 가족을 가장 먼저 떠올리는가? 나의 우선순위에 부합하는 방식으로 자원을 확실히 할당해야 한다. 성공기준이 자신의 가장 중요한 관심 사항과 일치하도록 해야 한다. 이는 좀처럼 쉬운 일이 아니다. 진정한 우선순위가 무엇인지 알았을 때조차 매일 마음속으로 그 우선순위를 지키기 위해 싸워야 할 테니까.”

## 8. 자신을 위한 시간

일이 곧 삶이고 취미이고 전부인 J상무. 가족들을 위한 시간도 내기 어려운 상황에서 자신을 위한 시간은 처음부터 그녀의 머릿속에는 없었다.

코치: '만약 일이 없다면 나에게 남은 것은 무엇일까?' 이런 생각이 가끔 들 때가 있다고 하셨는데, 만약 일이 없다면 상무님은 어떤 사람(존재)입니까?

J상무: 음…… 저에게 일이 없다는 생각은 한 번도 해 본 적이 없는 것 같네요.

코치: 그러면 지금 한번 생각해 보시겠어요?

J상무: 저는 퇴직 후의 삶에 대해서는 아직 생각해 보지 않았는데 아마도 퇴직 후에도 어떤 형태로든 일은 놓지 않을 것 같아요.

코치: 그만큼 일을 중요하게 생각하고 계시고, 또 앞으로도 계속 일을 하고 싶어 한다고 생각해도 될까요?

J상무: 네.

코치: 그렇게 하기 위해서 가장 중요한 것은 무엇일까요?

J상무: 오랫동안 일을 하려면 우선 저의 건강부터 챙겨야겠지요.

코치: 네, 그렇군요. 그런데 일이 바빠서 건강검진도 못 가신다면서요? 상무님은 계속해서 뭔가 중요한 것에는 시간 할애를 못 하고 계신 것처럼 보이는데 어떠세요?

J상무: ……

코치: 지금 상무님께서 놓치고 있는 것은 무엇일까요?

J상무: …… 제 자신이 없네요. 이 모든 것을 하는 주체는 바로 제 자신인데 그 속에 제 자신이 없어요. 저는 없고 일만 있는 상황…….

코치: 그 속에 상무님을 포함시키려면 어떻게 하면 될까요?

J상무: 우선 시간을 내야 할 텐데, 일상적인 업무를 좀 더 위임하고 남는 시간을 저와 가족을 위한 시간으로 배분해야 할 것 같아요.

코치: 그렇게 되면 일과 삶에서 어떤 변화가 생길까요?

J상무: 수레바퀴의 모난 부분이 좀 더 둥글어지고 그러면 바퀴가 더 잘 굴러가지 않을까요?

코치: 와, 그런 성찰을 하셨군요. 축하드립니다. 본인과 가족을 위한 시간을 내서 맨 먼저 무엇부터 해 보시겠어요?

J상무: 일단 퇴근 시간을 앞당겨서 저녁에 산책을 하고 싶습니다.

다음 세션에서 만난 J상무는 휴일에 오랜만에 가족들과 모여서 함께 저녁 식사를 했는데 너무 오랜만이라 약간 어색하기도 했지만 차츰 좋아지리라 믿는다고 했다. 그리고 저녁 산책은 매일은 못하고 일주일에 두 번 정도 딸과 함께하면서 이것저것 이야기를 나누었는데 딸이 좋아하는 모습을 보고 자신도 기분이 좋아졌다고 했다.

## 9. 성찰

J상무와 코칭대화를 나누면서 처음에는 브레이크 없이 달리는 자동차

가 생각났다. 코칭을 마무리할 때쯤의 J상무는 자신이 운전대를 잡고 속도를 조절하는 능숙한 운전자가 되어 있었다. 그만큼 J상무는 성찰이 뛰어나고 자신을 바라볼 수 있는 혜안을 가지고 있었다. 단지 되돌아볼 시간을 내지 못했을 뿐이었다.

리더를 만나다 보면 대략 두 가지 유형이 있는 것 같다. 하나는 주어진 목표는 최선을 다해서 이루어내지만 그 이상은 하지 않는 안정지향적인 리더들이다. 이런 리더들에겐 '목표를 두 배, 네 배로 확장한다면 무슨 일이 일어날까요?'라는 질문 등을 통해 본인의 잠재력을 최대한 발휘하도록 동기부여를 해 준다.

또 다른 유형의 리더는 자신의 한계를 지나쳐 온몸을 불사르는 유형이다. 이런 리더들에게는 속도를 줄이고 주위를 둘러보게 한다. 지금, 속도 때문에 놓치고 있는 것은 무엇인지를 질문하면서. J상무는 후자에 속했다는 것을 알 수 있다. 다행히 그녀는 속도 때문에 놓치고 있던 자신과 가족을 발견할 수 있었다.

삶의 긴 여정을 가다 보면, 가고 싶기도 하고 이루고도 싶은 수많은 이정표들이 목표라는 이름으로 우리 눈앞에 나타나곤 한다. 우리는 마음에 드는 이정표를 따라 모든 곳에 다 갈 수도 없고 또 그래서도 안 될 것이다. 그러다가는 건강과 가족, 친구와 결혼 등을 희생하게 될 수도 있기 때문이다. 선택과 집중은 하되 가는 길 곳곳에 피어 있는 꽃향기 맡는 것을 잊어서는 안 될 것이다.

* 본 코칭사례는 고객의 동의하에 작성되었으며 고객의 개인정보 보호 및 비밀유지를 위하여 명칭과 회사, 직위 등 일부 내용을 각색하였습니다.

**윤순옥**

개인과 조직의 변화와 성장을 도와주는 전문코치이며, (사)한국코치협회 코치인증심사위원 과 프로그램인증 심사위원, 국민대학교 KCN 인증위원장, 국민대학교 KCN KCLC/PCC 자격 양성과정 리더코치로 활동하고 있다. 공저로 『미래에게 묻고 삶으로 답하다』, 공역서로 『코칭의 역사』가 있다. 국제코치연맹(ICF)이 인증하는 전문코치(PCC), (사)한국코치협회 전문코치(KPC)로서 평생회원이다.

이메일: miryang57@gmail.com

블로그: http://blog.naver.com/miryang60

# 집중력과 성과 향상을 위한 스포츠 선수 멘탈코칭

이영실

## 1. 멘탈코칭 고객과 코칭 목표

코칭 고객인 A선수는 볼링선수 경력 15년, 실업선수 경력 6년 차의 여자 볼링선수이며, 현재 대한볼링협회에 등록된 선수이다. 볼링에 입문하게 된 계기는 중학교 1학년 때 학교 체육선생님의 권유로 시작하였다고 한다. 이후 고등학교, 대학교에서 선수 생활을 이어오면서 볼링대회에 출전하여 대통령기 전국볼링대회 및 체육회장기대회, 전국볼링대회에서 현재도 우수한 성적을 내고 있다. 나와는 A선수가 소속되어 있는 팀을 약 3개월간 멘탈코칭을 하게 된 계기로 자연스러운 라포가 형성되었으며, 이후 A선수가 자발적으로 개인코칭을 의뢰하여 코칭을 하게 되었다.

A선수는 팀 멘탈코칭의 경험을 통해 코칭의 방식이 코치와의 상호작용을 통해 선수 자신 안에 있는 답을 찾아가는 과정으로써 심리 상담이나

트레이닝과의 차이점이 있음을 인식하고 있었기 때문에 코칭 기간 동안 상당히 적극적으로 참여하였다. A선수는 멘탈코칭을 통해 좀 더 자신감을 가지고 편안한 마음으로 각종 시합과 대회에서 개인 목표를 달성하고, 또한 소속 팀에서도 좋은 성적으로 자신의 책임을 다하고 싶다고 하였다.

A선수가 자신의 경기력에 관한 심리적 어려움으로 가장 크게 자각하고 있는 것이 집중력이었으며, 선수 스스로 집중력을 향상시키기 위해서 노력하고 있다고 하였다. A선수는 밝고 활달하며 같은 팀 선수들과도 잘 어울리는 편이며 매사에 긍정적으로 생각하는 강점이 있었다.

A선수와의 멘탈코칭은 총 10회로 코칭 세션을 계약하였다. 기본 세션(웰컴 세션)에서는 선수와의 코칭 관계를 잘 형성하기 위해 필요한 사항을 준비하고 확인하였으며, 선수와 코치가 약속을 잘 수행할 수 있도록 서로 협력하는 사이가 되도록 상호 합의하였다. 코치 자신도 효과적인 멘탈코칭을 위해서 선수에 대해서 무엇을 알아야 하는지, 선수의 성장 가능성과 잠재력을 진심으로 신뢰하는지를 기본 세션에서부터 정기 세션의 매 코칭 세션마다 끊임없이 점검하였다. 정기 세션의 각각의 세션에서는 선수의 강점인 긍정성을 지지하고 격려하면서 코칭을 진행하였다.

정기 세션에서는 선수의 금년도 경기목표를 설정하고, 선수가 운동선수로서뿐만 아니라, 한 개인으로서 가지고 있는 인생 목표를 점검하였다. 그리고 목표 달성을 위해 관점 전환이 일어날 수 있는 적절한 질문을 활용하여 선수 스스로 자신의 목표를 좀 더 구체화하고 동기부여가 될 수 있도록 진행하였다. 또한 세션과 세션 사이에서 선수가 자각을 통해 수립한 실행 계획을 제대로 수행할 수 있도록 자극하였다. 정기 세션에서는 장단기 목표설정, 집중력 향상, 감정 조절, 루틴 설계, 갈등관리, 재무관리 등 선수가 멘탈코칭을 통해서 해결하기를 원하는 다양한 영역을 주제로 코칭을 실시하였다.

다음의 멘탈코칭 사례는 총 10회기의 코칭 세션 중 5회차 멘탈코칭 세션의 내용 중의 일부로 구성되어 있다.

코치: 집중력이 부족하다고 하셨는데 좀 더 구체적으로 말해 주시겠어요?

선수: 시합 중에는 볼 치는 것에만 집중했으면 좋겠어요. 그런데 막상 시합이 시작되면, 옆 레인 선수들의 볼 치는 모습이나 주변에서 일어나는 사소한 일들까지 신경 쓰여요. 그나마 시합이 잘 풀리고 있을 때는 덜 신경이 쓰이는데, 시합이 생각대로 잘 풀리지 않을 때는 불안해지면서 마음이 급해지고 집중이 잘 안 되는 것 같아서 짜증이 나고. 이게 악순환이 돼서 무척 답답해요.

코치: 볼 치는 것에만 집중하고 싶은데 집중이 잘 안 되어서 무척 답답하셨겠네요.

선수: 네. 그리고 어떤 날은 경기가 잘 풀릴 때도 시합이 끝날 때까지 과연 내가 잘 할 수 있을까 하고 불안할 때도 있어요.

코치: 경기가 잘 풀릴 때도 불안할 때가 있었군요.

선수: 네.

코치: 그렇다면, 진짜 원하는 모습은 어떻게 경기를 하는 건가요?

선수: 음…… 자신감을 갖고 볼을 치는 거예요. 요즘은 컨디션이 좋아서 연습 때는 진짜 잘 맞거든요. 점수도 제법 잘 나오고요. 그런데 막상 시합 중에 밸런스가 잘 안 맞을 때가 있어요. 그래서 자신감을 갖고 치다가도 실제 잘 안 되면 점점 흔들리고 한번 흔들리면 다시 페이스를 못 찾는 경우가 많아요.

코치: 그럼 자신감을 갖고 볼을 칠 수 있도록 그 방법을 함께 찾아보도록 해요.

선수: 네, 좋아요.

코치: 지금 목표로 하는 경기가 있나요?

선수: 네, 올 10월에 도민체전이 있어요.

코치: 목표로 하는 성적이나 원하는 결과는 무엇인가요?

선수: 우승하는 거예요.

코치: 어떻게 이기고 싶으세요?

선수: 퍼펙트하게.

코치: 점수로 표현해 본다면?

선수: 음…… 277점이요.

코치: 277점…… 그럼 그것을 이미지로 그려 볼게요.

(중략)

코치: 가장 최근 시합에서 잘했던 것은 무엇인가요?

선수: 개인적으로는 저번 시합보다는 저를 더 믿어 준 것 같아요. 불안한 생각보다 저를 믿어 준 것이 더 컸고, 제가 좀 고집도 세고 고정관념이 있는데 그걸 의식하면서 다른 사람 눈치도 안 보고 한 번이라도 생각한 것을 실천해 본 것은 잘한 것으로 생각해요.

전에는 만약 내가 '이 공을 바꾸고 싶은데 바꿔도 될까? 어떻게 하지?' 이런 생각을 했었는데 이번에는 '일단, 한 번이라도 굴려 보자, 아니면 그때 바꾸자'라는 생각이 들었어요. 그리고 보통 마지막 게임에서는 제가 라인을 읽고 자신감이 생겨도 조금은 불안감이 있었는데 이번 시합에서는 그런 마음이 들 때 긍정적인 생각을 하고 친 점이 잘한 것 같아요.

코치: 와우, 자신을 믿어 주고 긍정적인 생각을 하면서 정말 잘하셨네요.

코치: 그 밖에 잘했던 것은 또 어떤 것이 있으세요?

선수: 지난 시합에서는 연습을 너무 좋은 레인에서 하게 되었어요. 연습을 하면서 내가 뭘 잘하고 있는지, 이번에는 어떻게 할까를 의식하면서 연습을 했던 것 같아요. 그리고 '시합에 가서도 무의식적으로 자신감을 갖고 하자. 자신감만 갖고 해도 잘 될 거야' 이렇게 생각하면서 잘될 수 있도록 연습을 했어요.

코치: 연습 중에 의식적으로도 무의식적으로도 생각을 하면서 연습을 하셨네요.

코치: 그렇다면 그 경기에서 집중하는 데 도움이 되었던 것은 무엇

이 있었나요?

선수: 개인적으로 시합 때 다들 그런 것 같은데 본능적으로 우선 내 점수만 잘 나오고 싶어 하고, 스트라이크 치려고 하는 게 있는데, 그런 것에 치우치지 말고, 점수에 좌우되지 않고, 저의 볼링을 치는 거에 더 집중했던 거 같아요. 그리고 감독님이나 팀원들이 얘기해주는 것을 다시 생각해 보고 시합에 임했어요. 제가 놓친 것을 다시 생각해 보고 시합에 임하는 것과 시합 때만큼은 볼링 치는 거 말고 그 외적인 것들은 신경 쓰지 말고 제 볼링에 집중했던 거 같아요.

코치: 볼링에만 집중하셨네요. 감독님과 팀원들의 이야기도 참고하면서.

선수: 네. 저는 제가 치는 걸 못 보는데 팀원들이 봤을 때 아닌 거라고 생각한 걸 저한테 얘기해 주는 것이 매우 도움이 된다고 생각해요. 볼링에서 볼을 치는 것은 소통이랑 각자 의견을 얘기하는 게 필요하다고 늘 생각했어요.

코치: 팀원들과의 소통이 정말 중요한 역할을 했네요.

선수: 네. 정말 큰 도움이 되었어요.

코치: 그 밖에 집중하는 데 도움이 되었던 것이 있다면 무엇이 있을까요?

선수: 잘 쉬고 잘 먹는 게 중요한 것 같아요. 체력 보충을 잘하는 게 중요한 것 같아요. 그리고 제가 스스로 좋은 컨디션이 나올 수 있는 환경을 만드는 게 중요한 것 같아요. 먹는 거, 자는 거 중

요하지만 단순하게 잘 잤다, 잘 먹었다가 아니라 제 몸에 좀 더 신경 쓰는 거……

코치: 그랬군요. 몸에 좀 더 신경 쓰면서 잘 쉬고 잘 먹는 것. 맞아요. 자신의 몸 상태를 점검하면서 잘 쉬고 잘 먹는 것은 무엇보다 중요한 것 같다고 생각합니다.

선수: 그리고, 이번에 좀 달랐던 거는 전에는 저녁 먹는 메뉴도 예전 같으면 먹고 싶은 거를 생각 없이 그냥 막 먹었었는데 지난번 멘탈코칭에서 아침에 시합이 있을 때는 소화가 잘 되는 것을 먹어야겠다고 했기 때문에 그것을 잘 지켰던 것 같아요. 또, 일어날 때도 기분 좋게 일어나는 것을 잘 실천했던 것 등 이런 생활 습관에 신경을 쓰다 보니 좋았던 것 같아요.

코치: 역시 대단하세요. 지난번 코칭에서 말씀하셨던 것을 모두 잘 실천하셨네요. 그러니까 이렇게 좋은 선수로서의 기량을 발휘하실 수 있는 최고의 선수가 되신 거라고 생각해요. 너무너무 잘하셨어요.

선수: 아니에요. 너무 과찬이세요.

(중략)

코치: 그렇다면 이번에 목표로 하는 경기에서 집중하는 데 도움이 될 행동은 무엇일까요?

선수: 시합 전에 마음을 비우고 편안한 마음으로 '메달을 딴다'는 생

각보다는 '레인 파악을 잘하자'는 마음을 갖고 연습 때부터 자신감과 긍정적인 생각을 계속하는 게 중요해요. 생활 습관도 잘 지킬 거고요. 그리고 항상 한 게임이 끝나고 나면 아쉬워하는 그런 생각이 많았었는데 이번에는 좀 더 끝까지 여유를 갖고 집중해서 칠 거에요. 그리고 볼 장비 점검은 당연한 거고 감정 조절도 잘해야 할 것 같아요. 또 힘 조절을 잘해야 하고요. 또, 팀원들과도 소통도 잘하고요. 감독님과도요.

코치: 와우, 너무 좋네요. 지금 말씀해 주신 것을 다 실천한다면 어떤 결과가 있을까요?

선수: 당연히 우승이지요. 퍼펙트하게.

코치: 퍼펙트한 우승! 저도 응원합니다.

코치: 오늘 코칭 소감을 이야기하고 마치도록 할게요.

선수: 지난 경기에서 잘된 거를 생각할 수 있어서 좋았던 것 같아요. 늘 그렇지만 코치님과 이야기를 하고 나면 뭔가 후련하고 생각이 정리되는 것 같아요. 자신감도 생기고. 얼른 가서 연습하고 싶어요.

코치: 생각이 정리되고 자신감 생기신 것 축하드립니다. 우리 선수님이 스스로 잘 알아차리시고, 멘탈코칭에서 말씀하신 것을 적극적으로 실행으로 옮기시는 분이시기 때문에 이번에도 반드시 좋은 결과가 있으리라 생각합니다. 저도 같은 마음으로 응원하고 기도할게요.

### 그 사람 안에 답이 있다!

멘탈코칭은 코칭대화를 통해 멘탈코치와 선수가 상호작용함으로써 목표 달성에 필요한 기술이나 지식을 선수가 스스로 알아차리게 하고 목표를 달성하도록 행동을 이끌어내는 과정이다. 즉, 멘탈코치가 코칭 역량을 활용하여 선수가 가지고 있는 잠재능력을 이끌어내고 실력을 발휘할 수 있도록 하는 것이다. 그리고 선수는 자신의 의견이나 생각을 멘탈코치에게 편안하게 전달한다. 이러한 과정을 통해 선수와 멘탈코치는 진심을 담은 커뮤니케이션을 할 수 있게 된다.

코치라고 하면, 야구나 축구 코치가 먼저 떠오른다. 그동안 스포츠 분야에서 코치는 운동기술을 가르치고 지도하는 사람이라고 여겨져 왔다. 선수와 코치의 쌍방향 커뮤니케이션이 아니라 코치는 가르치는 사람, 선수는 가르침을 받는 사람이었다. 그러나 최근 스포츠 분야에서도 코치가 일방적으로 가르치는 것만으로는 선수가 자신의 능력을 최대한 발휘할 수 없다는 것을 알게 되었다. 스포츠 종목의 기술과 지식을 사용하는 선수 본인이 스스로 그것들을 자신에게 맞는 방법으로 펼쳐내야 한다.

이처럼 스포츠 세계에서도 '코칭'의 의미는 '지도자가 선수에게 가르친다.'라는 입장에서 '지도자는 선수가 스스로 깨닫고 자신에게 맞는 방법을 선택하여 행동으로 옮길 수 있도록 이끌어낸다.'라는 의미로 인식되고 있다.

코칭은 상대에게 답을 주는 것이 아니라 대화를 통해서 상대방의 답을 이끌어내고 이를 행동으로 연결하는 커뮤니케이션 스킬이다. 코칭은 지시나 명령으로 상대를 움직이거나 컨트롤하려고 하거나 하는 것이 아니라, 상대가 스스로 답을 생각하고 그 답을 찾아내고, 그것을 행동으로 옮기는 것을 돕는 것이다.

### 스포츠 선수에게 멘탈이 중요한 이유

스포츠는 경제, 정치, 사회, 문화 등의 다양한 영역에 영향을 미치고 있고, 많은 사람들로부터 지속적인 관심을 받고 있다. 국제경기에서 성과를 내는 스타 선수들을 향한 관심도 커지고 있으며, 스포츠에 대한 국민의 관심은 다양한 종목의 선수와 팀에 대해서도 확산되고 있다. 스포츠 세계는 선수의 스포츠맨십, 페어플레이 정신이 강조되고 있지만, 실제로는 경기 결과나 보상이 더 중요한 목표로 작용하기도 한다. 이와 같은 경쟁상황 속에서 선수들은 경기에 대한 불안감이나 부담감, 집중력 저하, 긴장감 등의 심리적 문제를 겪고 있다.

선수는 경기 수행에 대한 동기, 정신력, 최적의 각성 수준, 과제 집중력, 긍정적인 생각, 자신감, 체력, 경기에 대한 구체적인 계획과 준비를 통해 최고의 경기력에 도달할 수 있다. 그리고 선수가 최상의 경기력을 발휘하기 위해서는 자신의 감정과 생각을 조절해야 한다. 이와 같이 선수는 경쟁상황에서 자기 조절과 감정 조절을 하면서, 자신감을 얻고 도전을 하게 되므로 멘탈은 경기력에 중요한 요인이 된다. 즉 스포츠 선수의 멘탈은 자신감을 높여 긍정적 에너지를 발휘하도록 하며, 자신이 무엇을 해야 하는지 알게 하고, 다양한 상황을 조절할 수 있게 한다. 멘탈은 스포츠 선수가 경기에 대한 부담감과 압박감을 효과적으로 극복하는 데 매우 중요하다.

## 2. 멘탈코칭이란

티모시 골웨이(Timothy Gallwey)는 스포츠 선수의 심리상태 즉, 자신감과 멘탈(정신력)이 경기력에 중요한 요소로 작용한다고 하였다. 선수가 심리적으로 위축되어 있을 때 선수의 긴장감과 불안을 조절하고 잠재능력을 발휘하여 성과를 이끌어내는 것이 멘탈코칭이다. 멘탈코칭은 선수들이 현역에서 운동할 때도 필요하지만, 선수가 은퇴한 이후에도 자신의 운동 경험을 삶 속에서 생활기술로 확장시켜 나갈 수 있도록 자아실현을 도와주는 과정이기도 하다. 다양한 스포츠 종목에서 멘탈코칭을 통해 선수들의 심리적인 안정감을 지원하는 사례가 입증되고 있다. 멘탈코칭은 선수들의 경쟁 불안, 목표설정, 자신감, 자기 조절, 집중력, 문제해결을 돕고 경기력 향상에 기여할 뿐 아니라, 긍정적인 변화를 통해 선수 생활의 질을 높일 수 있다.

### 긍정심리학과 멘탈코칭

긍정심리학 연구에서 멘탈은 50% 정도가 유전적 요인에 의해 영향을 받고, 40%는 개인의 자기 조절과 자신의 행복감을 위한 개인의 의지적 행위나 선택이 중요하게 작용하며, 10%는 경제력과 삶의 환경에 의해서 영향을 받는다고 하였다. 인간은 목표를 선택하고 타인과의 의미 있는 관계를 맺으며, 긍정적인 사고를 함으로써 행복한 삶을 추구하고 자신의 삶을 변화시키기 위해 자기 조절을 할 수 있다. 멘탈코칭은 선수가 스포츠 상황에서 겪는 심리적인 부담감과 같은 스트레스를 극복하고 경기력과 실전력을 극대화하기 위해 목표설정, 집중력 향상, 불안 조절, 의사소통 등의 모든 정신적인 전략과 선수의 잠재력을 이끌어내는 멘탈코칭의 기반을 긍정심리학에 둔다.

### 멘탈코칭의 효과

멘탈코칭은 코칭대화 프로세스를 통해 선수가 스스로 목표를 설정하고 현재 상황을 인식하고 대안을 탐색하며 구체적인 행동계획과 함께 실행 의지를 확인하는 코칭의 기본적인 프로세스를 활용한다. 선행연구를 통해서 멘탈코칭은 선수들의 자기신념과 집중력 향상 및 주의력 조절, 멘탈 관리에서 효과가 있음을 확인하였다. 또한, 단기간의 멘탈코칭은 경기성적에 직접적인 영향을 미치지는 않지만, 선수의 의식과 행동 변화 및 경기운영 방식에 영향을 주고, 이를 통해 간접적으로 경기성적을 향상시킨다고 하였다. 그리고 무엇보다 멘탈코칭은 선수들의 정신적 스트레스 감소와 경기력 향상에 긍정적인 영향을 미쳤으며 향후 멘탈코칭에 대한 추가 연구가 필요함을 제안하고 있다.

### 멘탈코칭모델을 활용한 셀프멘탈코칭(후속조치)

멘탈코칭모델은 멘탈코치가 없어도 선수 스스로 언제 어디서나 셀프코칭을 할 수 있도록 만들어진 모델이다. 멘탈코칭모델(MENTAL)은 코칭 프로세스의 체계적인 대화법을 적용하여 실행력을 향상시키도록 개발된 것으로, Measuring(상황파악), Encouraging(동기부여), Needs exploring(요구탐색), Targeting(목표설정), Acting(실행), Learning(배움)

의 6단계이다. 멘탈코칭모델(MENTAL)을 활용한 셀프멘탈코칭은 선수의 심리상태 점검, 훈련과 경기에서 목표 수립과 실행을 통해 선수 스스로 자신을 성장시킬 수 있도록 하였다.

**멘탈코칭모델: MENTAL**

| 단계 | 셀프멘탈코칭 질문 |
|---|---|
| Measuring<br>상황파악 | • 현재 당신에게 어떤 일이 일어나고 있습니까?<br>• 현재 당신의 외적상황과 내적상황은 어떠합니까?<br>• 이 상황을 점수로 표현한다면 10점 만점에 몇 점입니까? |
| Encouraging<br>동기부여 | • 이 상황을 개선하기 위한 당신의 강점은 무엇인가요?<br>• 이 상황을 유지하기 위한 당신의 강점은 무엇인가요?<br>• 어떤 강점을 발휘하면 지금의 상황을 개선할 수 있을까요? |
| Needs exploring<br>니즈탐색 | • 당신의 삶에서 진정으로 이루고 싶은 것은 무엇인가요?<br>• 훈련(경기)에서 이루고 싶은 장기목표는 무엇인가요?<br>• 그것이 이루어진 것은 당신에게 어떤 의미가 있나요? |
| Targeting<br>목표설정 | • 그것을 달성하기 위한 단기목표는 무엇인가요?<br>• 그 목표가 잘 진행되기 위한 중간 목표는 무엇인가요?<br>• 목표를 이루기 위한 구체적인 계획은 무엇인가요? |
| Acting<br>실행 | • 어떻게 하면 실행력을 높일 수 있을까요?<br>• 예상되는 장애물은 무엇인가요? 누구의 도움이 필요한가요?<br>• 과거의 성공경험은 어떤 것이 있나요? |
| Learning<br>배움 | • 오늘 대화가 당신에게는 어떤 도움이 되었나요?<br>• 새롭게 알아차린 것이 있다면 무엇인가요?<br>• 그것을 어떻게 적용하고 싶은가요? |

출처: 스포츠 지도자 멘탈코칭모델(MENTAL) 및 멘탈코칭프로그램 개발 이영실, 이경화(2020), p150.

### 3. 멘탈코치가 알려주는 멘탈코칭 Tip 3

#### Tip 1 안전한 공간을 만들어라!

멘탈코치는 '자, 지금부터 대화를 시작해 보자', '선수로부터 여러 가지 생각과 사고를 끌어내 보자'라는 의욕을 내려놓는다. 처음에는 멘탈코치도 선수도 서로 긴장하고 있고, 선수는 멘탈코치에게 무엇이든 말해도 괜찮을지 불안한 마음이 있을 것이다. 그러므로 우선은 멘탈코치와 선수 사이에 안전한 공간을 만들어야 한다. 이는 물리적인 공간뿐 아니라, 심리적인 공간도 포함한다. 멘탈코치와 선수는 서로 친해지기 위해서 소통하는 게 아니라, 선수가 코칭을 받는 동안 안전하고 편안함을 느낄 수 있도록 소통해야 한다는 것을 기억해야 한다.

#### Tip 2 아무튼 들어라!

나는 정말 듣고 있는가?

코칭의 대부분은 '듣기'에 달려 있다. 그래서 코칭을 배운다는 것은 듣기 능력을 높이게 하는 것이라고 말해도 좋을 정도이다. 멘탈코치가 듣기 능력을 높이면 선수 자신도 알아차리지 못했던 가능성을 발견할 수 있다. 선수의 대부분은 멘탈코칭을 받은 소감에 대해서 다음과 같이 말한다. '잘 들어주셔서 감사합니다', '코치님이 잘 들어주셔서 생각이 정리되었어요.'라고.

멘탈코치는 선수가 말하는 것을 그저 '귀 기울여 듣는다.'라는 자세를 가져야 한다. 충고할 필요도 조언할 필요도 없다. 그리고, 선수를 진심으로 신뢰하고 이해하는 것, 선수를 존중하는 것이 무엇보다 중요하다.

Tip 3 원인이 아닌 목적이다!

'목적론'은 '어떻게 되고 싶은가?', '또 어떻게 하고 싶은가?'를 찾는 것이다. 멘탈코칭은 선수가 원하는 모습으로 자신의 의식을 전환시키고 스스로 자신감과 용기, 도전하고 싶은 마음이 들도록 하는 것이다. '왜 그렇게 되었는가?', '원인이 무엇이었나?'라는 부정적인 부분을 발견해서 고치는 것이 아니라, 긍정적인 부분을 찾아내어 '할 수 있다'라는 자기효능감을 갖도록 하는 것이다.

## 4. 에필로그

스포츠 선수를 대상으로 멘탈코칭을 하고 있다고 하면, 스포츠 선수 출신인지, 체육을 전공했는지, 잘하는 운동 종목이 있는지에 대해서 질문을 받게 되는 경우가 있다. 멘탈코치는 선수보다 뛰어난 지식이나 기술이 필요한 것은 아니다. 왜냐하면 멘탈코칭은 선수를 가르치는 것이 아니기 때문이다.

질문을 통해서 선수가 가진 지식이나 기술을 탐색하고, 선수가 목표를 달성하기 위해서는 어떤 지식이나 기술을 더 활용해야 할지 그것은 어떻게 하면 잘 발휘할 수 있는지를 구체적으로 이끌어내는 것이 코칭이다.

멘탈코칭은 선수가 자유롭게 생각을 하고, 멘탈코치와 양방향 커뮤니케이션을 하면서 선수 자신의 내면에 있는 아이디어를 찾아내도록 해야 한다. 중요한 것은 선수가 최대한 자유롭게, 무엇이든 생각하도록 하는 것이다. 처음에는 막연하거나 불확실한 이야기를 해도 좋다. '그런 일은,

현실적이 아니네요', '그건 불가능한데요'라는 말을 한다면 상대는 말하고 싶은 생각과 에너지를 잃어버리게 된다. 그것보다는 '더 말해 보세요', '그것에 대해서 더 자세히 말해 보실래요?'라는 식으로 대화를 넓히고 촉진시켜야 한다. 여러 각도에서 많은 것을 말할 수 있도록 질문하는 것이 중요하다.

**듣는다. 오로지 듣는다.**
**거기서부터 시작된다.**

참고문헌


윤영길(2014). 스포츠 중심의 스포츠심리학, 멘탈코칭. **한국스포츠심리학회지**, 23(1), 129-140.

이동철(2018). 장애인 탁구선수를 위한 멘탈코칭프로그램 적용효과. **한국스포츠학회지**, 16(2), 825-835.

이영실, 이경화(2020). 스포츠 지도자 멘탈코칭모델(MENTAL) 및 멘탈코칭프로그램 개발. **평생교육학연구**, 6(42), 139-161.

전재연, 윤영길(2015). 전지훈련 프로그램 방법으로 멘탈코칭의 도입 가능성. **체육과학연구**, 26(4), 996-1008.

허정훈, 박용범(2010). 멘탈코칭을 위한 주니어 골프선수의 심리상담과 훈련 사례 연구. **코칭능력개발지**, 12(4), 127-138.

Clough, P., & Strycharczyk, D. (2012). *Developing mental toughness*. London: Kogan Page.

Gallwey, W. T. (2000). *The inner game of work*. New York, NY: Random House.

Gordon, S., Anthony, D. R., & Gucciardi, D. F. (2017). A case study of strengthsbased coaching of mental toughness in cricket. *International Journal of Sport Psychology*, 48(3), 223-245.

Killy, A. K., van Nieuwerburgh, C., & Clough, P. J. (2017). Coaching to enhance the mental toughness of people learning kickboxing. *International Journal of Evidence Based Coaching and Mentoring*, 15(2), 111.

Nespoli, A. (2013). The application of transactional analysis to sports psychology. *Transactional Analysis Journal*, 43(3), 240-250.

Robazza, C., Bortoli, L., & Gramaccioni, G. (1994). *La preparazione mentale nello sport. Mental training in sport*. Rome, Italy: Ed. Luigi Pozzi.

Sheard, M. (2009). A cross-national analysis of mental toughness and hardiness in elite university rugby league teams. *Percept Mot Skills*. 109(1), 213-223.

高田正義. (2015). U17 ラグビー日本代表選手におけるメンタルコーチング短期介入の効果について. *スポーツパフォーマンス研究*, 7(0), 77-89.

**이영실**

멘탈코칭 컴퍼니의 대표이며 아주대학교 경영대학원, 숭실대학교, 서울사이버대학교 겸임교수로서 코칭심리학, 코칭기본스킬, 창의성과 문제해결 등을 강의하고 있다. 교육학자(Ph.D.)이며 멘탈코치로서 사람들이 좋은 멘탈로 일과 삶에서 균형감을 갖고 자신이 원하는 모습으로 살아가도록 돕는 코칭을 하고 있다. 2018년 평창동계올림픽 은메달리스트 여자 컬링팀과 2018년 아시안게임 금메달리스트 볼링선수의 멘탈코치로 활동하였다. 현재는 국가대표 및 프로 선수와 지도자를 위한 멘탈코칭 프로그램을 연구하고 운영하고 있으며, 선수와 팀을 대상으로 1:1 코칭과 그룹코칭을 하고 있다. 국제코치연맹(ICF)이 인증하는 전문코치(PCC)이며 한국코치협회 전문코치(KPC)이다. 저서로는 『프로멘탈』, 『오늘이 미래다』, 『미래에게 묻고 삶으로 답하다』, 『읽기코칭을 배우면 공부가 달라진다』 등이 있다.

이메일: inoleeys@naver.com

# 자기 중심을 찾아가는 여성 팀장의 워크-라이프 밸런스 코칭

최해연

이 글은 육아와 일을 병행하며 유능감을 잃고 무기력을 느끼기 시작하는 한 팀장의 코칭 사례이다. 본 사례는 워크-라이프 밸런스와 관련된 주제이기도 하지만, 다양한 역할 속에서 소진되어 가끔 마음의 중심을 잃는 우리 모두의 이야기이기도 하다.

## 1. 세션 1 - 관계 속에서 생겨나는 작은 움직임

첫 만남은 고객 K(이후 K)의 회사 회의실에서 이루어졌다. 회사에서는 코칭을 위해 자유롭게 공간을 선택할 수 있게 했지만 K는 여유가 없었다. 코칭 시간에 맞추려 급하게 들어오는 K는 피곤해 보였다. K는 회사에서 승승장구해 왔던 유능한 팀장이다. 늦은 나이에 결혼을 하고 팀장 승진을 한 직후 출산을 하였고 지금은 4세가 된 아이가 있다.

코칭에 대한 구조화를 간단히 한 후, 어떤 주제를 다루고 싶은지 물었다. 하고 싶은 이야기가 많은 것 같은데 무슨 이야기를 할지 모르겠다는 말을 시작하였다. 확장된 업무 이야기와 그래도 잘해 나가고 있음을 이야기하였다. 무슨 이야기를 하고 싶은 것일까…… 코치의 마음속에 주제를 명료화하고 싶은 욕구가 들 즈음 K의 미간은 찌푸려졌고 침묵했다. 이야기하기 곤란한 것인지, 어떤 갈등을 느끼는 것인지…… 코치는 K의 긴장감에 집중하고 조율했다. 그리고 부드럽게 진심을 담아 이야기했다.

"사람들은 누구나 자신을 돌아볼 시간과 마음을 터놓을 상대가 필요하지요. 그런데 생각보다 그런 기회가 많지 않은 것 같습니다. 이 시간이 그럴 수 있는 기회가 되고 그 과정에 제가 함께 하도록 허락할 수 있겠습니까?"

K는 마음이 좀 편해지면 좋겠다고 했다. 그녀는 업무로 인한 스트레스를 강도 높게 받고 있었다. 최근 들어 일에 차질이 자주 생기고, 부하직원들에게 알 수 없는 서운함과 화가 느껴지면서 성과에 대한 불안은 K를 떠나지 않았다. 회의실에서도, 집에서도, 꿈에서조차. 언제부터인가 K는 유능감을 느끼지 못하고 있었다. 오늘도 지금까지 자료 한 장을 제대로 못 넘기고 하루가 지나간다. 한계가 지어지는 느낌, 앞으로 해나가야 할 일이 벽처럼 느껴진다고 했다. K는 더 이상 불안함과 조급함을 숨기지 않았고 이는 나에게로 전해져 나의 가슴도 조여 왔다. K는 잘하고 있지 못하다는 불안감과 조급함에 갇혀 있었다. 대화를 나눌 여유나 일상의 즐거움

은 사치였다.

K는 자신을 몰아붙였다. K는 늘 시간에 쫓겼고, 이런 시간과의 싸움은 곧 아이와 남편에 대한 복잡한 감정으로 이어졌다. 시간은 아이와 집안일에 써야 하는 것이었다. 아침에 우는 아이를 억지로 떼어놓고 출근할 때마다 정말 참담한 기분이다. 너무 잘해 주고 싶지만 저녁이면 칭얼거리며 떨어지지 않는 아이가 버겁기만 하였다. 아이를 살뜰히 잘 키우는, 전업 엄마들의 모임에 끼지도 못하고 벌써 무엇인가 놓치고 있는 것이 아닌지 불안하다. 아이에게 미안하지만 또 끊임없이 희생해야 하는 자신의 상황에 숨이 막히곤 한다. 힘들게 일하고 허겁지겁 집에 들어오면 또 하나의 일의 세계가 열린다고 하였다. 남편이 나름대로 육아와 가사를 분담하려 노력한다는 것을 알지만, 남편이 도와준다고 생각하는 것 자체도 짜증이 난다. 때때로 가족 모두가 나의 돌봄을 바라고 있다는 것이 바닥까지 자신을 끌어내리는 것 같다고 하였다. 그렇지만 그러한 남편에 대한 화 아래에는 소원해진 남편과의 관계에 대한 서운함과 불안이 깔려 있었다. 언제까지 이런 삶을 살아야 하나, 하루하루 몸과 마음이 점점 더 지쳐 가는 것 같다고 하였다. 모든 것이 엉망인데 겨우겨우 끌어가고 있다고 했다.

K: 요즘 아이가 부쩍 안 떨어지려고 해요. 엄마가 곁에 없으니까 아이가 불안해지는 것인지 걱정이에요. 아침마다 우는데, 너무 마음이 안 좋아요. 무슨 대단한 일을 한다고…… 그런데 퇴근 후도 다를 것이 없어요. 허겁지겁 아이를 픽업하고 먹이고 좀 챙기고 나면, 정말 기운이 하나도 없어요. 너무 예쁘기

는 한데, 너무 끝도 없이 놀아 달라고 해요. 그러다 가끔은 아이를 야단치고 있어요. 그 순간을 못 참아…… 별 잘못도 아닌데…… 자는 아이를 보면 죄책감이 들어요. 아이는 내가 모르는 사이에 자라고 있고 집안은 제대로 되고 있는 게 아무것도 없는 것 같아요. 이런 내 모습에 실망스러워요. 무엇하나 제대로 하지 못하는 제 모습.

코치: 이것도 해야 하고 저것도 해야 하고…… 하나도 어려운 일 세 개를 한꺼번에 하려니 당연히 힘들 수밖에, 마음만큼 완벽하기는 어렵지요.

K: 오늘처럼 아이가 아픈데도 두고 오는 날이면, 그리고 일도 제대로 못하면, 내가 이러려고 아이를 울리나…… 스스로를 더 몰아가는 것 같아요.

코치: 아이가 엄마를 많이 찾을 때라 더 힘이 드네요. 잘하려고 애를 써도 오늘처럼 엉망인 같은 느낌이 들 때가 있지요.

K: (침묵) 당연히 힘든 것이 아니라 당연히 잘해야 하는 것이라고만 생각하는 것 같아요. 말을 하다 보니 제가 오늘 유난히 스트레스를 많이 받았다는 것이 느껴지네요. 스트레스를 받으니 상황이 더 나쁘게 보인 것 같아요.

(중략)

코치: 지금의 아이가 있는 삶, 가정을 꾸리고 자신의 일을 하는 삶은

K님에게 어떤 의미인가요?

K: 간절한 소망이었지요. (눈물이 글썽거림) 결혼도, 아이도 쉽지 않았어요. 일만 하다 30대를 훌쩍 넘기고 누군가를 만나는 것이 어려웠어요. 그러다 남편을 만났어요. 말도 잘 통하고 좋은 사람이에요. 결혼하고도 아이가 금방 생기지는 않았어요. 정말 간절히 바랐지요. 지금의 아이, 남편……

코치: 지금이 간절히 바랐던 미래였네요.

K: 맞아요. 맞는데…… 너무 힘들어요. 이건 꿈꾸던 장면이 아니에요. (같이 웃음)

코치: 그래요, 어쩌면 우리 모두 미리 생각해 보지 못한 채 현실에 부딪혀 당황하는 것 같습니다…… 한번 이런 생각을 해 볼까요? 나는 아이와 남편, 일, 너무 소중한데 지금은 엉망인 것 같아 불안해요. 그런데 상황이 갑자기 바뀌었고 내가 마음이 편해요. 한번 생생히 떠올려 보세요…… 무엇이 달라져 있나요? 어떤 모습이 보이시나요?

K: 모든 것에 여유가 있는 것 같아요. 일을 쫓기듯이 하지 않고, 아이와도 느긋하게 즐겁게 놀아 주고…… 아이도 행복하고 저도 행복하네요.

Session 1 process review

첫 코칭 세션에서는 고객과 고객의 핵심 이슈를 전반적으로 이해하는 데 집중한다. 이 과정의 목적은 단순히 문제를 파악하는 데 있지 않다. 특히 K처럼 스트레스 수준이 높고 복합적인 감정 상태에 처한 경우라면, 고객의 전반적 상태 및 문제가 되는 상황에서 느끼는 감정과 그러한 느낌을 만들어내는 생각, 그리고 관련된 행동을 매우 면밀하게 듣는다. 이 과정은 단순히 변화를 필요로 하는 코칭 이슈를 탐색하는 것이 아니다. 주제를 이해해 가는 과정에서 고객이 어떤 삶을 살고 있는지, 자신의 삶을 어떻게 느끼고 있는지, 무엇을 중시하며 무엇을 원하는지, 그 감정의 섬세한 강도와 톤은 무엇인지 공감하고 파악하려 한다. 무엇보다 코칭을 받고자 하는 이유가 무엇인지를 섬세하게 이해하려고 한다.

중요한 것은 고객의 느낌과 생각에 주의를 기울이며 고객 스스로 자신의 내면을 찬찬히 표현할 수 있도록 기다리는 것이다. 이런 이해의 과정은 문제를 이해하는 것 외에도 두 가지 기능을 한다. 첫째, 자신의 느낌과 생각에 코치가 호기심과 공감으로 경청할 때, 고객은 어려움에 압도되기보다 스스로 진정하며 의식적인 탐색을 시작한다. 둘째, 고객은 자신의 경험을 이야기하면서 동시에 관찰한다. 자신이 얼마큼 스트레스를 느꼈는지, 무슨 생각을 하고 있는지, 그리고 무엇을 원하거나 좌절하는지 내면의 감정과 생각을 자각하기 시작한다. 문제와 관련된 과도한 반응, 습관적인 생각에서 약간의 거리를 갖게 되고, 보다 의식적인 관찰을 시작한다. 우리 모두 현실의 어려움에 매몰되거나 감정에 압도되면 시야가 좁아진다. 이러한 상태에서 코치의 조율과 공감으로 약간의 변화가 생기면, 고객에게는 새로운 관점이 생겨나기 시작한다. 고객은 무엇이 잘 안 되고 있다는 좌절감뿐 아니라 내가 어디에 있고 무엇을 원하는지에 주의하며 움직이기 시작했다. 무엇보다 자신을 어렵게 만드는 문제와 외부사건에서부터, 그러한 고군분투 이면에 자신이 원하는 것이 무엇인지에 주의를 돌릴 수 있게 된다. K는 다음 세션까지 자신이 긴장을 느낄 때 가만히 자신의 마음과 행동을 관찰해 보기로 하였다.

### 2. 세션 2 - 조금씩 확장되는 관점

두 번째 세션에 만난 K는 활력이 있어 보였다. '무엇이 달라졌는가?'라는 코치의 질문에 K는, 지난 세션 후에 다르게 느껴지는 것들이 있다고 하였다. 늘 쫓기듯 서두르고 완벽하지 못했는데, 그것이 잘못한 것이 아니고 그냥 애쓰는 것이라는 말이 위로가 되었다고 하였다. 단지 위로만이 아니라 자신의 상황을 다시 바라보는 계기가 되었다고 하였다. 모든 것을 당연히 잘해야 한다고 늘 부담감을 느꼈고, 요구받고 비난당하는 것처럼 느끼고 있다는 것을 깨달았다고 하였다. 아이에게도, 직장에서도, 유치원 선생님께도 늘 미안해하며, 무엇이라도 조금 잘못되면 자신도 모르게 스트레스를 심하게 받는다는 것을 알아차렸다고 했다. 일도 잘하고 육아도 잘하고 있다는 것을 누군가에게 보여 주고 인정받고자 하는 자신을 발견하였다고 하였다. 늘 잘 해내야만 한다는 부담 때문에, 자신의 쩔쩔매거나 피곤한 모습을 부끄럽게 생각한다는 것과, 이런 느낌이 자신이 무능하다는 생각으로 연결된다는 것을 알아차렸다. 삶이 엉망진창이 된 것이 아니라, 엉망진창이라고 푸념하고 있는 자신을 보았다고 하였다. 무엇 때문인지는 모르겠지만 자신이 힘든 것을 조금 더 부드럽게 받아들이게 되었다고 하였다. 무엇보다 아이를 키우는 것도, 회사에서 일을 하는 것도 어쩔 수 없이 해야 하는 것이 아니라, 내가 하고 싶어 선택한 것임을 다시 떠올리게 되었고, 자신의 선택을 감당하는 중이라 하였다.

K: 그래서 안 되는 것은 안 되는 것으로 받아들이기로 마음먹었어요. 뭐 하나는 대충 해야 하지 않나…… 빨래를 각 맞추어 정리되지 않아도 사는 데 지장 없지 않나? 나, 일하고 애도 키우는데, 베란다 어질러지면 어떤가? 아이 먹이는 것과 아이와 노는 것은 열심히, 청소는 대충. 할 수 있는 범위 내에서, 할 수 있는 것을 하자. 중요한 것 하나만 잘하자. 요즘은 중요한 것을 정하여 집중하고 다른 부분은 대충이라도 하자고 되뇌고 있어요.

코치: 다 잘하려고 하지 말자…… 중요한 것에 집중하자…… 아이를 보살피는 것이 가장 중요하다!

K: 사실 여유가 있을 때는 아이가 너무 예뻐요. 가끔은 아이랑 놀면 오히려 제가 재미있기도 해요. 언제부턴가 제가 너무 녹초가 되어 있으니까 아이가 놀자고 하면 건성으로 대하고, 책 읽어 준다고 하고 제가 먼저 잠들거나 핸드폰 보고…… 그러면 아이는 더 칭얼대고 들러붙고…… 아이에게 짜증이 나면 또 아이에게 미안하고 그랬던 것 같아요.

코치: 너무 지쳐서 소중한 순간도 즐기지 못했네요.…… 원래는 아이와 보내는 시간을 즐기시는군요. 다만 엄마가 여유와 체력이 필요하네요.

K: 말하다 보니, 시간도 시간이지만 체력이 근본적인 문제인 것

같아요. 일할 시간을 확보하려면 잠을 줄일 수 밖에 없어요. 항상 체력이 바닥이에요. 예전에는 운동하면서 스트레스를 풀었는데, 지금은 운동하려면 가는 데, 오는 데 2시간을 빼야 하는데…… 어림없어요. 아침에 못 일어날까봐 알람을 10분 간격으로 6번을 맞춰 두어도 겨우 일어나요.

코치: 불안하니 더 잘 쉬지를 못하네요.

K: 불안하지 않다면 피곤도 덜하겠죠.

코치: 알람은 불안해서 여러 개를 맞추어 두는 것이네요. 그런데 여러 번의 알람을 맞추어도 결국 마지막에 일어나는 것이고요. 아침 시간 30분을 알람 소리 때문에 푹 자지 못하는 상황이네요.

K: 그러게요. 결국 마지막에 일어나는데 말이죠. 음…… 알람은 한 번만 맞추어야겠어요. 잠을 조금이라도 더 자면 피곤하다는 생각도 덜 하고 아이하고 몸으로 놀아 주는 것도 할 수 있을 것 같아요.

코치: 아이와 몸으로 노는 것이 운동이 되겠군요.

K: 맞아요. 전에 유튜브에서 아이와 함께 하는 체조를 본 적도 있었는데, 그냥 보고만 지났어요. 한번 해 봐야겠어요.

Session 2 process review

K는 아이와 놀이를 희생적인 육아의 일부로 생각하기보다 자신을 위한 운동으로 생각하기 시작하였다. 아이와의 놀이를 자신을 위한 운동으로

생각하면서 부담감과 희생한다는 생각에서 벗어날 수 있었다. 아이와 둘만의 시간에 집중하면서, 아빠의 역할로만 미루었던 아이와 몸으로 노는 방법을 익혀 갔다. 부담감에서 벗어나자, 같이 있지 못한 시간에 대한 미안함보다 함께 하는 순간의 즐거움을 더 느낄 수 있게 되었다. 혼자였다면 작심삼일이 되었을 저녁 운동이 오히려 아이와 함께 하니 꾸준히 하게 되는 장점까지 있었다. 무엇보다 자신의 태도와 역할이 미치는 영향과 중요성을 느끼는 두 주였다. 엄마가 억지로 하는 게 아니라 활기차게 아이와 놀아 주자 아이는 놀라울 정도로 빠르게 안정된 모습을 나타냈다. 엄마가 자신과의 시간을 즐기면 아이는 엄마와의 관계에서 만족감을 느끼게 된다. 약속한 한 시간을 놀고 계속 놀아 달라 칭얼대지도 않았다. 아이가 일방적으로 보살핌을 주어야 하는 대상이 아닌 함께 시간을 나누는 사람으로 느껴지기 시작했다.

K에게는, 자신의 고군분투하는 생활에 대한 해석이 달라지고 있었다. 집과 직장에서 문제가 생길 때마다 죄책감을 느끼거나 누군가를 비판하기보다, 자신의 한계를 보다 이해하고 수용하는 모습을 나타내었다. 이러한 자신의 경험을 받아들이는 방식의 변화에는 두 가지 촉진 요소가 있다. 첫째, 자신의 경험을 구체적으로 이야기하며 다른 시각에서 그 경험을 해석할 기회를 갖게 된다. 지금까지 고려하지 못했던 면을 생각하기도 한다. 있는 그대로의 사실과 자신의 판단을 분리하고, 보다 정확하고 수용적인 해석을 하게 되기도 한다. 또한 코치의 비판단적이고 존중하는 태도는 고객이 자신의 경험을 존중하며 합리적으로 받아들이게 하는 본보기가 되기도 한다. 특히 불안과 같은 부정적 경험 상태에서 우리는 사실

을 보다 협소한 방식으로 바라보고 부정적으로 해석할 가능성이 있다. 불안의 조절과 긍정성의 증가는, 당면한 문제 해결에 필요한 다양한 해결책과 아이디어를 보다 풍부하고 유연하게 생각하게 한다고 알려져 있다.

### 3. 세션 3 - 소외감에서 공감으로

그러나 K의 마음은 여전히 편하지 않았다. K는 직장에서 예전의 자신감을 회복하고 싶다고 하였다. 한계를 받아들이자고 마음을 달래지만, 경쟁이 치열한 조직에서 팀장 역할을 제대로 해내고 있는지 불안했다. 누구보다 책임감 있고 유능했던 자신이었기에, 이전의 평판과 기억으로 버티고 있지만, 이도 곧 없어질 것만 같았다. 조직원을 관리하고 협업을 촉진해야 하는 업무 비중이 늘고 있는데, 팀의 업무 상황조차 파악하지 못할 때가 종종 있었다. 문제에 대한 보고가 원활하지 않은 상황이 종종 발생하였다. 문제가 심각해지고 나서야 알게 된다. 빨리 해결해야 하니, 집으로 문제를 가져와 씨름하고 있으면 몸도 마음도 힘이 든다. 휴직 이후 감이 떨어진 것 같아, 더 완벽하게 하려고 애를 쓰지만, 성과물에 대한 다른 사람들의 반응도 꺼림칙하다. 성과관리도 문제가 있고 리더로서 자신의 위상에 대한 의구심도 있었다. 가끔 소외감조차 느낀다. 팀원들이 자신은 모르는 이야기를 나누고 있을 때가 많고, 식사 가면서 같이 갈지 묻는 것도 이제는 형식적인 것 같다.

K: 문제를 해결하려면 7시간은 필요한데, 내가 가진 시간은 3시

간밖에 안 돼요. 예전에는 방해받지 않고 집중할 수 있었으니까…… 일이라는 것이 하면 되니, 일이 많으면 저녁에 남아도 되고, 주말에 하면 되었어요. 방해받지 않고 집중해야 아이디어도 나오고 일을 빨리 끝낼 수 있잖아요. 그런데 이게 자꾸 끊기니까 효율이 너무 떨어지는 것이에요.

코치: 집중해서 일을 끝내지 못하는 상황들이 생겨나네요.

K: 절대적으로 시간이 아이에게 들어가야 해요. 일이 맡겨질 때, 당장 할 수 있는 일도 해보고 싶은 일도, 아이 스케줄과 겹치면 못할 때가 많아요. 아이 일은 예측할 수 없는 일이 많아서…… 갑자기 입원이라도 하면 다른 사람 스케줄까지 다 바꿔야 해요. 계획이 안 되니까 기본만 해도 감사하는 상황이죠. 무엇인가 못 해낼 때가 많아졌어요. 유능해지려면 시간이 필요하잖아요. 그런데 지금은 조금 일을 하다 보면 다른 일이 치고 들어오고, 그걸 조금 보고 있으면 누가 찾고, 이런 산만함으로 무엇을 할 수 있을까, 그러다 퇴근 시간이에요. 아이를 기다리게 할 수 없으니까…… 가야 해요. 일이 끝나지 않아도, 회식이 있어도……

코치: 열악한 상황에서도 주어진 일을 해내시는 것이 저에게는 유능해 보이는데요.

K: 실상은 그렇지 않아요. 시간이 부족하니 대충 듣고 확인 못 하는 일이 많아요. 팀 업무의 진척 사항을 꼼꼼하게 보지 못할 때가 많아요. 가급적 혼자 할 수 있는 일을 가져와서 빨리 해요. 애 엄마와 일 못 하겠다는 소리 안 들으려 이 악물고 잠을 줄여

가며 일은 다 했어요.

코치: 이 악물고 해도 구멍이 생기는 것 같아 불안하네요…… 예전에도 절대적으로 시간이 부족하고 완벽하게 상황을 파악하지 못할 때도 있었을 것 같아요. 그때 K님은 어떻게 하셨나요?

K: 그때는 제가 일을 제일 잘 아니까, 어떻게 해야 하는지 아니까 많이 도와주었죠. 회사의 업무 맥락을 잘 이해하고 있으니까 중요한 지점을 잘 짚어 주었죠. 미리미리 챙겨서 여유가 있었어요. 그리고 같이 많이 다녔어요. 팀이 작으니까 같이 밥 먹다가도 회의하고, 안 풀리면 밥 먹으면서 풀고.

코치: 늘 팀이 좋았다고 하신 말이 떠오릅니다. 팀원들과 이야기를 하며 어려움을 풀어 가셨던 것 같네요. 어려움이 파악되면 즉각적으로 도와주기도 하고…… 그 이야기를 하실 때 생기가 느껴집니다.

K: 네…… 같이 일하는 것이 재미있죠. 그런데, 사실 요즘 제가 사람을 가능한 만나지 않으려고 해요. 개인적으로든 일로든. 만나는 것이 다 시간이니까. 주고받으며 일할 여유가 없고 고립된 채로 일하고 있기는 해요.

코치: 시간이 부족해서 소통을 많이 못 하는 팀장님이 팀원에게는 어떻게 느껴질까요?

K: 일을 제대로 안 한다? 자신들에게 관심이 없다? (침묵) 그럴 것 같지는 않아요…… 나름대로 자신들이 알아서 하려고 하지만…… 문제는 생기죠. 문제가 있다고 매번 물어보기 부담되

겠죠. 내가 늘 여유가 없으니까. 밥을 먹자고 하면, 내가 안 된 적도 많고 갑자기 약속을 바꾸는 날도 있죠. 내가 일할 수 있는 시간에 맞추어 자료를 가져와야 하니 준비가 제대로 되지 않은 채 검토하고. 조급하니까 중간 진척 상황에 대해 팀원의 의도를 잘 파악하지 못한 채 지시할 때도 종종 있어요. 어떤 배경에서 작성된 내용인지 차분히 파악하고 잘못 생각하는 부분을 확인하고 방향을 짚어 주면 문제가 커지지 않는데…… 그걸 놓치고 있는 것을 알았는데 또 무시했던 것 같아요.

코치: 팀원들이 중간에 확인받을 기회를 충분히 갖는 것이 필요하고 중요하다는 말씀이네요. 지금 놓치고 있더라도 소통을 통해 확인하고 지원하는 것은 이전부터 팀장님의 강점이기도 하고요.

Session 3 process review

K는 회사에서 일과 관리에 대한 심정을 하나씩 이야기하며 무엇이 자신을 불편하게 하는지 차근차근 생각하게 되었다. 팀원 간의 소통 부재로 인한 불편함을 소외감으로 받아들이고 있다는 것을 깨달았다. 상대가 정말 자신에게 무엇을 필요로 하고 어떤 마음인지 충분히 생각해 보지 못했다. 일에 필요한 대화만 하는 것도 자신에게 버겁다고 정당화하기도 하였다. 팀원들이 자신을 배려하며, 팀장의 도움이 필요할 때도 혼자 해 보려고 한다는 생각이 미치자 K의 마음 속에 소통에 대한 욕구가 다시 차올랐다. 시간에 쫓기며 소통을 소홀히 한 것이 성과에 크게 영향을 미치고 있

다는 것을 명료하게 자각하였다.

문제를 해결하려 할 때 사람들은 자신의 강점을 활용한다. 그리고 우리에게는 이미 자신의 강점으로 문제를 해결한 경험이 있다. K의 성과가 저하된 주요한 이유는 그녀의 강점이 충분히 발휘되지 않았던 것이다. 육아로 인해 시간이 제약된다는 한계와 내면의 불안에 집중하면서, 문제 해결에 필요한 다양한 접근, 그리고 자신이 가진 다양한 자원을 떠올리지 못했다. 상대의 관점과 필요에서 문제를 바라볼 때, 해결점을 다양하게 고려할 수 있다. 코칭은 문제를 둘러싼 다양한 관점을 탐색하고, 자신의 강점을 확인하는 질문을 던지며 고객의 관점이 확장하도록 지원한다.

### 4. 세션 4 - 작은 시도의 소중함

K는 이번 코칭의 목표로 자신을 찾고 싶다고 하였다.

K: 정말 제 시간이 하나도 없어요. 정신없이 집에 오면 또 다른 일의 세계가 열려요. 아이 챙기고 집도 좀 챙겨야 하고…… 주중에 아이와 있지 못했으니까 주말에는 가능한 한 아이를 위해 무엇인가 해 주려고 노력해요. 가끔 시댁도 가고 밀린 집안일도 해야 하고요. 아이, 남편, 가족들 모두 저를 찾죠. 코칭 이후로 많이 편안해졌고, 가족과 일 모두 소중함을 느껴 무력감이 드는 것은 아니지만, 그래도 여전히 제가 없는 것 같아요.

코치: 내가 없다…… 내가 무엇을 원하나, 무엇을 좋아하나 그걸 신

경 쓰지 못하고 살고 있군요

K: 네, 정말 몇 분이라도 혼자 있고 싶은데…… 그럴 수가 없어요. 아이가 너무 소중하지만, 나를 찾는 사람 없이 시간을 보내봤으면 좋겠어요.

코치: 나만의 여유가 간절하지만, 지금은 나만의 시간은 가능하지 않다고 생각하시는군요. 그래서 답답하고요. 만일 아이를 위해 보내지 않아도 마음이 편할 수 있는, 다른 일에 쫓기지 않는 시간이 갑자기 주어진다고 합시다. 어떻게 보내고 싶으세요? 어떤 장면이 떠오르세요? 지금 하지 않는 일 중 무엇을 하게 될 것 같으세요?

K: 글쎄요…… 혼자서 커피숍에 앉아 커피 한잔 마시며 여유를 부리고 싶어요.

코치: 아, 말 그대로 커피 한잔의 여유네요. 그렇게 혼자 커피 한잔을 마시며, 나로서 존재한다는 것을 어떻게 알 수 있을까요? 한번 생생하게 떠올려 볼까요?

K: 누군가 역할을 하지 않는다고 재촉하지도 비난하지도 않아요. 원하는 일을 나를 위해 하는 것이 좋아요. 아이를 위해 가족을 위해 무엇을 하는 것이 보람되지만, 이건 다른 느낌이에요. 나를 위해서 무엇인가를 한다는 그것 자체가 즐거운 것 같아요. 그리고 피곤이 쌓여 가족에게 짜증 내지 않을 수 있을 것 같아요.

코치: 어떤 역할을 하는 것이 아니라 나를 위해서 무엇인가를 한다는 것이 만족스럽네요.

K: 내가 하고 싶은 것에 집중할 수 있어요. 나한테 집중해서 온전히 하고 싶은 것을 할 수 있을 것 같아요. 책도 읽고 생각도 할 수 있을 것 같아요.

Session 4 process review

우리는 가끔 사소한 일이건 정말 어려운 일이건, 안 된다고 미리 선을 긋고 많은 이유들로 벽을 쌓고는, 정말 원하는 것을 떠올리고 실행하기를 멈춘다. 원하는 것을 이루는 것이 가능할 때조차, 장애물과 불편함을 떠올리며 원하는 것을 지레 포기하기도 한다. 코칭은 안 된다는 생각을 넘어서기 위해 질문한다. 코칭은, 실패에 대한 두려움이 만든 자기검열을 잠시 멈추고, 원하는 것을 생각해 보기를 요청한다.

K의 혼자만의 시간을 가지고 싶다는 욕구를 명료화하고 이를 실천할 방안을 만들었다. 원하는 것을 상상하고 어떻게 하면 가능할지를 상상하는 코칭 과정을 통해, K는 30분 일찍 출근하여 회사 앞 커피숍에서 커피 한잔을 마시기로 하였다. K는 빨간 잔에 담긴 카푸치노 사진을 보내왔다. 그런데 이 커피 한 잔의 여유는, 이후 기대 이상의 파급효과를 가져왔다. K는 점차 그 30분을 다양하게 활용하기 시작하였다. 때로는 하루의 일정을 체크하고 오늘의 일을 머릿속에 그렸다. 이는 K가 일을 빠뜨리지 않고 미리미리 챙길 수 있게 하였다. 어제 문제를 일으킨 팀원의 입장을 생각해 볼 시간이 되기도 하였다. 길지 않은 시간이었지만 K는 팀원의 상황과 입장을 이내 이해할 수 있었고, 오늘 언제 그 팀원을 만날지 일정을 확인하고 팀원에게 메시지를 보내었다. 아이를 유치원에 데려다 준 남편에

게도 아침의 수고에 감사의 메시지를 보냈다. 그리고 무엇보다 자신을 위해 아무것도 할 수 없다는, 묶여 있는 듯한 느낌에서 벗어날 수 있었다. 우리의 변화는 때로 작은 것에서 힘을 받기도 한다. K는 자신에게 필요했던 시간을 가지며, 자신의 삶을 거리를 두고 바라보고 더 자유롭게 느끼게 되었다. 자신에 대해 비판을 내려두고 지금 할 수 있는 것들에 집중하였다. 자신을 돌보면서 순간순간 상황에 대한 통제감을 자각하는 것은 유능감을 회복하는 데 중요하였다.

### 5. 코칭의 주요 성과

K는 결혼 및 육아와 함께 달라진 역할과 환경에 직면하고, 회사에서 리더로서 역할이 확대되는 시점에 코칭을 경험하였다. 커리어도 육아도 모든 것이 중요한 시기에, 갑자기 늘어난 역할에 대응하면서 K는 자신의 부족함에 초점을 두고 있었다. 모든 일을 잘 해내지 못하는 자신을 비난하며 위축되는 마음의 상태에서 회복할 여유를 갖지 못했다. 그렇지만 코칭 시간 동안 자신의 현재를 하나하나 돌아보며, 자신의 현 상태와 목표와 강점을 재인식하게 되었다. 유능감을 잃고 힘겹게 견디고 있는 마음을 공감 받고 난 후 지금의 삶이 자신이 간절히 바라던 것이라는 것을 상기하게 되었다. 늘어난 역할에 고군분투하는 자신에 대해, 당연한 것을 제대로 못한다는 비난 대신, 어려운 일을 감당하며 애쓰고 있다는 수용의 시선으로 관점을 전환하게 되었다.

자신의 경험에 공감과 존중을 받으며 자신과 자신의 삶에 대해 보다 현실적이고 유용한 새로운 해석을 해 나갔다. 할 수 있는 것과 할 수 없는 것을 수용하면서, 불안이 줄고 일상을 보다 즐길 수 있게 되었다. 완벽한 양육을 하지 못한다는 죄책감보다 자신도 즐거움을 느낄 수 있는 육아법을 찾으려 노력하였다. 부진한 성과와 리더십에 대한 불안은 원래 유능했던 자신의 모습을 상기하며 해결의 실마리를 찾았다. 소통을 즐기며 문제를 조기에 발견하고 피드백하는 자신의 강점을 상기하고 이것이 현재의 문제를 극복할 자원이 될 수 있음을 발견하였다. 팀원의 관점에서 생각하면서 소외감을 내려놓을 수 있었다. 자기 스스로 부여한 한계 안에 있음을 자각하고, 제한된 현실에서 욕구를 충족할 방법을 찾기 시작하였다. 무엇보다 중요한 것은, 보다 따뜻하고 유연하게 자신의 욕구를 보기 시작했다는 것이다. 코칭을 마무리하며, K는 정말 원한 것을 또렷하게 생각하게 하고, 안 된다고 한계 짓지 않고 그냥 시도해 보도록 자극받은 것이 자신에게 생각지 못한 변화를 가져왔다고 하였다. 자신의 욕구를 부정하지 않고 소통하고 행동하는 것이 중요함을 알게 된 것이 코칭의 성과라고 알려 주었다.

**생각의 변화**

- 제대로 못 하고 무능하다. → 모든 일을 완벽히 하는 것은 어렵다.
- 삶이 잘못된 것 같고 엉망이다. → 여러 역할을 해내느라 내가 지쳐 있다.
- 육아를 해야 하니 운동할 시간이 없다. → 아이와 몸으로 놀면서 운동을 한다.
- 팀원이 불만을 가지고 나를 소외시킨다. → 팀원들이 조심스러워 다

가오지 못한다.

- 요구되는 역할을 하려면 내 욕구를 희생해야 한다. → 한계는 있지만, 내 욕구 역시 충족될 수 있다.

**감정의 변화**

- 불안과 죄책감의 조절
- 육아에서 만족감의 증가
- 직장에서 유대감의 회복
- 유능감과 여유의 점진적 회복

**행동의 변화**

- 알람 횟수를 줄이고 잠을 충분히 잠
- 아이와 함께 하는 체조놀이를 꾸준히 함
- 남편에게 비난이 아닌 요청과 감사를 함
- 출근길에 나만의 커피 타임을 만듦
- 출근 전, 전체적인 업무의 진행과 일정을 상기하고 하루를 시작함
- 팀 업무 진행 상황을 공유하는 정례회의를 통해 중간 점검을 함
- 점심 산책을 하며 팀원과 개인적인 대화를 나눔

**관계의 변화**

- 아이가 보다 안정적으로 되며 아이와 보내는 시간 동안 죄책감보다 기쁨을 많이 느낌

- 팀원들과 소통이 늘어남, sns로 업무보고를 하는 대신 짧은 산책 시간 동안 소통함. 15분만으로도 충분히 필요한 대화를 나눌 수 있다고 함.
- 남편과 대화가 늘어남. 언제라도 어른의 대화를 나눌 수 있는 유일한 사람으로, 아이와 가정을 가능하게 한 파트너로서 감사함을 상기함.

**최해연**

코치(코칭심리사 1급, 한국심리학회)이며 상담전문가(상담심리사 1급, 한국심리학회)이다. 심리학자(Ph.D)로 '정서'가 주요 연구 분야이고 현재 한국상담대학원대학교의 교수로 재직 중이다. 리더십과 정서적 역량을 키우는 코칭이 강점이고, 코칭의 심리학적 기반을 밝히고 교육하는데 헌신하고 있다. 저서 『심리학의 이해』외에 매년 정서와 정서조절, 리더십, 동기와 관련된 다양한 논문을 출간하였다.
이메일: chychy22@empas.com

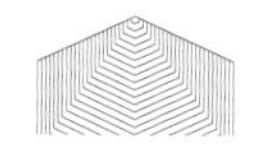

# 3040 직장인 개인리더십 향상 및 조직 팀 성과 향상

한민수

## Intro

2008년 해외 파견 근무를 통해 개인과 조직은 일 중심으로 성과가 달성되는 것이 아니라, 사람 중심으로 임했을 때, 성과도 달성되고 그 이상의 시너지가 일어남을 경험했다. 귀국 후 그동안 일 중심이었던 패턴 및 패러다임을 전환하기 위해서 리더십과 코칭을 훈련하고, 전문코치로 성장하여 코칭 비즈니스를 진행한 지 7년차가 되었다. 그동안 변화와 성장에 목말라하는 30~40대를 중심으로 진행한 코칭 프로그램을 적용한 사례를 소개하고자 한다.

## 1. 코칭 프로그램 사전 설계

코칭이 필요한 고객군인 직장인 및 30~40대의 관심사를 모으기 위해서 자기계발, 리더십, 성장, 변화, 나눔과 기여 등의 키워드로 다양한 네트워크에 알리기 시작했다. 첫 그룹코칭(그룹코칭 5회, 일대일 코칭 2회) 프로그램에 3040 직장인 남녀 8명이 신청했다.

그룹코칭 5회는 5주간 진행하는 것으로 설계하고 1회에 2시간 30분 진행했다. 그룹코칭의 세션은 크게 반구조화해서 '행복 · 목적의식 · 성실성 · 영성 · 통합'으로 구성하고, 5주 기간 내에 일대일 코칭을 신청 받아 병행하는 것으로 진행하였다.

## 2. 첫 그룹코칭 '행복' 세션이 시작되다

코칭은 공간에 대한 이해와 개념, 적용이 필수적이다. 그렇기에 필자는 신촌의 어느 한적한 카페를 섭외해서 매주 저녁 7~10시까지 진행하였다. 첫 세션을 위해 그 카페에 방문했을 때, 온화한 카페 분위기는 그룹코칭 참가자들을 한 순간에 따스한 마음으로 바꾸어 놓았다.

코칭 프로그램 사전 설계 및 고객의 요구조사에 이어 실제 그룹코칭 세션이 진행되었을 때, 참가자가 코칭에서 진정으로 원하는 것을 찾아가는 코칭을 진행하였다. 그 진행의 대략적인 내용은 아래와 같다.

**What**

① 당신의 신체는 무엇에 반응하는가?

② 당신이 스트레스 받고 있는 것은 무엇인가?

**Who**

③ 당신에게 있어서 정신을 일깨우기는 얼마나 중요한가?

④ 당신은 정말 누구를 위해서 성실하게 일하는가?

**Why**

⑤ 당신은 왜 이 자리(그룹코칭 세션)에 배우고자 왔는가?

⑥ 당신의 삶의 방향은 어디로 향하고 있는가?

⑦ 당신의 삶의 목적은 무엇인가?

위와 같은 질문으로 그룹 및 개인에게 오프닝 코칭을 진행 후 '코칭윤리 안내 및 합의서'를 작성하여 참가자 모두 코칭세션의 비밀유지를 서약하였다. 오프닝 코칭 및 합의서 서약 후 참가자 모두 라포(친밀감 및 공동체 의식)가 자연스럽게 형성되었다. 좀더 깊이 있는 코칭 대화를 위해서 '충만한 삶을 위한 만족도'를 체크하였다. 이 항목에는 규칙적인 생활, 건강한 식습관, 공동체 친밀감, 건강한 감정 표현, 배우려는 열정, 비전 성취감, 건강한 영성, 충분히 즐기는 삶 8가지 테마로 구성되었다.

클로징 코칭에서는 첫 번째 그룹코칭 세션에서 어떤 것을 새롭게 인식하게 되었는지, 무엇을 소중히 여기게 되었는지, 마지막으로 존중해야 할 것은 무엇인지를 생각하고 공유하며 두 번째 그룹코칭 세션 때 다시 만나기로 하였다.

**'충만한 삶을 위한 만족도' 체크리스트(10점 만점, 주관적 평가)**

① 당신은 규칙적인 생활에 얼마나 만족하나요?
② 당신은 건강한 식습관에 얼마나 만족하나요?
③ 당신은 커뮤니티 친밀감에 얼마나 만족하나요?
④ 당신은 건강한 감정표현을 얼마나 잘하나요?
⑤ 당신은 배우려는 열정이 어느 정도인가요?
⑥ 당신은 목표, 비전 등 성취감이 어느 정도인가요?
⑦ 당신은 건강한 영성, 정신을 얼마나 발휘하나요?
⑧ 당신은 충분히 즐기는 삶을 얼마나 누리나요?

### 3. 코칭도구 활용

그룹코칭(총 5회기) 때 참가자 리얼 이슈(real-issue)에 맞추어 사용한 코칭 도구 선정은 그룹코칭 1회기 후 90% 이상 확정하고, 매 세션마다 참가자의 이슈와 연결하여 사용하였다.

- 스트레스 관련 이슈가 있었기에 스트레스 리듀스 볼과 감정카드를 사용하였다.
- 삶의 방향에 대한 목적의식이 흐릿했기 때문에 구체적으로 보여 주는 그림카드, 이미지카드 등을 사용하였다.

- 참가자 대부분이 직장 및 비즈니스 상황에서 소진되어 있었기에 격려 및 용기를 주기 위해서 자아선언문 카드를 활용하였다.
- 향후 구체적인 비전을 설계하기를 원했기에 비전선언문 작성을 통해서 구체적으로 선언하게 하였다.
- 오랜 직장생활로 스스로를 새롭게 인지해야 할 필요성이 있었기에 강점카드, 강점 발견하기, 버츄카드 등을 활용하였다.
- 성실함과 성실성에 대한 의식확대를 전개하기 위해서 관짐전환 코칭을 진행하였다.
- 참가자들에게 맞춤형 'Coaching for Vision Leaders' 코칭 교재를 개발하여 제공하였다.

### 4. 두 번째 '목적의식' 세션

첫 번째 세션은 여러가지 준비할 게 많아서 거의 시간에 딱 맞춰 코칭 장소에 도착했으나, 이번에는 여유 있게 도착했다. 참가자들 역시 벌써 도착해 있는 분들이 계셨다. 첫 번째 그룹코칭으로 라포가 잘 형성되고 기대하는 마음으로 참여하고 있음을 알 수 있었다.

두 번째 그룹코칭 세션의 큰 주제는 "Purpose", 즉 '삶의 목적'이다. 우리가 직장에서나 가정에서나 한 인간의 존재로 살아가는 데 있어서 필수적인 요소이다. 삶의 목적은 내가 살아가는 이유를 조명해 주고, 내 삶에 에너지를 부여해 준다. 그러므로 삶의 목적은 삶의 활력소가 되어 가정과 조직에서 주도적이며 진취적으로 행동하게 한다.

이 세션에서는 솔라리움(그림) 카드를 활용하였다.

- 당신의 삶을 보다 가치 있게 보여 주는 카드는 무엇인가?
- 당신의 인생에 있어서 보다 중요한 것은 무엇인가?
- 당신을 보다 가치 있게 하는 것은 무엇인가?

위 질문을 통해서 참가자들의 삶의 가치관을 발견하였고, 긍정자원을 주변 사람 다섯 명 이상 떠올리게 하고 그 사람을 통해서 경험하게 된 가치관을 정리하여 핵심가치를 확정했다. 핵심가치는 세 가지로 정리하고, 그룹코칭 및 롤 플레이를 통해서 핵심가치 정의 문장을 작성하게 하였다. 핵심가치 및 정의가 수립되면 그 기준에 따라서 핵심목표를 수립하게 하였다. 작성된 내용은 그룹코칭 참가자와 공유하고, 한 주간 동안 직장과 삶의 현장에서 적용하게 하고 세 번째 그룹코칭에서 리뷰하게 하였다.

### 5. 세 번째 '성실성' 세션

이제 아주 중요한 고지에 도달했다. 세 번째 키워드는 'Integrity'이다. 이 단어는 한국어로 번역하면, 긍정성, 온전성, 성실성, 진정성 등으로 표현된다. 세 번째 그룹세션에서의 주요 코칭 질문은 아래와 같다.

① 자신의 행동이 인생의 목적과 어떻게 연결되고 있는가?
② 당신은 지금 자신에게 성실한 삶을 살고 있는가?
③ 만약 자신에게 성실하지 못한 삶을 살고 있다면 왜 그런가?

④ 당신은 어느 정도의 성실성*의 수준이 필요한가?

(*성실성은 도덕에 관한 것이 아니라 자기 인생의 목적에 적합한 수준을 말한다.)

⑤ 지난 5년간 당신의 성실성 수준은 어떻게 변했는가?

⑥ 만약 성실성이 부족하면 무엇이 나타나는가?

⑦ 만약 성실성이 충분하면 무엇이 나타나는가?

위와 같은 질문을 통해서 자신에게 있어서 성실하지 못한 것과 성실한 것을 살펴보고 행동방안, 해결방안을 찾고 실행하게 했다.

클로징 세션에서는 무엇을 배웠는지, 무엇을 느꼈는지, 앞으로 무엇을 실천할 것인지에 대해서 리뷰하였다.

## 6. 네 번째 '영성, 정신 일깨우기' 세션

네 번째 세션의 키워드는 'Spirit(영성, 정신)'이다. 아무리 삶의 목적의식을 가지고 성실성(Integrity) 있게 나아가려고 해도 멘탈(Mental)이 무너지거나, 의식이 일깨워져 있지 않으면 도루묵이 되는 경우가 허다하다. 그렇기에 우리의 정신을 일깨우기 위한 가장 쉬운 방법으로 '땡스 THANKS 코칭' 방법을 사용하였다. 땡스 코칭은 내가 얼마나 감사한 사람인지, 내가 얼마나 복된 사람인지, 내가 얼마나 위대한 사람인지를 발견하고 인정하며 멘탈을 강화하는 세션으로 100개의 땡스 코칭 문장으로 구성되어 있다. 예를 들면, "나는 지혜로운 사람이다. 나는 자신감이 크다.

나는 멋진 사람이다. 나는 아름다운 사람이다. 나는 매력적인 사람이다. 나는 영혼이 맑은 사람이다. 나는 긍정적인 사람이다." 등으로 구성되어 있다. 그리고 로버트 딜츠(Robert Dilts)의 신경논리적 단계에 따라서 각자 처한 환경을 새롭게 조명할 수 있도록 코칭하였다.

| | |
|---|---|
| Spiritual | 당신은 그러한 존재로 어떤 영성을 발휘하나요? |
| Identity | 그러한 가치관을 가진 당신은 누구인가요? |
| My Value | 그 믿음을 가진 당신의 가치관은 무엇인가요? |
| My Belief | 그 능력을 가진 당신의 믿음은 무엇인가요? |
| My Capability | 하고 있는 행동 가운데 당신은 어떤 능력을 가졌나요? |
| What I Do or have Done | 그 환경 가운데 당신이 하고 있는 것은 무엇인가요? |
| My Environment | 현재 당신의 환경은 어떤가요? |

로버트 딜츠의 신경논리적 단계(*재구성: 한민수) / arranged by Han Minsoo

위 내용으로 그룹 및 개인 코칭한 내용은 "사명선언문"으로 작성되었고, 참가자 모두가 한 명 한 명씩 선포하며 축하하는 자리를 가졌다.

### 7. 다섯 번째 '통합' 세션

마지막 그룹코칭 시간은 세션 1~4를 통합하여 실행전략을 수립할 수 있도록 해서 코칭이 종료되어도 직장과 개인의 삶에 적용되도록 코칭하였다.

세션 1~4를 종합 정리한 '사명선언문'을 재정비하고, 현 시점에서 코칭 고객(참가자)들이 가지고 있는 퍼스널 토픽(Personal Topic, 개인 주제)을 선정하게 하였다.

그룹코칭 내에서 퍼스널 코칭(Personal Coaching, 개인코칭 - 일대일코칭)을 진행하기 위해서 참가자들 순서를 정하고, 순번이 정해지면 나머지 참가자는 참관함으로 다양한 퍼스널 토픽을 간접 경험하며 재구성하게 하였다.

퍼스널 코칭은 코칭 고객의 현재 핵심이슈를 파악하고 그 이슈와 주제에 대한 현재 생각을 표현하게 하였다. 그리고 정반대 방향에 있는 정말 원하는 모습은 어떤 모습인지 살펴보게 한 후에 다양한 관점을 불러일으키기 위해서 관점 전환 코칭을 전개하였다. 예를 들면 지금까지 참가한 그룹코칭에서 작성한 사명선언문은 고객님에게 어떤 의미인가요? 그것을 이미지로 표현한다면 어떤 모습인가요? 자신이 가장 소중하게 생각하는 물건은 무엇인가요? 그 물건이 당신에게 조언을 한다면 뭐라고 하나요? 지금 이 순간에 떠오르는 한 사람은 누구인가요? 그분께서 당신에게 말하고 있는 것은? 혹은 그분께 당신이 말하고 싶은 것은? 지금까지 가장 최고의 성과의 경험은 무엇인가요? 그 경험의 관점으로 보았을 때, 현재 이슈에 대한 해결점은 무엇인가요? 카페 밖으로 지나가고 있는 차들 혹은 사람들은 무엇을 이야기하고 있나요?

이렇게 일상적인 질문과 강력한 질문을 통해서 가장 동기부여되고 공명되는 관점을 선택해서 실제로 액션할 수 있는 전략을 수립하게 하였다. 그 코칭 고객이 할 수 있는 것은 무엇이며, 할 수 없는 것은 무엇인지, 그리고 마음가짐으로 굳게 다짐해야 할 것은 무엇이며, 버려야 할 생각은 무엇인지를 나열하게 해서 그 중에 가장 강력한 전략을 실행하게 하는 것이다.

이렇게 해서 5주간의 그룹코칭 세션이 완료되고, 코칭 고객 참가자의 개인 니즈(NEEDs)에 따라 일대일 코칭을 병행해서 (1) 스트레스 해소 (2) 가치관 발견 (3) 목적의식 향상 (4) 사명선언문 재정비 (5) 전략적 관점을 실행할 수 있도록 팔로업(Follow-up)하였다.

**코칭프로그램 프로세스 정리**

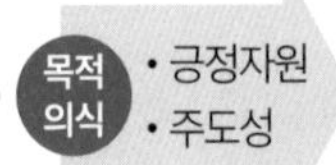

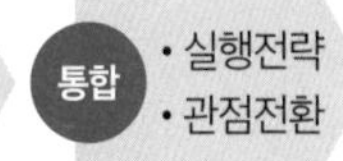


| 세션 주제 | Ⅰ. 행복 | Ⅱ. 목적의식 | Ⅲ. 성실성 | Ⅳ. 영성 | Ⅴ. 통합 |
|---|---|---|---|---|---|
| **주요 질문** | 1. 당신이 정말 원하는 것은 무엇인가요?<br><br>2. 그것을 통해서 이루고자 하는 것은 무엇인가요? | 3. 당신이 가치있게 생각하는 것은 무엇인가요?<br><br>4. 당신의 인생에서 가장 중요한 것은 무엇인가요? | 5. 당신이 당신의 가치에 부합하게 행동하고 있는 것은 무엇인가요?<br><br>6. 당신의 성실성을 방해하고 있는 것은 무엇인가요? | 7. 당신은 어떤 존재인가요?<br><br>8. 당신은 어떤 환경 가운데 있으며 어떤 변화가능성을 창조하길 원하나요? | 9. 새로운 관점으로 전환할 수 있는 것은 무엇인가요?<br><br>10. 선택한 관점으로 실행하고자 하는 것은 무엇인가요? |
| **주요 도구** | • 스트레스 리듀스 볼<br>• 감정카드 | • 이미지카드<br>• 버츄카드 | • 자아선언문 카드 | • 신경논리적 단계 코칭<br>• 감사 문장 | • 사명선언문 작성<br>• 실행전략수립 |

## 8. 코칭 성과 및 고객의 후기

### (1) 코칭 성과

- 그룹코칭에 참여한 분들은 모두 사명선언문을 갖게 되었고, 목적의식에 따라 개인과 직장, 개인과 가정의 삶을 지금도 이어 가고 있다.
- 그룹코칭 이후 지속적인 코칭 관계를 유지하였고 한 고객은 기업 임원으로 승진했다.
- 다른 분은 한 기관의 대표로 스카우트되었다.
- 그리고 팀장으로 승진하신 분, 직장근무 중 좋은 인연을 만나서 가정을 이루신 분, 오랜 숙원이었던 이직에 성공한 분 등이 있었고, 특히 어떤 분은 가정과 직장에 여러 어려움을 코칭 패러다임과 사명선언문이라는 목적의식을 중심에 두고 당당히 극복해 나가기도 했다.

### (2) 그룹코칭 및 개인코칭으로 개인리더십 향상 사례 코칭 고객 인터뷰

- 스트레스 관리, 욕구 발견 등에 도움이 되었다.
- 내 안에 있는 질서를 바로잡고 비전을 향해 가도록 코칭 받았다!
- 매일 새로운 질문을 접하면서 나에 대해 매일 깨닫고 반성하고 성장하기 위해 노력하게 되었다.
- 안정적 심리 상태의 중요성을 알고 코로나19 시대에 자기성찰(자기인식)하며 생활할 수 있었다.
- 내 마음챙김이 커져 감을 느꼈고 그러다 보니, 리더의 진정성 있는 모습을 보여줄 수 있었고, '그럴 수도 있지'라는 역지사지를 키우며, 직

원의 관점과 마음을 알고 지원해야 할 점을 자세히 보려고 하는 섬세함이 생기게 되었다.

- 인생의 도전과 문제에 대해 좀 더 다양한 삶의 선택지를 생각할 수 있었다.
- 상대의 강점을 발견하려는 노력을 기울이게 되었다.
- 코치로서 고객이 충분히 생각할 수 있도록 기다려주는 스페이스를 갖는 측면이 인상 깊었다.
- 스스로를 대하는 모습에 대한 변화가 있었으며, 함께 일하는 동료들을 바라보는 눈이 달라지게 되었다.
- 코칭을 크게 세 시기로 나눠 받았으며, 모두 개인리더십의 향상을 통해 당면한 상황에 집중하고 개인역량을 발전적인 일에 활용할 수 있었다. 첫 시기는 2014년도에 내가 속한 조직이 혼재된 리더십과 비전의 부재로 어려움을 겪을 때였다. 그때 나는(코칭 고객) 조직 내에서 중간 관리자 및 조직 전반을 관리하는 역할을 맡고 있었다. 나의 역량은 조직의 발전보다는 프로젝트들이 제대로 진행되고 나를 포함한 조직원들이 번아웃되지 않도록 하는 등 유지를 위한 것에 간신히 집중되어 있었다. 이때 나는 그룹코칭을 받으면서 개인적인 목표와 내적인 힘에 선명하게 집중할 수 있었다. 개인리더십의 향상으로 인해 해야 할 일에 뚜렷이 집중할 수 있었으며 조직이 맡은 프로젝트들이 기한 내에 목표한 성과를 달성할 수 있도록 팀장들을 이끌 수 있었다.

  두 번째 시기는 이직을 준비하던 시기였다. 번아웃 되었고 개인적인 목표가 부재한 상태에서 이직 준비는 미적대던 상황이었다. 당시 나는 수 회 개인코칭을 받았는데, 이때 받은 코칭은 자칫 지지부진해질 수 있던 이직 준비에 긴장감을 주었다. 그 긴장감은 개인리더십의 향상으로 이어졌고, 이직에 대한 적극성과 개인 목표 설정 및 에너지 관리를 통해 이직에 성공할 수 있도록 개인리더십을 발휘할 수 있었다. 세 번째 시기는, 결혼 후 가정문제로 어려움을 겪을 때였다. 구체적으로는 관계의 어려움이었다(나 자신, 부모님, 남편, 자녀 등). 상대를 이해하고 기다리는 것이 힘들고 나 자신과 상대에게 실망하는 일이 반복되었다. 이때 받은 개인 및 그룹코칭은 경청하는 마음가짐, 상대의 입장을 헤아리고 있는 그대로 수용하는 데 도움이 되었다. 수동적으로 받아들이는 것이 아니라, 지금까지도 능동적으로 경청하고 나를 되돌아보며 상대의 입장을 생각하고 수용할 수 있다는 점에서 코칭이 개인리더십을 지속적으로 향상시키는 데 도움이 되었다고 생각한다.

- 이 시기에 코칭을 배우면서 개인 및 그룹코칭을 지속적으로 하게 되었다. 코칭을 받은 이후로, 나는 관계에 경청과 온전한 수용을 적용하였다. 상대가 경청하지 않아 대화가 되지 않더라도, 상대를 탓하거나 내가 가진 프레임으로 해석하지 않고 상대를 수용하면서 메세지를 전달하는 일에 집중했다. 이내 남편과 대화가 되기 시작했다. 경청과 온전한 수용을 적용함으로써, 쉽게 갈등으로 빠져들던 대화 구조 및 프레임에서 벗어나 갈등을 피하고 대화를 이어갈 수 있게 되었다. 부모님과의 관계에도 경청과 온전한 수용을 적용했다. 남편과의 관계에 대한 적용보다도 훨씬 어렵고 시간이 걸렸지만, 코칭을 통해

에너지와 격려를 받은 것이 지속하고 발전할 수 있는 동력이 되었다.

- 코칭을 처음 받은 이후 2년 동안 우리 부부는 경청과 수용을 계속해서 실천하고 있다. 현재 모든 갈등과 문제가 해결된 것은 아니다. 그러나 이혼 말고는 선택지가 없던 우리 부부는 대화의 절벽 상황에서 벗어나 미래를 이야기할 수 있는 상태가 되었다. 상대가 나를 경청하고 수용한다는 신뢰는 서로의 솔직한 내면을 이야기할 수 있게 해주었고, 설령 상대가 수용하지 못할지라도 내가 상대를 수용할 수 있는 힘을 얻었다. 이것은 관계가 발전적인 방향으로 지속되게 해 준다. 또한 이해할 수 없던 부모님들의 행동을 이해하고 부모님을 있는 그대로 수용하고 갈등을 피할 수 있게 되었다. 앞으로 계속해서 해결해 나가야 할 부모님과의 갈등을 풀어갈 수 있을 거라는 힘을, 경청과 수용을 통해 얻고 있다. 실제로 코칭을 통해 배운 것과 적용을 통해 해묵은 갈등이 하나하나 풀어지고 있다.
- 코칭을 받은 후 더 나 자신에 삶에 대해 진정성 있는 나다움 여정을 살아야겠다는 생각이 깊어지고, 그로 인해 나의 미션에 대한 본질적인 질문으로 내가 앞으로 해야 할 일들을 성취하고자 하는 동기부여가 생겼다. 하고자 하는 일들을 긍정적인 태도로 바라보는 태도에서 먼저 나와의 소통이 잘되어야 함을 인지하고 나 자신에 대해 있는 그대로를 인정하고 격려함으로써 자존감 향상이 되어, 일을 할 때도 즐거운 마음으로 주도적으로 행동하고, 그로 인해 열정적 에너지를 주변 분들이 느낄 정도로 함께하면, 동기부여 받고 좋은 에너지를 받는 사람이라고 칭찬해 주는 말을 많이 듣고 있다.

- 다른 관점으로 문제를 바라보게 되었다.
- 개인코칭을 통하여 복잡한 생각이 정리되었고 변화하는 상황 속에서 내가 진정 원하는 것과 선택해야 하는 것을 확실히 알고 집중하게 되었다.
- 스트레스 관리에 대한 부분에 도움을 받았고, 긍정기운을 충전할 수 있었다.
- 혼란스러운 마음에 가지치기를 해서 중심 잡고 앞으로 나아갈 목표를 갖게 합니다!
- 다른 사람의 심리 상태를 이해하고 행동할 수 있었다.
- 바람직한 관계와 소통, 긍정의도 탐구, 나만의 콘텐츠로 블로그 관리를 꾸준히 할 수 있는 내면의 힘이 향상되었다.
- 사람을 진실로 대하는 모습을 보면서 진실된 사람이라는 느낌을 갖게 되었는데, 그런 모습을 통해 나도 상대방에게 진실된 모습으로 기억되기 바라는 마음이 커졌고 그렇게 변화되었다.
- 개인적으로는 무슨 일이든 자신감을 가지고 할 수 있게 되었다.
- 삶의 목적, 방향성이 뚜렷해졌다.

### (3) 그룹코칭 및 개인코칭으로 조직성과 향상 사례, 코칭고객 인터뷰

- 코칭에 참여 후 생각이 명료해지고, 나아갈 방향성과 행동 등 직원과 공감소통을 통해 해당 월목표 100% 이상 달성할 수 있었다.
- 팀워크에 대한 것, 상대에 대한 마음도 헤아려 보게 되었다

  ① 하루목표, 주간목표, 월간목표를 세우는 체계적이고 계획적인 패

턴을 가지게 되었고, ② 인간관계에 스트레스 받지 않고 순수하게 받아들임에 더 성숙한 모습으로 이해하고 포용하는 마음이 생겼고, ③ 자격취득에 대해 준비하는 과정에서 더 많이 배우고 성장하며 성찰할 수 있었으며, ④ 머릿속에서만 구상만 하는 콘텐츠를 계획하고 플랜을 짜고 액션을 준비할 수 있었고, ⑤ 모든 일에 감사한 마음을 가지게 되어 심적인 여유로움을 가지게 되었다.

- 현재 나에게 스트레스가 되는 부분을 카테고리별로 글로 적어 보며 객관화시키는 연습을 통해 스트레스를 다른 시각으로 보는 방법을 알게 되었다.
- 기관장의 리더십 향상: 직원들 개별 면담코칭을 실시하게 되었다(월 1회- 코칭 방법으로 진행).

  - 조직의 운영 원리를 코칭의 가치와 방법으로 정착시키고자 지속하고 있다.

  - 직원들의 개별 역량 및 자율성 향상으로 인한 기관 사업의 성과가 상승했다.

  - 자유로운 분위기에서도 몰입하는 조직 문화를 구축하고 있다.

작년에 맡고 있던 조직에서 회사 내 지원 업무 양이 감소함에 따라 함께 일하는 현장 직원들의 유지와 운영, 육성에 어려움이 발생되기 시작하여 담당 조직의 리더들과 이를 해결하고자 고민을 시작하였다. 조직 내부만의 지원 업무를 외부 업체들로 확장하는 것으로 방향으로 설정. 새로운 수익 창출 방안을 계획하고 추진하게 되었다. 코칭 시간을 통해 어떻게 리더들을 이끌어갈지, 무엇을 추가로 검토해야 할지, 어떻게 피드백을 제공하여 일을 이끌지 등 고민에 대한 답들을 찾아갈 수 있었다.

- 성과를 조급히 내고자 직원들을 압박하게 되면 에너지가 고갈되고 추진력을 상실하게 되고 마음이 떠나게 됨과 조급함으로는 튼튼한 조직 문화를 만들 수 없음을 코칭대화를 통해 리더들 스스로 깨닫게 되는 시간을 가졌다. 그리하여, 새로운 도전을 위한 시범 활동 계획부터 사업까지의 중기계획을 수립하게 되었다. 차근차근 디딤돌을 만들며 일을 추진해 가도록 하여 직원들의 심리적인 안정도 이루게 되었으며 조직의 성과는 어느 특정 개인이 아니라 구성원이 함께, 구성원들을 통해서 만들어 가는 기초를 만들 수 있었다.
- 관리자로서의 개인 코칭(코칭프렌즈 등)을 통해 직원들의 성장을 지원하는 관점과 방법에 대하여 고민하고 실행하게 되었다. 지금도 여전히 직원 개별 코칭을 시도함으로써 직원들 개개인의 업무 및 개인 성장에 도움을 주려고 노력하고 있다. 팀장들 대상으로 한 코칭 교육으로 인해 팀장들도 팀원들의 이야기를 들어주고 격려하는 방향으로 변화하고 있다.
- 사회복지기관에 오랜 시간 근무하면서 함께 했던 동료들에게 슈퍼비전, 업무를 기획하고 추진하는 과정에 '코칭'의 방법을 적용하여 진행하려고 하는 목표를 가지게 되었다.
- 코치와의 만남을 통해 스스로를 돌아보며 성장을 위해 나아가는 데 많은 힘이 되고 있음에 감사한 마음을 전한다. 돌아보면 중간관리자에서 코칭으로 직원들의 변화와 성장을 지원하는 코치형리더로 성장

하는 데 코칭이 있었다. 코칭을 통해 나 자신을 좀 더 들여다보고 생각할 수 있었으며 삶의 목적과 사명, 가치, 참고 지내는 것, 성실성, 각종 도구의 활용 등 또한 나 자신을 이해하고 나의 삶을 살아가는 기초를 다질 수 있었다.

- "코칭은 자기 이해로부터 시작하여 자기성장, 타인 이해, 타인기여(배려와 기여), 조직 기여, 조직 성장으로 공동체 발전을 이루게 합니다."라는 코치의 글을 기억하며 맡겨진 자리에서 조직 구성원들과 함께 성장하고 가정과 일터, 공동체의 발전에 기여하는 자가 되도록 다시 한번 마음을 다잡게 된다.

## 9. 고객의 피드백으로부터 알아보는 코치가 갖춰야 할 역량

- 꾸준함과 성실함
- 공감 능력, 포용력, 따뜻하고 부드러운 카리스마
- 적극적 경청, 맥락적 경청
- 고객의 이야기 속에 숨어 있는 이면과 감정, 맥락을 읽는 능력
- 개인의 존재가치를 더욱 빛나게 해주고, 숨겨진 잠재력을 찾는 능력
- 말 한마디, 표현 하나 하나에 신중함을 더하는 책임감
- 내면의 모습을 바라볼 수 있게 하는 질문
- 직관적이면서도 때로는 단어나 표현이 추상적인 질문
- 언행일치가 주는 신뢰감
- 고객의 강점을 발견하여 칭찬, 격려하는 탁월함

- 편안하고 자연스러우면서 진심이 담긴 진행
- 정성스러운 마음, 다양한 정보와 기술 안내
- 코칭 도구와 스킬에 대한 끊임없는 개발과 노력
- 창의적인 코칭 영역 확대 노력 및 새로운 시도

### 10. 코칭 프로그램의 무한한 성장 가능성

(1) 1년차: 5회 그룹코칭 및 2회 일대일 코칭

(2) 2년차: 1년 코칭프로그램(그룹코칭 형식으로 진행, 리더십 스킬·의사소통 기술·자기 개발·문제해결 기술 등)

(3) 3년차: 10회 그룹코칭(20시간, 깨달음·평온·기쁨·사랑·분별·포용·자유·중용·용기 등), 2회 일대일 코칭

(4) 4년차: 20회 그룹코칭(40시간, 스트레스 해소·틀 깨기·매력적인 존재·여유 공간·삶의 에너지 등)으로 확대

(5) 5년차: 21회 그룹코칭(42시간, 목표·주제·행동·공간·공명·연결·here&now·Power·Freedom·Grace·Integrity·insight 등)으로 확대

(6) 6년차: 21차 코칭프레즌스(비대면 코칭)로 7개월 동안 운영

(7) 7년차: 랜선코칭클럽(온라인 비대면 코칭프로그램), 26명이 100일 동안 코칭시스템에 의한 코칭퀘스천 제공 후 도서로 출판, 『당신만을 위한 100개의 질문』(교보문고 베스트셀러 선정)

## 코칭프레즌스 진행 예시

### 코칭프레즌스, 그룹코칭 운영 설계

2019. 10. ~ 2020. 7.(약 7개월) Design by Han Minsoo

| 1 | Agenda | A 고객 / B 고객 / C 훈련코치 등 | 진행: 한민수 전문코치 |
|---|---|---|---|
| 2 | 목표 | 비즈니스 코칭, 코칭 프로젝트, 자격취득 등 | 코칭 프레즌스 유지 |
| 3 | 주제 | 환경 극복, 균형과 조화, 구체적 목표설정 | 각 고객의 니즈에 충족 |
| 4 | here & now | 현재 관심사 집중, 소중하고 중요한 것 | 지금 여기에 집중 |
| 5 | Power | 코칭 신뢰관계 형성 | 코칭 파워에 대한 믿음 |
| 6 | Freedom | 얽매여 있는 것, 참고 지내는 것, 묵인(默認) 등 | 코쳐블(coachable)하기 |
| 7 | Grace | 기대, 동시성의 확장(피곤함이 녹는 듯한 느낌) | 기대와 감사로 베풀기 |
| 8 | 생각 | 주저함, 욕심, 진행, 창조, 연결하기 | 생각 비우기, 고객에게 집중하기 |
| 9 | 느낌 | 애쓰지 않기, 있는 그대로 바라보기 | 포커싱을 유지하기(능력) |
| 10 | 감정 | 자신의 감정에 솔직해지기, 스스로에게 질문하기, 잠시 멈추기 등 | 감정 파도 타기(감정 웨이브 그 깊이와 높이를 경험하기) |
| 11 | 행동 | 나를 직면하는 계기 만들기, 행동 점검하기 | 그 행동은 어떤 의미인가? 그 경험이 나를 성장하게 한 것은? |
| 12 | space | 공간 이해, 보이지 않는 공간 | 공간 에너지 통합하는 능력 |
| 13 | 공명 | 마음의 소리 듣기, 치유력 발견하기 | 내면의 소리, 지혜의 소리 듣기 |

| 14 | 연결 | 무엇에 연결할 것인가? | 용기와 두려움, 두려움 인지하고 용기 선택하기 |
|---|---|---|---|
| 15 | Integrity | 열심히 사는 것이란?<br>진정성, 성실성, 긍정성, 추진력 | 항상성(恒常性)을 유지하는 능력 |
| 16 | 진정성 | 일상을 살아가기, 자기 위안(연민) | 언행일치하지 못함으로 인한 부작용은? |
| 17 | 긍정성 | 호연지기 성찰북을 보면서 어렵고 힘든 가운데서도 진주를 만들어내는 긍정성, 삶 가운데 긍정성 발견하는 능력 | 부정적 사고를 선택할 것인가?<br>긍정적 사고를 선택할 것인가? |
| 18 | 성실성 | 자기자신에게 성실하기, 최고의 삶 살아가기 | 무엇을 위해 성실할 것인가? |
| 19 | 의식혁명 | 내면의 따스한 의식 일깨우기, 내면의 갈등 해소하기, 의식 전환으로 성장하기 | 자존심을 부릴 것인가?<br>용기를 낼 것인가?<br>그리고 포용하고 사랑할 것인가? |
| 20 | 인사이트 | 삶이 정리되고, 잃어버린 기쁨을 다시 찾은 느낌 | 다시 정리하기<br>리뷰, 마무리하기 |
| 21 | 코멘트 | 여러 돌봄(인정, 공감, 격려 등)과 코칭대화로 신뢰하며 믿음 갖게됨 | 생명을 살리는 일, 생명을 살리는 사람, 공감하는 정체성으로 임함. |

## 한민수

코칭프로그램 개발 전문기관인 아이지엘코칭그룹(IGL Coaching Group)의 대표코치이다. 법학 및 평생교육·HRD를 전공했다. (사)한국코치협회 인증전문코치이며, 국가공인자격증추진검토위원장을 역임했다. 2020년 이후 현재 코치인증 심사위원으로 활동하고 있다. (사)한국코칭심리협회 자문코치이며, 인생코치 애플리케이션을 기획하여 개발하였고 인생코치아카데미를 통해서 활동코치를 선발·육성하고 있다. '세상을 바꾸는 코칭' 세미나 기획, '코칭프렌즈' 커뮤니티 기획, '랜선코칭클럽' 기획, '코로나19 극복을 위한 심리코칭서비스'를 기획하고 직접 운영하였다. 최근에는 소그룹 그룹코칭 활성화를 위해서 성수동에 화목테이블을 오픈하였다.

이메일: hoyeoncoach@gmail.com

COACHING

PART 3

# 커리어 코칭

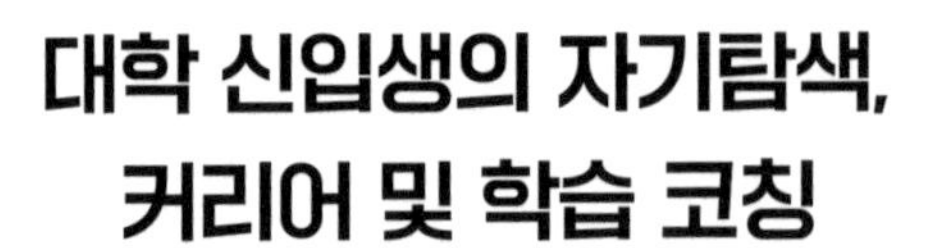

# 대학 신입생의 자기탐색, 커리어 및 학습 코칭

남상은

입시에 집중하던 '학생'에서 무언가 색다른 것들에 호기심을 가질 기회를 획득한 '청춘'으로 바뀌는 전환점에 서 있는 사람들. 우리는 그들을 '대학교 1학년'이라고 부른다. 낭만적이기도 했고, 희망적이기도 했던 그 이름은 2021년 현재, 예전처럼 낭만적이기만 한 것은 아닌 것 같다. 4~5년 전까지만 해도 코칭을 받으러 오는 대학생들은 대부분 3, 4학년 학생들이 많았다. 그러나 언젠가부터 1학년 신입생들의 코칭 사례가 많아졌다. 신입생들이 코칭을 받겠다고 오면 그 이유가 더 궁금해진다. 학생들에게 꼭 그 이유를 물어본다. 대부분의 학생들은 이렇게 대답한다.

"입시 공부만 하다가 막상 전공을 정해서 왔는데, 이 전공이 저에게 맞는지 잘 모르겠어요. 맞지 않으면 어떡해요? 빨리 제가 뭘 잘하는지, 뭘 좋아하는지를 알아서 제가 어디로 가야 하는지 알고 싶어요."

이번에 소개할 사례 속의 주인공도 같은 이슈로 코칭에 참여했다. 전공 적합성을 알아보고 이를 통해 현재의 전공을 지속할지, 혹은 전과나 학교 이동을 할 것인지를 결정하고자 했다.

1. 여정의 시작: 코칭은 이런 겁니다

대학생들 대부분은 코칭에 대해 '티칭'이나 '조언'의 의미로 인식하고 있다. 그래서 첫 세션에서 라포 형성이나 신뢰감을 형성하는 것에 앞서 코칭이 무엇인지, 어떻게 진행될 것인지를 설명하고 합의하는 과정이 더욱 중요하다. 그렇지 않으면 빨리 정보를 알려 달라는 요청을 받기 십상이다. 이번 코칭에서도 첫 세션에서 코칭에 대해 무엇이라고 생각하는지 물었다.

"제 생각에 코칭은 제 진로에 대해 이런 게 어울린다, 이런 쪽으로 준비하면 좋을 것 같다 등으로 얘기해 주시는 거 아닌가요? 진단 검사도 하고 그 결과를 통해서 저에게 적합한 것을 찾아 주시고, 제 미래에 대해 많은 것을 알려 주시고 가르쳐 주실 거라고 생각했어요."

이 청년은 마음이 더 급한 것처럼 느껴졌다. 그도 그럴 것이 성공에 대한 욕구가 매우 강하고 마음이 조급한 상태였기 때문에 지푸라기라도 잡고 싶은 심정으로 코칭을 신청했다고 했다. 코칭 신청 당시 타 학교에 수시 원서를 접수하고 대기하는 중이었고, 만나자마자 내가 어떻게 하는 것이 좋은지 얼른 답을 달라고 요청했다. 그런 그에게 차분히 설명하기 시작했다.

"코칭은 제가 답을 드리는 것이 아니라, 당신이 들려주는 당신의 이야기 속에서 발견되는 것들을 보여 드리는 과정입니다. 당신이 말하는 것과 말하지 않은 것에서 드러나는 당신의 욕구와 열망, 가치관, 능력, 잠재된 가능성 등을 발견해서 당신에게 되돌려 드릴 거예요. 그러기 위해서 저는 당신에게 여러 가지의 질문을 할 거고, 당신은 그 질문에 대한 당신의 생각을 대답하게 될 겁니다. 때에 따라서는 진단 검사를 실시할 수도 있고, 다양한 도구를 활용할 수도 있습니다. 어때요? 우리의 코칭 여정에 대해 이해했나요? 계속적으로 코칭을 진행해도 될까요?"

자신이 예상했던 것과 다른 그림이 펼쳐질 것을 직감한 그는 처음엔 어리둥절했지만, 이내 한 번 해 보자고 했다.

### 2. 여정의 도착 지점

그는 어릴 때부터 진로에 대한 고민이 많았고 대학에 들어오자마자 더 구체적이고 명료한 진로 탐색을 하고자 했다. 어릴 때부터 한국은행에 들어가는 게 목표였는데 이는 보수나 직업 안정성을 중요하게 생각하기 때문이다. 그것을 위해 국제통상학과에 입학했고 빨리 취업하고 싶다는 욕구를 가지고 있었다. 진로 코칭을 통해 진로가 뚜렷해지고, 한국은행에 취업한 다양한 사례들, 어떤 스펙을 쌓아야 하는지 등을 알고 싶다고 했다. 말의 속도와 말 속에서 묻어나오는 그의 감정, 그의 표정은 그가 말하고 있는 것 이외에 훨씬 많은 생각과 감정을 가지고 있다는 것을 알아차리게 했다. 그에게 물었다.

"빨리 성공하고 싶고, 빨리 진로를 결정하고 싶다고 벌써 여러 번 얘기하고 있네요. 빨리 무언가를 이루어야겠다고 마음먹게 된 특별한 이유나 계기가 있다면 뭘까요?"

그의 표정이 미세하게 찌푸려지며 날 선 대답이 돌아왔다.

"코치님, 저는 누구에게도 말하고 싶지 않은 것이 있어요. 지금 질문하신 것이 그런 부분이고요. 그 부분에 대해서는 말하고 싶지 않네요. 그냥 진로 얘기만 하면 안 돼요?"

솔직히 당황스러웠다. 30분 같았던 3초 동안 '여기서 코칭을 그만두어야 할까' 하는 마음의 소리가 수십 번은 들렸다. 어쩌면 코치로서의 인생에서 가장 단단한 벽을 만난 것 같은 느낌이기도 했고, 한편으로는 너무 약해서 민감하게 다루어야 할 벽을 만난 것 같기도 했다. 그에게 다시 물었다.

"그럼, 한국은행에 들어가고 싶은 마음을 갖게 된 계기에 대해 좀 더 자세히 들려주세요."

"저는 중학교 때부터 성공에 대한 야망이 있었어요. 제가 태어나서 자란 곳은 지방의 작은 시골 마을이었는데, 거기에서 계속 머물러 있기 싫었고 무조건 도시로 나오고 싶었어요. 그래서 공부를 열심히 해서 외고에 갔어요. 작은 시골 마을에서 외고 합격생이 나오니 여기저기에서 장학금도 많이 줬어요. 학비와 용돈까지 한꺼번에 생긴 거죠. 돈이 많은 게 좋다는 걸 처음으로 깨닫게 됐고, 돈을 많이 벌고 싶다는 생각도 진짜 많이 했어요. 그러다 보니 경제에 관심이 생겼어요. 우리나라의 모든 돈을 쥐락펴락하는 곳이 한국은행이라는 생각이 들었고, 다른 은행들과 달리 한국은행은 공기업이잖아요. 그러니 안정성도 보장되고요."

"확실한 진로 방향성을 이미 마음에 품은 것 같은데, 코칭이 필요한 이유는 뭘까요?"

"학교 레벨을 좀 높여야 할 것 같아서 다른 학교에 수시 지원을 했는데, 그것도 불안하고, 뭔가 계속 초조한 마음이 들어서요."

"학교 레벨은 얼마나 중요한가요?"

"학교 레벨에 좋아야 더 좋은 곳에 취업할 수 있는 것 아닌가요? 여기보다 좋은 학교에 가면 성공하기도 더 쉬울 것 같은데요. 사실 불안하니까 이것저것 해 보는 것 같아요. 욕심이 나기도 하고요."

"원하는 대로 모든 것이 갖춰진다면 그다음엔 무엇을 하고 싶어요?"

"저는 한 번도 제 방을 가진 적이 없어요. 제 방을 갖고 싶어요. 지금도 기숙사에서 다른 친구와 방을 함께 쓰고 있고, 어렸을 때도 할아버지와 같이 살았고. 집에서 먹는 따뜻하고 맛있는 밥을 언제 먹었는지도 모르겠어요. 기숙사 밥은 따뜻하지도 않고 맛있지도 않아요."

예상과 다르게 흘러가는 이야기의 흐름 속에서 그가 언급한 진로, 성공, 돈, 경제, 레벨, 내 방, 따뜻한 밥. 이들 단어는 맥락 없이 뱉은 말 같았지만 실은 같은 맥락 안에 있다는 것을 알아차릴 수 있었다. 그에게 두 번째 세션은 '밥코칭'을 하자고 제안했고 그는 흔쾌히 수락했다.

## 3. 변화의 여정: 성장으로 가는 따뜻한 대화

### 밥코칭(eating coaching)

코칭을 하면서 식사를 하는 경우는 드물다. 밥코칭은 코치인 나에게도 생경한 경험이었다. 순간적으로 떠오른 영감(inspiration) 같은 아이디어는 어쩌면 신의 선물이었을까? 그 청년과의 코칭 세션을 더욱 끈끈하게 만들어주었다. 그가 선택한 식당, 그가 선택한 메뉴. 테이블에 나란히 앉은 우리의 시공간 사이로 '라포(rapport)'가 만들어지고 있었다. 얼른 답을 내놓으라던 조급함, 나에 대해 너무 깊은 것까지는 궁금해하지 말라던 그의 경계. 이 모든 것은 따뜻한 식탁 앞에서 말랑말랑해졌다. 그는 식사를 함께하며 지난 코칭 이후로 자신이 얼마나 혼란을 겪었는지를 쏟아냈다.

"코치님, 제가 지난주에 코칭을 받고 나서 굉장히 생각이 많아졌어요. 나는 돈에 대해 왜 이렇게 중요하게 생각하는지 계속 생각했고, 제가 대답하지 못했던 질문이 자꾸 제 마음에서 들렸어요, 나는 왜 이렇게 빨리 성공하고 싶지? 왜 이렇게 빨리 뭔가를 이루려고 하지? 나는 왜 돈을 빨리 많이 벌고 싶지? 이런 질문들이 계속 머릿속에 맴도는 거예요."

"그 이유를 찾았나요?"

"네, 실은 제가 한 번도 이런 얘기를 한 적은 없었는데요, 제가 어릴 때부터 물질적인 어려움이 많았어요. 그런데 어려운 것처럼 보이기는 진짜 싫었거든요. 없어 보이고 싶지 않았어요. 누구를 만날 때도 늘 깔끔하게 입어서 돈 없는 사람처럼 보이지 않으려고 노력했고, 없어 보이지 않으려고 외고도 갔고. 그랬더라고요. 그리고 이 이야기를 하지 않으면 코칭을 통해 내가 아무것도 얻지 못하겠구나 하는 생각이 들었어요. 제 모든 욕구와 바람이 제가 하고 싶지 않았던 이야기와 연결되어 있다는 걸 알았어요. 그리고 더 중요한 건, 전 이런 제가 맘에 들지 않아요. 물질적 가치에 목매는 제 모습이 싫어요."

그의 마음이 열렸다. 단단해 보이기도 했고, 굉장히 민감하고 약해 보이기도 했던 벽은 따뜻한 식사 한 끼로, 어쩌면 그의 필요를 알아차려 준 한 사람의 마음으로 완전히 허물어졌다. 더 나아가 사실은 변화하고 싶다고 외치고 있었다.

### 드러내기

세 번째 세션에서 그는 자신의 성장 과정, 가정사 등에 대해 숨김없이 이야기했다. 있어 보이고 싶은 마음에 집중하며 살아온 인생이었기에 외고 1학년 때부터 매 학기 너무 힘들었고, 그 힘듦은 지금까지도 이어지고 있었다. 무엇이든 완벽하게 하고 싶은 마음, 무조건 이기고 싶은 마음이 자신의 삶을 얼마나 짓눌렀는지 이야기했고, 지난 코칭 이후에는 스스로 '내가 무엇을 위해 이렇게 열심히 사는 것일까?'를 질문하며 울었다고 했다. 한참 동안이나 자신의 이야기를 쏟아낸 그에게 기분이 어떠냐고 물었다.

"뭔가 시원하기도 하고 이상해요. 누군가에게 내 진짜 이야기를 해 본 적이 한 번도 없었는데, 이상하게 코치님과 이야기 하고 나면 일주일 동안 했던 이야기가 계속 생각났어요. 코치님이 하신 질문을 생활 속에서 다시 질문했고, 저는 또다시 대답했고. 저에 대해 좀 더 알아가는 느낌이에요. 제 얘기를 했을 뿐인데, 제가 저를 더 알게 된 것 같아요."

"자신에 대해 더 잘 알게 된 당신은 어떻게 살고 싶은가요?"

"다른 사람에게 보이고 싶은 삶이 아니라 제가 행복한 삶을 살고 싶어요. 제가 좋아했던 일을 떠올려 보면 어릴 때부터 언어 배우는 걸 좋아했어요. 실은 지금도 배우고 싶은 외국어가 여러 개 있는데 중국어만 공부하고 있거든요. 전공 공부를 빨리 해서 빨리 취업해야 한다는 강박이 외국어를 배우고 싶은 시간이 없는 것처럼 느껴지게 만든 것 같아요. 게다가 지금은 다른 학교 수시 면접까지 준비하고 있으니까요. 요리하는 것, 바이올린 연주하는 것도 좋아했었는데…… 많은 나라를 돌아다니면서 다양한 경험을 해 보고 싶기도 해요. 중학교 시절 6주 동안 미국에서 어학연수를 한 경험이 있는데 그때 진짜 많은 걸 보고 배웠거든요."

### 당신은 어떤 사람으로 기억되고 싶은가요?

보수와 안정성을 중요시하는 사람, 있어 보이고 싶은 사람으로 자신을 인식하고 있던 그는 자신의 정체성과 가치관을 재정의하기를 원했다. 리멤버 카드를 활용하여 그가 어떤 사람으로 존재하고 싶은지 탐색해 보았다. 그는 다음의 다섯 개의 문장을 선택했다.

- 나는 사회적으로 존경받는 사람입니다.
- 나는 사회에서 명예로운 지위에 오른 사람입니다.
- 나는 최선을 다해 좋은 결과를 만들어낸 사람입니다.
- 나는 역할에 대한 책임감으로 훌륭한 일을 한 사람입니다.
- 나는 일과 삶을 균형 있게 유지한 사람입니다.

다섯 개의 문장은 각각 어떤 의미를 가지고 있는지, 구체적으로는 어떤 모습인지 이야기 나누었다. 그동안의 그의 이야기와 현재 다시 쓰고 싶은 다섯 개의 문장에서 느껴지는 통합된 관점을 그에게 반사했다.

"어쩌면 당신은 다른 사람에게 있어 보이고 싶었던 사람이 아니라, 선한 영향력을 끼치고 싶은 사람이었던 것 같아요. 이 말에 대해 어떻게 생각하나요?"

"맞아요. 저는 그동안 저 자신을 부정적으로만 봐 왔어요. 다른 사람의 반응을 신경 쓰고 다른 사람에게 잘 보이려고 하는 사람이라고. 다른 사람의 눈치만 보는 사람이라고. 그런데 그 이면에는 타인에게 영향력을 끼치고 싶다는 욕구가 숨어 있다는 사실을, 오늘 20년 만에 처음으로 발견한 것 같아요. 코치님, 어쩌죠? 저 너무 신나고 설레요."

이렇게 그는 과거의 자신과 현재의 자신을, 자신의 어려움과 욕구를, 부정적인 모습과 긍정적인 모습을, 약점과 강점을 통합하여 자신을 인식하기 시작했다. 자신을 바라보는 시각이 완전히 달라졌고, 자신에 대해 긍정적인 정서를 가지고 기대하게 되었다.

### 진로방향성 결정 및 밑그림 그리기

네 번째 세션에 들어오자마자 그는 지난주 '영향력을 끼치고 싶은 사람'이라는 키워드와 관련하여 진로에 대해 많은 생각을 했다는 이야기를 들려주었다. 현재 전공인 국제통상학은 다양한 외국어를 공부하는 것, 다양한 나라에 대한 경험 등에서 청년의 흥미와 명확하게 연결되었다. 해외무역과 관련된 일, 구체적으로는 KOTRA 등을 진로방향성으로 정하고 졸업 시까지의 세부 활동들을 계획했다. 그가 코칭을 통해 정리한 세부 활동은 다음과 같다.

- 현재 하고 있는 중국어 공부(HSK 6급)를 포함하여 졸업까지 5개 국어(영어, 중국어, 일어, 독어, 스페인어)를 통달한다.
- 이번 겨울 방학에는 컴퓨터 활용 자격증과 한국사 자격증을 취득 완료한다.
- 해외 무역과 관련하여 구체적인 목록을 정리한다(성격, 적성, 전망,

보수, 만족도, 획득 경로 등).

- 이와 관련하여 다음 코칭 때까지 커리어넷에서 직업적성검사를 실시하여 출력해 온다.

정리한 것을 다시 보며 자신에 대해 어떤 생각이나 느낌이 떠오르는지 물었다.

"저는 제가 원래 잘할 수 있는 능력이 있는 사람이라는 것은 알고 있었어요. 하지만 끊임없이 의심하고 있었고 혹시 실패할까 봐 두려워하고 있었어요. 그런데 코칭 시간을 통해 나에 대해 구체적으로 말할 수 있게 되었고, 그것을 통해 나를 재확립하게 되었어요. 나는 이런 것을 하고 싶은 애였구나, 그런데 흔들리고 있었구나. 이제는 나를 믿어 주고 싶어요."

### 직업적성검사

워크넷(www.work.go.kr)이나 커리어넷(www.career.go.kr)에서는 진로 흥미나 적성을 알아보기 위한 다양한 검사도구를 제시하고 있다. 이들 검사도구는 언제, 어디서든, 누구나 무료로 손쉽게 활용할 수 있다. 필자도 코칭을 진행할 때 필요 시 적절하게 사용하고 있는데, 검사를 활용하면서 대상자들에게 꼭 하는 말이 있다.

"검사는 검사일 뿐 내가 아닙니다. 나의 일부에 대해 검사가 아는 만큼 설명해 주고 있을 뿐입니다. 검사 결과보다 검사 결과에 대한 자신의 생각과 발견이 더 중요합니다."

그리고 검사결과를 일방적으로 해석해 주기보다는 검사 결과에 대한 대상자의 생각을 물어본다.

"검사 결과에서 정말 나 같다고 느껴지는 부분은 어디인가요?"
"검사 결과에서 나 같지 않다고 느껴지는 부분은 어디인가요?"
"어떤 부분은 받아들여지고 어떤 부분은 수용하기 어려운가요?"
"몰랐던 부분이지만 호기심이 생기는 부분은 어디인가요?"

이 청년도 마찬가지다. 그는 자신이 언어능력, 관계능력, 창의력, 자기성찰능력이 높다는 검사결과에서 언어능력과 자기성찰능력이 높다는 것은 동의가 되지만, 관계능력이 있다는 것은 받아들이기 어렵다고 했다. 또한 창의력이 있는지는 의문이지만 그 부분에는 호기심이 생긴다고 했다. 혹시 검사 결과를 보며 새롭게 깨달았거나 발견한 점이 있느냐고 물었다.

"사실 예전에도 이런 검사를 많이 했었고, 할 때마다 이런 건 왜 하나 싶을 정도로 시간 낭비라고 생각했는데, 이번에는 나에 대해 새롭게 알게 된 시점이어서였는지 이번에 검사할 때는 재미있었고, 의미 있는 작업이라는 생각을 했어요. 검사 결과를 보면서 제가 하고 싶다고 했던 국제 무역에 제가 최적화되어 있다는 걸 알게 됐어요."

자신의 전공이 자신의 욕구와 열망, 흥미와 적성에 최적화되어 있다고 말하는 그에게 수시 지원한 학교의 전공도 현재 학교의 전공과 같은지 물었다.

"코치님, 원하던 학교에 1차 합격했다는 통보를 받았는데요, 면접에 가지 않을 생각이에요. 사실 이전까지는 학교 이름만 보고 나의 진로를 결정하려고 했어요. 하지만 이제는 학교 이름보다 내가 무엇을 하느냐가 더 중요하다는 것을 알게 되었고 믿게 됐어요. 사실 다시 시험을 본 이유는 학교 레벨을 높이고 싶어서였어요. 주변에서 좋은 학교를 가야 한다고 말하는 사람이 많다 보니 나만의 이유도 없이 그저 더 이름 있고 좋은 학교로 옮겨 가고 싶은 마음이 컸어요. 그러나 지금은 그것이 중요하지 않게 느껴져요. 다른 학교 면접을 다시 준비하느라 제 시간을 쓰는 게 무의미하게 느껴졌어요."

"예상치 못했던 시나리오네요. 의미 있는 것을 발견하게 된 것에 대해 축하를 드립니다. 그렇다면 현재 다니고 있는 학교에서 당신의 욕구와 열망과 관련하여 관심을 갖고 있는 부분은 어디인가요?"

"전공과 관련한 교내 활동과 대외활동에 관심이 많아요. 국제무역을 하는 데 있어서 회계사 자격이 필수는 아니지만, 필요한 부분이 있을 것 같아서 회계사 자격증에 대해 생각해 보고 혹시 학교에서 지원하는 것이 있는지 알아봤는데, 생각보다 좋은 지원을 많이 하고 있어서 회계사 자격증을 취득하고 싶어요. 저의 진로에도 진짜 도움이 될 것 같아요. 군대는 카투사나 중국어 어학병으로 가기 위해 준비하려고 합니다."

### 시간을 설계하기

코칭이 마무리 단계로 갈수록 목표는 더 명확해지고 선명해지며, 자신의 에너지 레벨도 매우 높아지는 경우를 종종 보게 된다. 이런 상황에서 구체적인 실행 계획을 수립하다 보면 하고 싶었던 일들, 해야 하는 일들이 폭발적으로 생각나고 자신에게 주어진 시간을 꽉꽉 채워 그것들을 배치하기 시작한다. 대학생들도 예외는 아니어서 선명해진 목표를 실현시키기 위해 어떤 행동들을 하겠느냐고 물으면 자신의 강·약점, 주변 자원들을 활용한 다양한 실천 대안들을 이야기하곤 한다. 이 청년도 그러했다. 하고 싶은 일들이 너무 많고, 여전히 해야 하는 일들도 많다고 했다. 그런 그에게 질문했다.

"하고 싶은 일과 해야 하는 일에 당신의 총 에너지 중 얼마만큼을 투입하고 싶은가요?"

"아, 에너지요? 생각지도 못했던 질문이네요. (한참을 생각하더니) 저는 하고 싶은 일에 40%, 해야 하는 일에 60%의 에너지를 쓰고 싶어요."

"지금 말씀한 에너지 분배의 기준이 실행 목록을 작성하는 데에 어떤 영향을 미치나요?"

"제가 무작정 계획하고 있는 활동들에 대해 먼저 스스로 질문하게 되는 것 같아요. 이건 하고 싶은 일인가, 해야 하는 일인가…… 그리고 어떤 활동은 하고 싶은 일이기도 하고 해야 하는 일인 것 같은 생각도 들고요. 목록을 작성할 때 리스트를 쭉 써 본 후에 하고 싶은 일과 해야 하는 일을 함께 표로 작성해 봐야겠어요. 40대 60이라는 기준을 정해 놓으니 제 계획과 실행이 좀 더 체계적으로 설계될 것 같습니다."

"표로 작성한 후에는 또 어떤 과정이 필요할까요?"

"아, 표로 작성했다고 끝나는 것이 아닌가요?"

"네, 표로 작성했다고 실행까지 반드시 이루어지는 것은 아니니까요. 최소한 언제 할 것인지 정도는 한 번 더 생각해야 할 것 같은데 어떻게 생각해요?"

"그러네요. 해야 할 일과 하고 싶은 일의 목록을 작성한 후에는 대학 생활 동안 매 학기별로 나눠서 재배치하면 좋을 것 같아요. 어떤 일은 2학년 마치기 전까지 해야 할 것도 있고, 어떤 일은 4학년 졸업 전까지 하고 싶은 일이 있을 것 같네요."

"시간에 따라 학기별로 나눠서 배치하겠다고 말씀하시는 건가요?"

"네, 맞아요. 제가 학업을 비롯한 교내 활동과 대외활동을 통해 하기로 선택한 일의 목록을 학기별로 나눠서 시간에 따라 배치해 보면 실행에 좀 더 가까워질 것 같습니다. 그리고 그 목록에 따라 매 학기 시작 전에 실행 여부를 체크하고 세부 실행 계획을 다시 점검하면 좋을 것 같아요."

"스스로 점검하는 과정까지 설계가 되는군요. 당신의 대학 생활이 기대됩니다. 점검시스템까지 마련된 목표 실행의 과정이 당신의 삶을 기대하게 만들어요."

"저도 처음으로 제 인생에 대해 기대하게 됩니다. 그냥 막연히 좋은 생각을 하고 꿈을 꾸는 것이 아니라, 굉장히 선명하고 명료하게 다가와요. 사실 코칭을 마치고 나면 기분도, 에너지도 굉장히 많이 올라가거든요. 학벌을 중시하던 나였는데, 이제는 나의 생각과 나의 마음이 그 어느 것에도 흔들리지 않고 있다는 게 느껴져요. 매번 코칭을 통해서 나의 생각을 점검하고 다시 단단하게 하고 일주일 동안 또다시 생각하고 재정립하는 과정들이 저를 다시 보게 하고 새롭게 보게 합니다. 이런 코칭의 기회를 나에게 준 학교가 고마워요."

### 충전 시스템 마련하기

실행 계획 설계의 마무리 부분에서 항상 놓치지 않고 하는 질문이 있는데 그것은 바로 "계획들을 실천하고 꿈을 이뤄 가는 과정에서 당신을 위한 충전시스템은 어떻게 되나요?"라는 질문이다. 이 질문이 필수적인 이유는 자신을 새롭게 보며 자신의 높아진 에너지 레벨에 따라 실행 계획을 세우다 보면 하고 싶고 해야 하는 일들로 시간을 꽉 채우는 경우가 많으며 이럴 때 놓치기 쉬운 것이 어떻게 충전할 것인가에 대한 부분이기 때문이다. 이는 삶의 균형과 조화의 측면에서도 중요하다. 이런 질문을 하면 처음에는 충전 시스템이 무엇이냐는 질문부터 지금 너무 좋은데 그것이 꼭 필요하냐는 질문까지 다양한 의문과 의아함을 표현한다. 그러나 아무리 성능 좋은 스마트폰도 제때 충전을 해주지 않으면 그 좋은 성능을 아예 사용할 수 없게 되는 것처럼, 우리의 에너지가 0%가 되어 사용할 수 없게 되기 전에 자신만의 적절한 충전 시스템을 설계할 필요가 있다. 어떤 사람은 매일 짧은 시간의 충전이 필요하며, 어떤 사람은 한 달에 하루의 시간이, 또 누군가에게는 1년에 며칠이 필요하다. 어떤 사람은 잠으로, 한 잔의 커피로, 책으로, 누군가는 여행으로, 게임으로, 좋은 사람과 함께 보내는 시간으로, 맛있는 한 끼의 식사로. 충전 시스템의 내용도 사람에 따라 다양하다. 이 청년은 어떤 충전 시스템을 설계했을까?

"한 번도 에너지 충전을 생각해 본 적이 없는 것 같아요. 그저 달리기만 했던 것 같습니다. 이 질문만으로 제가 왜 소진됐는지, 우울했는지, 답답했는지 알 것 같아요. 스스로 의도를 가지고 충전을 했던 적이 없네요."

"마냥 즐거웠거나, 무언가를 했는데 에너지가 생겨서 다른 일도 할 수 있을 것 같은 기분을 느꼈던 활동이 있다면 뭐였는지 떠올려 볼래요?"

"(그는 또 한참을 생각한다) 여행을 가서 새로운 곳에 머물게 되었을 때 굉장히 흥분했었던 기억이 있고요. 정말 좋은 사람과 맛있는 음식을 먹었을 때도 좋았던 것 같아요. 아무것도 안 하고 그냥 쉬는 건 오히려 제게는 스트레스인 것 같고. 쇼핑하고 난 후에도 기분이 좋아요. 이 코칭도 저에겐 충전이 되는 것 같아요."

"지금 언급한 여러 활동들을 하나씩 떠올려 봐요. 눈을 한 번 감아 보고 상상해 봐요. 나를 위한 충전기를 꽂을 수 있다면 나는 어디에 꽂아야 배터리의 칸이 채워지는 것 같은지."

한참을 상상하던 그는 좋은 사람과 맛있는 식사를 하는 장면과 자연 속을 걷고 있는 장면에서 가장 에너지가 충전된다고 했다. 그에게 충전의 간격은 어느 정도인지, 한 번 충전하면 방전까지 걸리는 시간이 어느 정도인지 물었다.

"한 번도 충전이라는 것을 생각해 보지 않아서 얼마에 한 번 충전해야 하는지, 어느 정도 해야 하는지는 잘 모르겠어요. 지금 생각으로는 한 번도 마음먹고 충전한 적 없었으니 한 달에 한 번이나 2주에 한 번 정도면 되지 않을까 싶어요."

"네, 2주에 한 번씩, 한 달에 한 번씩으로 일단 실험을 해 보죠. 실험해 보고 자신에게 맞는 것을 찾아가면 되니까요. 중요한 것은 충전이 필요하다는 사실과 충전이 필요한 시점을 인식하는 것이고, 그때마다 자신이 마련해 놓은 충전시스템이 있다는 것을 기억하는 것입니다."

### 4. 나를 찾는 여정의 끝. 아니, 새로운 출발

코칭의 마무리 여정에서는 그동안 코칭을 통해 어떤 변화와 성장을 경험했는지 다시 한 번 정리한다. 코칭을 시작할 때의 목표와 코칭 과정에서 발견된 강점, 약점, 가능성, 가치관, 신념 등 자신에 대한 성찰, 변화 지점, 성장을 위한 실행 등과 관련하여 정리해 보고 실행의지를 강화한다. 코칭에 참여하는 사람들이 가장 말이 많아지는 시기이기도 하다. 그에게도 물었다. 코칭 과정이 어땠는지.

"이번에 코칭을 받으면서 정말 많이 변했어요. 나에 대해 부정적이고 끊임없이 노력해야만 하는 사람이라는 인식에서 긍정적인 시각으로 바뀌게 되었어요. 예전에도 상담을 많이 받아 봤어요. 하지만 단기간에 이렇게 바뀐 건 처음이에요. 전문가와 만나서 이야기를 하는 것이 의미 있게 느껴진 것도 처음이었어요. 왜인지 생각해봤어요. 예전에는 상담을 마치고 나면 '그래서 어쩌라는 건데?'라는 마음이 생겼다면, 이번 코칭에서는 'so what'에 대해 이야기할 수 있었어요. 그렇게 되니 코칭을 통해서 이루어지는 모든 수행 작업들이 의미 있게 다가왔어요. 하나도 허투루 버리는 시간이 없었어요. 하다못해 코칭 중에 받았던 질문들이 일주일 내내 제 속에서 맴돌았다니까요. 예전엔 두리뭉실하게 알고 있고 생각했던 것들에 대해 말로 하면서, 그리고 말한 것을 다시 정리하면서 확실히 알게 되었어요. 저에 대해 더 명확하게 알게 된 건 말할 것도 없고요."

"자신에 대해 명확하게 알게 된 것은 어떤 부분인가요?"

"살면서 처음으로 '나도 할 수 있겠구나', '내가 대단한 놈이구나' 하는 기대를 하게 됐어요. 예전의 나는 흔들리는 새싹이었다면 지금의 나는 뿌리가 단단하게 박힌 나무가 된 것 같아요. 6주간의 코칭 과정이 마치 6개월 같았어요. 지루했다는 게 아니라, 그만큼 얻은 게 너무 많아서예요. 예전엔 아프기만 했던 과거가 지금은 거름이라는 걸 알았고, 코칭 과정은 진흙 속에 묻혀 있던 진주를 꺼내는 과정이라는 생각이 들었어요. 전 제가 똥이고 진흙인 줄 알았거든요. 그런데 똥이고 진흙이었던 건 나의 상황이었고, 나는 그 속에 묻혀 있던 진주였다는 사실을 깨달았어요. 코칭은 나를 덮고 있던 지푸라기와 진흙을 거둬내는 과정이었어요."

"뿌리가 단단한 나무, 흙 속에 묻혀 있던 진주를 발견한 순간에 함께 있을 수 있었던 저는 정말 행운아네요. 진로방향성 탐색이라는 코칭 목표와 관련해서는 어떻게 정리되었나요?"

"제가 진짜로 원했던 게 무엇인지, 어떻게 하면 내가 원하는 길로 갈 수 있는지 생각하는 시간이 되었어요. 예전에 갖고 있던 것과 목표 지점이 크게 달라지지는 않았어요. 하지만 국제 무역이라는 예전의 방향성은 순전히 남에게 잘 보이기 위해 품었던 비전이라면, 지금 제가 정한 방향성은 저를 알아차린 방향성이라서 의미가 있습니다. 코칭은 나를 사랑하는 삶의 원동력이 되었어요. 저는 이제 고속도로를 달리는 자동차입니다."

흔들리는 새싹에서 뿌리가 단단한 나무로. 진흙에서 진흙에 묻혀 있었던 진주로. 그리고 고속도로를 달리는 자동차까지. 그가 들려준 은유는 그의 정체성이 어떻게 변화되었는지를 보여 주었다. 대학생들은 코칭을 통해 자신만의 지지자를 만나며, '진짜 나'를 만나는 자기탐색 과정을 경험하게 된다. 이를 통해 나와 타인, 세상에 대한 부정적인 신념, 시선 등을 긍정적으로 변화시킬 수 있고, 이는 진로방향성이나 진로정체성, 더 나아가 자아정체감을 확립하는 데에도 긍정적인 작용을 한다. 코치는 '진짜 나'를 찾아가는 이들의 여정의 동반자로 존재할 수 있다.

**남상은**

대학에서 다양한 코칭 프로그램을 운영하였고, 대학생들의 커리어와 학습에 관한 연구를 지속하고 있다. 교육학 박사이자 Miracle Coach(기적코치)로서 다양한 사람들이 자신만의 '길'을 찾는 과정에 동행하는 삶을 살고 있다. 고려사이버대학교와 교육부가 주관한 '커리어 코칭' 강의를 개발하여 현재는 고려사이버대학교와 KOCW에서 본 강의를 제공하고 있으며, 숭실대학교 교육대학원 겸임교수로 커리어·학습코칭, 프로그램 개발 등을 강의하고 있다. 저서로 『한국형 커리어 코칭을 말한다』, 『오늘이 미래다』 등이 있다.

이메일: miraclecoach.se@gmail.com

페이스북: https://www.facebook.com/sangeun.nam.75

브런치: https://brunch.co.kr/@joydeer-21

# 직무적성검사를 통한 고등학생 진로 코칭

박지연

2002년 보험회사 콜센터의 텔레마케터를 코칭하는 업무를 시작해서 어느덧 코칭업계에 몸 담은 지 19년이 되었다. 텔레마케터의 업무성과를 내기 위한 비즈니스 코칭으로 시작해서 학생들의 진로 코칭 과 자소서 면접 코칭, 리더십과 마케팅, 라이프 코칭과 심리코칭 등 다양한 분야에 코칭을 접목해서 활동하고 있다. 지금은 코칭 관련된 논문도 많고, 관련된 저서와 코치를 양성하는 기관도 많았지만, 처음 내가 코칭을 시작할 때만해도 코칭에 관련된 자료도 많지 않았고, 매뉴얼도 없어서 선배들의 실무 코칭을 이어받아 진행했었다. 그러다 보니, 시행착오를 겪기도 했고, 똑같이 코칭을 하는데, 받아들이는 사람에 따라, 업무성과가 천차만별이라는 것을 알게 되어 여러 방면으로 연구하고 공부하게 되었다.

'코칭'은 영미 전통의 스포츠 트레이닝에서 유래되었다. 스포츠 코칭은 개인이나 그룹의 잠재력을 최대로 활용하거나 현 상태에서 더 개선하는 것을 목적으로 출발했다. 스포츠 코칭은 대부분은 운동 분야에서 오랜 경력을 쌓은 전직 운동선수들이 자신의 경험과 영향력을 발휘해서 담당 선수가 자신의 한계를 뛰어넘을 수 있는 능력을 스스로 찾아내도록 돕는다. 오늘날 모든 운동선수들은 코칭의 도움이 없었다면 현재보다 좋은 성과를 가져오지 못했을 것이다. 스포츠코칭은 사회가 변화되면서 성공, 동기부여, 기여와 같은 개념들로 인해 새로운 변화를 가져오게 되었고, 기업에 도입되면서 직업적 차원에서 개인 또는 조직의 잠재능력을 최대한 발휘할 수 있도록 도왔다. 기업 코칭은 스포츠 코칭에서 중시되는 경쟁의 논리보다 개인 및 조직의 잠재능력을 개발하는 것을 목표로 삼는다.

더 많은 잠재능력을 발휘하게 하여 성과를 이루어내는 데 있어 코칭의 역할은 큰 비중을 차지한다. 하지만, 개인마다 기질이 다르고, 가치관이 다르고 역량이 다른 사람을 질문만을 통한 코칭에는 한계가 있다는 생각이 들어 누구에게든지 잘 맞을 수 있는 도구를 배우고 개발하고 활용하기 시작했다.

### 1. 다양한 도구를 활용한 라포 형성

코칭을 할 때 라포 형성은 코치이의 마음을 여는 첫 단추인 만큼 고도의 스킬이 필요하다. 그 스킬에 날개를 달 수 있는 것이 바로 검사측정 도구이다. 도구를 이용한 라포 형성은 짧은 시간에 코치이의 마음의 문을 활짝 열 수 있음을 3천여 명이 넘는 코치이를 만나 상담한 임상 사례를 통해 확인하게 되었다.

사회학, 심리학, 인문과학 등 다양한 학문을 통해 코치이가 갖고 있는 선천적 기질 분석을 하고, 후천적 행동유형검사, 흥미적성검사와 가치관 검사, 탁월성검사를 병행하니, 코치이 스스로도 알지 못했던 자신의 잠재 능력을 끄집어내는 데 많은 도움이 되었다.

검사 도구는 미역국을 끓이기 위해 딱딱한 미역을 따뜻한 물에 담가 놓는 역할을 한다. 코치이 스스로도 모르는 사이 촉촉하게 젖어 드는 역할을 하는 것이다. 코칭을 진행하는 데 있어 심리학을 접목한 심리 도구는 코칭을 성공적으로 이끌어가기 위해서는 꼭 필요한 도구이다.

코칭을 하기 위한 도구는 다양하다. 선천적 기질을 알아볼 수 있는 도형심리, 후천적 행동유형인 DISC, 에너지의 방향에 따라 구분하는 성격유형검사인 MBTI, 9가지로 성격유형을 분류하는 에니어그램, 홀랜드 진로탐색검사, 교류분석, 가치관 검사 등을 코치이의 필요에 따라 접목해서 사용한다. 그동안의 경험을 비추어 보았을 때 검사측정 도구는 객관적 검사와 투사적 검사를 잘 섞어서 활용하는 것이 효율적이다.

객관적 검사는 신뢰도와 타당도 수준이 높고 검사를 시행하고 해석하기 쉬우며, 검사자와 상황 변인들의 영향을 덜 받고 검사자의 주관적인 개입이 배제되어 객관성을 확보할 수 있다.

반면 단점으로는 수검자는 자신의 취향이나 의도대로 사회적으로 바람직하다고 생각하는 대로 대답할 수 있으며 질문을 제대로 확인도 하지 않고 일괄적으로 응답할 수 있는 단점이 있어 수검자의 감정이나 무의식적인 내면을 확인하기 어려운 점이 있다.

투사적 검사는 수검자의 독특한 반응을 이끌어 낼 수 있고, 수검자가 질문에 대한 방어가 어려워 솔직한 대답을 이끌어 낼 수 있다. 또한 수검자의 다양한 심리적 특성과 무의식적 반응을 얻을 수 있는 반면, 신뢰도와 타당도 검증이 어렵고 검사자가 주변 상황의 영향을 받을 수 있는 단점과 검사 결과를 채점하고 해석하기 위해서는 높은 전문성을 갖고 있어야 한다는 어려움이 있다.

투사적 검사와 객관적 검사를 병행하면 투사적 검사에서 놓친 부분, 객관적 검사에서 미흡한 부분을 상호보완할 수 있어 상당히 효율적이다.

검사 도구를 통한 라포 형성은 코칭 시간을 절반 이상 줄여 주는 동시에, 자신도 몰랐던 자신의 기질과 행동유형을 파악하게 되어 스스로 무엇이 부족한지를 깨닫게 되고 무엇을 해야 원하는 것을 얻을 것인지에 대해 자발적으로 해결해 나갈 수 있는 디딤돌을 마련해주는 계기를 만들어준다.

내가 처음 코칭을 진행할 때 제일 먼저 쓰는 도구는 바로 도형심리검사를 통한 라포 형성이다.

도형심리검사를 활용한 코칭은 도형이론과 기질론을 접목한 심리상담의 한 기법으로 4가지 도형(●)(▲)(■)(S) 그리기를 통해서 내담자의 기질, 성격, 적성, 등을 읽어 각 기질의 강점을 극대화하고 단점을 보완하여 건강한 삶을 살 수 있도록 도움을 주는 프로그램이다.

도형상담은 상처받은 마음의 내적 갈등의 원인과 경제적인 문제, 이성문제, 자녀문제, 등도 찾아낼 수 있는 투사적 검사이다. 도형심리검사는 상담받고자 하는 코치이의 근본 문제를 짧은 시간에 파악할 수 있고, 코치이에게 신뢰감을 주면서 현재 코치이가 갖고 있는 내면의 심리상태를 파악할 수 있어 코칭의 본질로 들어갈 수 있고, 코치이에게 코칭에 대한 부담과 거부감을 없애 주는 장점이 있다. 또한 급한 한국인의 기질에 가장 적합하다(짧은 시간 안에 검사와 결과가 나온다). 무의식과 잠재의식에 있는 쓴 뿌리(마음의 상처)를 파악하여 치유할 수 있어서 진로 코칭을 하면서 제일 먼저 사용하는 도구이다.

## 2. 엘리스의 REBT 상담기법을 접목한 코칭

가장 기억에 남는 사례 중 하나는 고등학교 때 왕따를 당해 고등학교 2학년 때 자퇴를 했고, 검정고시를 통해서 항공전문학교 항공운항학과에 입학한 여학생이었다. 도형심리검사 결과 그 학생의 내면에 깊은 상처와 우울증이 있음을 알게 되었고, 검사 결과를 설명하자 대성통곡을 하고 자신이 아픈 과거를 털어놓기 시작했다.

그 학생은 중학교 다닐 때만 해도 학업성적도 좋았고 반장을 했을 정도로 활달한 성격이었다.

그런데 고등학교를 진학하면서 친했던 친구들과 헤어지게 되었고, 새로 입학한 고등학교에서 경쟁상대로 여겼는지 한 여학생이 무리를 지어 자신을 괴롭히기 시작하면서 성격도 소심해졌고, 학습 의욕도 떨어졌다.

늘 자신을 괴롭히는 학생들이 있는 학교에 가기 싫어지고, 그러다 보니 이런 핑계, 저런 핑계로 결석하는 날이 잦아져서 결국 자퇴하기에 이르렀다.

교육부 공무원이던 아버지, 자녀교육에만 정성을 다 쏟았던 어머니는 명문대 입학한 언니들과 다른 행보를 걷는 자녀를 이해하기보다는 늘 끊임없는 잔소리로 다그쳤고 그런 어머니에게 대들자 지역사회에서 의사로서 평판이 높았던 외삼촌에게 따귀를 맞는 일까지 생겼다.

충격을 받은 학생은 가족에게 마음의 문을 굳게 닫았고, 집을 떠나기 위해 검정고시를 치르고, 서울에 있는 스튜어디스를 양성하는 항공운항전문학교에 입학하게 된 것이었다.

가족과는 마음의 문을 닫아서, 꼭 필요한 일이 아니면 대화를 단절했고, 같이 공부하는 과 친구들은 물론, 수업 시간에 강의하시는 교수님하고도 눈도 제대로 마주치지 못할 정도로 자신감이 떨어져 있던 코치이. 처음으로 자신의 마음을 털어놓고 나니 홀가분하다며 한결 편안한 표정으로 진로 코칭을 할 수 있었다.

마음의 치유가 우선되어야 했기에 자신의 삶을 고통스럽게 만드는 비합리적 사고를 극복하고 인생에 대한 철학적 변화를 통해 자신이 원하는 삶을 효율적으로 영위하기 위한 엘리스의 REBT이론에 입각한 'ABCDE' 기법을 활용해서 상담을 진행했다. 비합리적 신념으로 인해 생긴 부정적 감정과 행동을 논박하고 학생이 지니고 있는 비합리적 신념을 합리적 신념을 발전하도록 도왔다. 우울한 감정과 불안, 분노의 주된 문제가 학업과 교우관계를 방해했다.

가족과의 관계에 등을 돌리게 했던 비합리적 신념을 밖으로 도출해 낼 수 있는 질문을 했다.

코치: 지금 가장 힘든 문제가 무엇인가요?

코치이: 나를 이해해 주지 못한 가족이 원망스럽고, 학교에서 나를 왕따시킨 그 친구들이 죽도록 미운 마음 때문에 가슴이 아파요.

코치: 그 아픈 가슴에선 뭐라고 하고 싶은 것 같아요?

코치이: 믿었던 사람이 나를 이해해 주지 않고, 내 마음을 제대로 표현하지 못하니까 화가 나고 섭섭했을 것 같아요.

코치: 엄마에게 대들었을 때 말리는 삼촌한테도 대들었다가 삼촌한테 맞았잖아요. 그때 어떤 생각이 들었어요?

코치이: "자기가 뭔데 나를 때려?"라는 생각이 들었어요. (촉발한 선행사건을 중심으로 자동적 사고를 탐색하도록 안내함)

코치: 부모님이 학교 자퇴는 하지 말라고 할 때는 어떤 생각이 들었어요?

코치이: '또 시작이네. 듣기 싫은 소리 언제까지 들어야 하나.'

(공감 후)

코치: 만약에 그 상황에서 한 발 물러나서 다르게 생각을 한다면 어떻게 해석을 할 수 있을까요?

(중략)

엘리스의 REBT 상담기법을 접목한 코칭은 코치이에게 인간의 감정이 사고방식이나 신념체계에 따라 달라진다는 것과 코치이의 감정을 지배하고 있는 비합리적 신념이 무엇인지, 그리고 상대적으로 합리적 신념은 무엇인지를 알게 해 준다. 이러한 코칭 과정에서 코치이가 타당화될 수 없는 비논리적 명제를 가지고 있다는 것과 그러한 신념들이 어떻게 장애나 증상들을 초래하는지 보여 준다. 즉, 사고와 감정이 어떻게 상호작용하는지, 자신이 갖고 있는 분노, 불안, 우울 등의 감정과 관련되어 비합리적 신념을 논박하면서 코치이 자신의 패배적 언어를 분석하게 된다.

Cure Coaching Process

| 단계 | 주요 활동 | 목적 | 적용 이론 |
|---|---|---|---|
| 1단계 | 도형심리검사 | 라포 형성, 심리치료 | ABCDE 모형이론 |
| 2단계 | 신념 자각하기 | 잘못된 신념 바로 잡기 | 엘리스의 인지 정서 행동적 상담(REBT 기법) |
| 3단계 | 내면의 감정 꺼내 놓기 | 합리적 사고 | |
| 4단계 | 적성검사 | 진로 적성 파악, 진로 설계 | 홀랜드 검사 |
| 5단계 | 행동 설계 및 실행하기 | 구체적 설계 및 실행 약속 | GROW 코칭대화모델 |

### 1) 코칭 1단계, 도형심리검사 실시

도형심리검사는 투사적 검사로서 4가지 도형 중에 가장 마음에 드는 도형은 3번을 그리고 나머지는 한 번씩만 그리는 과정이라, 검사를 하는 데 채 1분도 걸리지 않는다. 그냥 그리고 싶은 대로 그리지만, 그림에는 코치이의 내면이 고스란히 드러나게 되어 코치이가 말하지 않은 부분까지도 이해할 수 있어서 라포 형성에 도움이 많이 되고 코치이의 정서와 생각을 이해할 수 있다.

도형심리검사를 통한 공감적 이해는 코치이의 마음의 문을 열게 만들고 따뜻함이 전달될 수 있는 미소는 서로 간의 신뢰를 돈독히 할 수 있고, 자신의 내면을 드러내서 보게 되면 코치이는 자신의 문제와 직면할 수 있도록 한다.

도형심리를 통한 분석을 하다 보면, "혹시 코치님 점쟁이세요?"라는 말을 종종 듣는다.

그만큼 자신의 내면을 잘 파악해 주고, 자신을 있는 그대로 바라봐 주기 때문일 거라는 생각이 든다. 도형심리검사를 통해 코치이가 관계에 의한 극심한 스트레스와 우울증에 괴로워한다는 것을 알 수 있었고 코칭 질문을 통해 고등학교 시절 왕따를 당했던 사실과 가족 간의 소통 부재로 인해 대구에서 서울로 올라온 지 3개월이 지났는데 엄마하고는 전화 통화도 하지 않았다는 사실을 알게 되었다. 불편한 것이나 필요한 것은 인근 지역에서 직장생활을 하는 언니를 통해서 전달할 뿐이라 했다.

### 2) 코칭 2단계, 신념 자각하기

코치이가 겪었던 왕따와 가족들과 겪었던 선행사건이 자신의 삶에 어떤 영향을 미쳤는지, 그로 인해 지금의 삶은 어떤지, 코치이의 관념, 또는 신념과 태도는 어떤지에 대해 스스로 자각 할 수 있는 질문을 했다.

왕따 당한 이유에 대해서는 친구들이 자신을 부러워해서 자신을 고립시킨 거라고 했다. 아빠는 교육공무원 엄마는 지역에서 알아줄 정도로 활발하게 사회활동을 하는 분이었고, 외삼촌은 지역사회에서 알아주는 병원 원장이었다. 뭐 하나 부럽거나 아쉬울 게 없었으며, 공부도 잘했기에 매사 자신만만해서 친구도 골라 가며 사귀고, 공부 못하는 아이들은 무시하기 일쑤였다.

중학교 때는 함께 호응해주는 친구들이 있어서 자신이 최고인 줄 알았는데, 고등학교에 입학하면서는 호응해 주는 친구도 없었고, 평소 자만심과 이기심이 가득한 자신을 이해해 주는 친구도 없었다. 점점 친구들은 무리를 지어 자신을 고립시키기 시작했다는 것이었다.

밥도 혼자 먹게 되었고, 매사 자신감이 떨어지니, 성적도 형편없어지고, 아무도 인정해 주지 않는 학교도 가기 싫었고, 그 과정에서 가족들과 여러 가지 불협화음을 일으키게 되었다. 결국 심한 우울증과 과거 괴롭힌 사람들에 대한 증오와 분노, 가족에 대한 배신감, 대인 불안으로 누구와도 어울리기 싫고 사람들은 모두 나를 싫어할 거라는 부정적 생각과 자존감 부족, 발표불안, 등으로 이어져 학교생활이 어려워져서 결국 자퇴를 하게 되었다.

### 3) 코칭 3단계, 내면의 감정 꺼내놓기

선행사건은 자신에게 어떤 영향을 끼쳤는지, 선행사건이 자신을 망쳤다고 생각하는 비합리적 사고로 인해 자신이 얻은 것은 무엇이고, 잃은 것에 대한 정서적 결과로 인해 느끼는 불안, 원망, 비관, 죄책감을 꺼내 놓게 하였다.

#### (1) 내면의 감정이 주는 고통스런 상황 펼쳐놓기

과거 힘들었던 상황들은 외상후스트레스장애 증상을 일으켰다. 감정과 충동 조절에 대한 어려움이 있었고, 자신은 이 세상에 필요 없는 존재라는 생각이 들기도 하면서 불면증에 시달리고, 음식을 먹으면 잘 체하고 자주 토하는 소화 장애를 일으키기도 하는 괴로움에 대한 코치이의 여러 가지 문제에 대해 경청하였다.

**(2) 코치이의 감정 공감하고 반응하기**

코치이가 어떤 감정을 느끼고 있는지 알아차리는 것이 코치이의 감정에 대해 배우도록 도와주는 첫 번째 단계라서 코치이의 눈으로 세상을 보려고 노력하고 그 감정언어로 공감해 주고 반응해 주었다.

"가족이 너랑 생각이 같지 않아서 속상했겠구나."

"삼촌이 제대로 알지 못하면서 심하게 대한 것 정말 네가 억울하겠다."

"네 마음을 제대로 이해해 주지 않아 정말 화가 많이 났었겠다."

**(3) 경청하기**

가족과 친구들에 대한 미운 감정과 누굴 미워하는 자신이 싫다는 코치이의 마음은 문제가 없다는 것과 다른 사람이 자신에 대해 어떻게 생각할지에 대한 불안에 떨고 있는 코치이에게 그런 기분을 갖는 것은 자기만이 아니라는 것을 알게 해 주었다.

"속상한 마음 충분히 이해된다. 나라도 속상해서 눈물이 펑펑 나왔을 것 같아."

"누굴 미워하는 마음은 누구에게나 있을 수 있어."

"나도 다른 사람 모두 좋아하지 않는 것처럼 다른 사람들도 모두 다 나를 좋아하지는 않아."

"다른 사람이 나를 어떻게 생각할지보다 내가 다른 사람의 의견을 어떻게 받아들여야 할지를 생각하는 것이 더 좋아."

### 4) 코칭 4단계, 심리학자 엘리스의 'ABCDE' 모형이론 활용

A는 Activating Event(선행사건), B는 Belief System(신념체계), C는 Consequence(결과), D는 Dispute(논박), E는 Effect(효과)를 말한다. 우리가 어떤 사건을 만나면 우리 안에서 일어나는 사고, 즉 인지체계가 이 과정을 거쳐 진행된다는 것이다. 상상력을 동원하여 학생이 겪었던 상황을 이 모형에 대입해 보면 쉽게 이해가 간다.

예를 들어 학생이 새로 진학한 고등학교에서 왕따를 당하고 가족들과의 불화는 선행사건이 된다(A 선행사건). 다음은 자퇴하게 되어 검정고시를 보고 직업전문학교에 진학한 것으로 인해, '나는 친구들 사이에서 공부 못하는 학생, 가족과 다른 사람들에게는 대인관계를 못하는 사람으로 찍히게 될 거야'라는 신념을 가지게 된다(B 신념체계). 그 후에 학생은 '나는 누군가를 미워하는 것도 싫고, 학교에 잘 적응하지 못하는 나 자신에게 화가 나나 이제 어떻게 되는 거야? 친구들은 나를 피하고 형편없게 될 것이고, 같은 교우들 대하기도 겁이 나고, 나를 신뢰하지 못하는 부모님한테 수업료 받으면서 학교를 다녀야 하나? 내가 정말 싫다는 마음에 휩싸이는 결과에 직면한다(C 결과). 생각이 이렇게 진행되면 부정적인 그 결과에서 헤어 나오지 못하고 문제를 더욱 키우게 된다. 그런데 코칭에서는 부정적인 결과인 이 'C'에 머무르고 있는 것을 논박의 과정(D)로 가져갈 수 있다. 코칭을 통해 논박의 과정을 거치게 되면 부정적인 결과는 점차 다른 방향으로 바뀌게 된다.

엘리스의 'ABIDE' 모형은 '셀프코칭'뿐 아니라, 자신을 자가 치료하는 데에도 도움이 될 수 있다. 이를테면 이렇게 논쟁한다. 자신의 인지 안에서 이루어지는 논박이다.

'그래. 내가 자퇴했다고 해서 인생의 낙오자는 아니지. 자퇴했다고 해서 학교를 포기하지 않고 검정고시를 통해서 오히려 다른 친구들보다 1년 먼저 대학공부를 시작했으니, 오히려 더 많은 공부를 할 수 있는 기회가 될 수 있지 않을까?' 이런 논쟁을 거치면 효과(E)가 다르게 나타난다. 자퇴하고 검정고시를 받은 것은 그리 썩 좋은 일은 아니었지만, 그렇다고 인생이 끝장날 정도로 심각한 일은 아니다. 앞으로 대학과 대학원 공부를 계속한다면 지금의 상황이 죽을 정도로 절망적인 일은 아니라는 결론에 이를 수 있다.

선행사건에 대해 논박을 하지 않았던 상황에서의 결과와 자신의 인지체계 안에서 논박을 거친 후의 결과는 사뭇 달랐다. 심각하게 우울했던 일이, 기분은 나쁘고 조금은 실망스럽지만 아주 못 견딜 일은 아니라는 것으로 바뀐 것을 볼 수 있었다. 결론적으로 왜곡된 인지, 즉 잘못된 신념이 올바르게 교정된 것이다.

물론 예기치 않게 어려운 일을 만났을 때 우리의 인지체계가 이렇게 작동되는 것만은 아니다. 세상은 교과서에 있는 이론에 맞추어 돌아가는 것이 아니기 때문이다. 그러나 이번에 상담한 코치이의 경우 스스로의 노력으로 좋은 방향으로 수정해 나갔고, 덕분에 좋은 결과를 얻게 되었다.

코칭심리학의 'ABCDE'가 빛을 발한 결과였다. 모든 사람의 내면에는 무궁한 자원이 있다. 우리는 원하든 원하지 않은 모두 렌즈를 끼고 있다. 자신의 경험과 지식을 배경으로 한 렌즈이다. 이렇듯 인간을 바라보는 시각이 어떠냐에 따라 그 사람의 가치관은 달라진다. 그 가치관에서 생각이 파생되고 생각에서 행동이 나온다. 긍정적인 인간관을 가지고 있는 사람은 사람을 대할 때 긍정적인 눈으로 바라본다. 사람은 무엇인가 할 수 있고, 능력이 있으며 얼마든지 성장하고 변화할 수 있는 존재로 인식하는 것이다. 단지 잠재되어 있는 능력이 외부 환경이나 자신의 잘못된 인식으로 눌려 활짝 피지 못했을 뿐 어떤 식으로든 장애요인만 제거해 주면 금방 환하게 필 것으로 본다.

코칭에서 바라보는 인간관은 긍정적인 인간관이다. 사람의 내면에는 무궁한 자원이 있고 누군가의 도움만 받으면 얼마든지 아름답게 꽃 피울 수 있다고 보는 것이다. 심리학적 측면에서 인간은 자율적이고 책임 있는 선택을 할 수 있는 '인간중심의 인간관'을, 경영학에서는 스스로 근면 성실하게 일할 줄 아는 Y 이론의 인간관을 택하고 있다.

코칭에 대한 여러 가지 정의가 있지만, 나는 코칭은 '상대의 자발적인 행동을 촉진하기 위한 소통기술'이라고 정의한 '스즈키 요시유키'의 정의가 가장 마음에 와닿는다. 자발적인 행동을 촉진하기 위해서는 문제의 핵심을 끄집어낼 수 있는 의미 있는 질문과 맥락적 경청을 할 수 있어야 하고, 코치이가 신뢰할 수 있는 책임감 있는 자세를 갖는 것이 중요하다.

코치는 코치이가 자신의 내면에 있는 잠재력을 최대한 끌어올릴 수 있도록 도와주는 마중물이자 스스로의 삶의 목표를 정하고 새로운 변화를 통해 새 삶을 살도록 도와주는 산파이기 때문이다.

#### 5) 코칭 5단계, 행동설계 및 실행하기

REBT의 치료가 마무리되는 단계에서 코치이가 이루고 싶은 것에 대해 구조화된 코칭대화의 모델로 IGROW 대화법을 활용하였다.

(G) Goal: 주제/목표

"해결하고 싶거나 이루고 싶은 것은?"이라고 질문했을 때 학생은 가족들과 잘 지내고 학교생활을 잘하고 싶고, 원하는 직장에 들어가는 것이라 대답하였다.

(R) Reality: 현재 상황

"현재의 상황은?" 아무것도 하기 싫고, 의욕도 없고, 만사 귀찮고 재미있는 것이 없다고 하였다.

(O) Option: 방법

그럼에도 불구하고 목표를 이루기 위해 시도해 볼 수 있는 방법을 찾기.

(W) Will: 실행

꿈의 목록을 작성하고 장기목표와 단기목표를 설정한 다음 계획표를 작성하면서 비로소 자신이 원하던 것이 무엇인지를 깨닫게 되었고, 원하는 목표를 꼭 이루겠다는 의지도 다지게 되었다. 늘 무표정한 모습으로 상대방과 눈도 잘 마주치지 못하는 코치이의 자존감 찾기, 관계 개선하기 위한 솔루션이 진행되었다.

**행동 설계 및 실행하기**

(1) 하루에 거울 보고 50번씩 웃어 보기

(2) 웃는 모습 사진 찍어 코치한테 전송하기

(3) 감사일기와 생활일기 쓰기

(4) 서먹한 교우들에게 사탕 나누어 주기 등

(5) 매일 목표 일정 체크하고 성과 확인하기

처음에는 어색해하던 사진 속의 모습은 회가 거듭할수록 당당하고 예쁜 미소를 담은 사진으로 변모되었고, 감사일기 미션을 통해 부모님께 감사함을 담은 정성 어린 손편지를 쓰기에 이르렀다. 친구들에게는 어떤 말로 다가갈지 몰랐는데, 평소에 준비했던 사탕을 하나씩을 나누어 주니, 자연스럽게 대화가 이어지고 친구들이 먼저 다가와 주어서 본래 밝고 건강했던 본인의 성격을 되찾게 되었다. 스튜어디스가 되기 위해 원하는 토익 점수 목표를 세우고 달성하면서, 자신감도 생겼고, 학생회 일까지 자청해서 하게 되면서 활기찬 학교생활을 하게 되었다.

졸업할 때까지 꾸준한 코칭으로 뿌리 깊게 자리 잡은 코치이의 비합리적 신념에 대한 논박을 습관화하기 위해 여러 가지 기법들을 접목하였고, 홀랜드의 흥미 적성검사를 통해 자신이 좋아하는 일을 어떻게 하면 잘 할 수 있는지에 대한 방법도 스스로 찾아갈 수 있게 되었다. 덕분에 학생은 졸업하기 전에 원하는 항공사에 취업이 되었고, 후배들에게 도움이 되고자 자신의 성공스토리를 셀프동영상으로 찍어 학교 홈페이지에 올려 준 덕분에 많은 학생들이 진로 코칭 센터를 방문하고 있다.

## 3. 성찰

보험회사에 근무하면서 텔레마케터의 성과중심 코칭을 했을 때나 학교에서 진로 코칭 을 하면서 활용한 측정도구와 심리상담기법은 코칭을 진행하는 데 있어 학생들을 돕고 가치명료화와 목표설정, 계획수립 및 실행 등을 돕는 데 있어 상당히 유익하다.

코칭 효과를 극대화하기 위해서는 어느 학생에게 어떠한 코칭 도구를 언제, 어떤 방식으로 사용하는 것이 좋은가에 대한 정답은 존재하지 않는다. 코칭 대상이 무한한 가능성과 잠재력을 가진 존재로서의 인간이기 때문이다. 그래서 기존에 있었던 코칭 도구를 활용함과 동시에 주로 코칭하는 학생에게 맞는 도구를 만들어서 활용한다.

이렇게 적재적소에 맞는 코칭 도구를 활용해서 성공적인 코칭 결과를 이루어내기 위해서는 전문적인 지식과 훈련을 위한 꾸준한 노력이 필요하다.

### 참고문헌

한국형 도형심리 검사 척도 개발을 위한 타당성 연구, 김재진, 윤천성, 2014. 9. 30.
REBT접근을 통한 개인의 낮은 자존감 회복을 위한 연구, 서은희, 2008. 2.
가치관과 진로지도, 교육개발, 17(1982. 4.)
워크넷: www.work.go.kr/
미라클 캐릭터 코칭: 오미라 원장과 함께 하는 마법의 도형심리코칭, 오미라 지음

## 박지연

처음 '코칭'을 접하게 된 것은 2002년 보험회사에서 텔레마케터 관련된 일을 하면서였다. 텔레마케터로 시작해 1년 만에 슈퍼바이저, 5년 만에 콜센터 센터장으로 승진하였다. 짧은 기간에 좋은 성과를 이루어 낸 것은 '코칭'의 힘이었다. 코칭으로 고객 스스로 보험이 필요한 이유를 찾게 했고, 텔레마케터들에게 고객에게 어떻게 해야 좋은 정보를 제공할 수 있는지에 대해 코칭하면서 생각지도 못한 성공을 거두었다. 코칭업무를 진행하다 보니, 코칭과 관련된 다양한 공부를 하게 되어 '평생교육사', '심리상담사', '청소년상담사', '인성지도사' 등 13개의 국가자격증 및 민간자격증을 취득하였고, 대학원 석사과정도 마쳤다. 국가직무표준인 NCS강사로도 활동하며, 라이프 코칭 , 진로 코칭 , 비즈니스 코칭 과 더불어 집단 코칭 강의를 진행한다. 2014년부터 아세아항공직업전문학교 코칭교육원장으로 근무하면서 학생들 진로와 라이프 코칭, 취업 코칭을 담당하고 있다. 저서로 『내 삶을 바꾸는 기적의 코칭』, 『나비의 내일』이 있다.

페이스북: https://www.facebook.com/profile.php?id=100001161494801
블로그: https://blog.naver.com/msp9775

# 교사와 학부모에게 유용한 학생 코칭 - 진로 설계 중심

배명숙

교사나 학부모에게 있어서 학생들의 진로 지도는 매우 중요한 과제 중의 하나이다. 진로 코칭은 학령에 따라서 일반적으로 초등학교에서 진로 인식 과정, 중학교에서는 진로 탐색 과정, 고등학교에서는 진로 설계, 진학 전략 과정으로 구분하여 지도하고 있다. 각 과정에 따라 흥미 적성 검사, 직업 탐색 활동, 적성 검사, 진로 설계, 진학 전략, 학습 습관 분석, 학업 성취도 분석, 직업 체험 등의 세부 활동을 통하여 '어떤 사람이 되고 싶은가, 어떻게 살고 싶은가?'에 대한 큰 그림을 그리며 자신의 진로를 준비하게 된다.

대략 중학교 3학년~고등학교 2학년 학생들에게 유용한 RAINBOW 진로 설계 과정을 바탕으로 한 진로 코칭 사례를 소개하고자 한다. 학부모는 이러한 진로 설계 과정의 얼개를 이해하고 있으면서 평소 자녀와의 대화에서 핵심적인 질문/인정/지지/격려 등을 통하여 자녀의 진로 설계를 도울 수 있고 교사는 진로 지도 수업이나 개별 진로 상담 시간에 활용이 가능할 것으로 생각된다.

## 1. RAINBOW 진로 코칭(진로 설계 과정) 소개

| 단계 | 코칭 과정 | 주요 활동 | 단계별 목표 |
|---|---|---|---|
| I | Rapport (마음 다리 놓기) | 행동유형 분석 | 1. 참가자들이 상호 라포를 형성할 수 있다.<br>2. '행동유형분석'을 활용하여 자신의 행동유형과 강점을 알아보고 보완점도 생각해 볼 수 있다. |
| II | Aim (목표), Identity (정체성) | 인정/칭찬 | 1. 당장 이루고 싶은 것, 1년, 5년, 10년 안에 이루고 싶은 것 등 장단기 목표와 목표를 설정한 이유와 목적을 알아보는 단계이다.<br>2. 자신이 좋아하는 것, 강점 등을 알아보고, 객관적인 관점에서도 바라보게 되면서 진정한 자신의 정체성을 발견할 수 있다. |
| III | Needs (욕구, 필요) | 가치인식 | 1. 자신이 어떤 가치에 중점을 두고 살아가고 싶은가, 어떠한 경우에도 양보할 수 없는 핵심 가치는 무엇인지를 알아본다.<br>2. 내면의 욕구와 가치 인식을 통하여 자신의 가치를 재발견할 수 있다. |
| IV | Be better (더 나은), Options (대안) | 지지/격려 | 1. 목표에 도달하기 위해서 자신이 노력하고 있는 것, 변화와 성장 그리고 성과를 창출하기 위해 더 나은 대안 등을 알아볼 수 있다.<br>2. 더 집중해야 할 것, 버려야 할 습관을 알아보며 자신을 변화와 성장을 이끌어내는 과정이다. |
| V | Will (실행 의지) | 명언/ 메시징 | 1. 장단기목표 달성과 자아실현의 의지를 명확히 한다.<br>2. 가정이나 사회 구성원으로서 기여하고자 하는 비전과 가치 실현의 의지를 다짐하는 단계이다. |

## 2. RAINBOW 진로 코칭(진로 설계 과정) 활용 방안

1) RAINBOW 진로 프로젝트는 진로 설계 과정과 진로 전략 과정으로 나뉜다.
2) 진로 설계 과정 :'Rapport/Aim, Identity/Be better, Options/Will'의 절차에 따라 자신의 꿈을 찾아 가는 프로세스로써 자기 자신의 꿈을 발견하고 꿈을 향해 가는 계획과 전략, 구체적인 실천과정을 설계하고 실행하는 과정이다.
3) 진로 전략 과정: 학습 습관 분석(학습동기, 시간관리, 진로진학 로드맵, 자기주도학습 관리, 수업 전략, 학업 성취도 분석 등)
4) 단계별로 '행동유형분석, 인정/칭찬, 가치인식, 지지/격려, 명언/메시징'을 통해 자기 자신의 내면의 가치를 발견할 수 있도록 돕는다.
5) 긍정질문, 상승질문, 자원질문, 명확화 질문, 집중질문 등 코칭 질문 기법이 사용되어 자기 자신의 자원을 발견하여 에너지를 얻고 목표 달성 동기, 삶의 가치실현 욕구가 유발되어 이를 실행하는 의지가 생긴다.
6) RAINBOW 진로 프로젝트 단계에 따라 질문하면서 경청, 인정, 지지를 하면서, 들은 내용을 다른 말로 바꾸어 질문하기(paraphrasing 기법), 키워드로 추가 질문하기 등 다양한 피드백 기법을 활용하여 학생이 원하는 목표를 이룰 수 있도록 촉진자의 역할을 할 수 있다.
7) 개인 진로 코칭 또는 집단 대상으로 실시할 수 있으며 학교 수업에 모둠활동이나 급우들끼리의 '피어코칭' 자료로 활용이 가능하다.

### 3. RAINBOW 진로 코칭에서 활용하는 주요 코칭 질문 및 피드백 스킬

1) **Resourceful 기법:** 상대방이 좋아하는 주제, 자신 있는 주제를 화제로 꺼내기, 상대의 전문성 존중하는 질문하기, 말할 에너지를 높여 주는 분위기를 조성하기, 주제에 몰입하기, 긍정, 지지 feed-back 주기.
2) **Key word로 되물어보기:** 상대가 사용한 단어를 사용하여 연결질문 또는 집중질문하기(질문에 질문 꼬리 물기)
3) **Paraphrasing:** 상대가 한 말을 자신의 언어로 바꿔 이야기함으로써 상대로 하여금 말하는 내용을 완전히 이해했음을 확인할 수 있는 기법.
4) **What if:** 창의성을 길러 주는 질문, '만약 (　　)라면'이라는 가정을 통해 또 다른 시각에서 관점을 넓힐 수 있는 기법.
5) **Why not:** 도전을 주는 질문 기법, '○○분야는 가능한데 ◇◇분야는 왜 안 돼?'
6) **Humble Inquiry:** 예외 상황이 있는지 물어보기, 겸손한 태도로 혹시, 변화가 필요하다면 어떤 것, 혹시, 어떤 것에 더 집중해야 한다면 그것은 무엇일까? 등
7) **맥락적 경청:** 말하지 않은 것까지 듣기
8) **존중/인정/지지하기:** 학생의 생각, 선택을 존중하고 가능성을 믿고 인정/지지해 주기
9) **What보다 Who에 집중**하여 개인의 잠재능력과 가치실현, 목적에 관심 갖기

## 4. RAINBOW 진로 프로젝트 단계별 질문(예시)

진로 설계

### Ⅰ.Rapport : 자신 소개하기, 나의 행동유형 알아보기

Q1 : 특별히 관심이 많고 좋아하는 분야, 즐겨하는 활동은 무엇입니까?

Q2 : 자신의 좋은 학습 습관 한 가지를 소개해 주시겠습니까?
그 습관을 유지하는 비결은 무엇입니까?

Q3 : 친구들이 (　　)님과 친하게 지내면 어떤 점을 좋아할 것 같습니까?

Q4 : 다음 단어들 가운데 자신의 행동과 가깝게 표현된 것은 어느 것입니까?
(○표 하기)

행동유형분석

자주적인, 솔직한, 용기 있는, 목표 지향적인, 설득력 있는, 사교적인, 지도력 있는, 경쟁을 좋아하는, 논쟁을 좋아하는, 의지가 강한, 차분한, 포용력이 있는, 참을성이 많은, 참을성이 적은, 표현을 잘하는, 잘 표현하지 않는, 친절한, 변화를 좋아하는, 낙천적인, 다소 충동적인, 안정적인, 갈등을 회피하는, 마음이 따뜻한, 심사숙고하는, 비판력 있는, 분석적이고 논리적인, 협동적인, 체계적인, 진지한, 일관성 있는, 유머가 있는, 유머가 어색한, 사교적인, 용서를 잘하는, 수줍음, 의존적인, 말주변이 좋은, 완벽한, 호의적인, 부지런한, 다소 게으른, 의지가 강한, 다소 의지가 약한.

Q5 : 표시한 단어들을 보며 자신의 강점을 소개해 주시겠습니까?(경험 포함)

Q6 : 그러한 강점은 인간관계나 학습 스타일에 어떻게 나타납니까?

Q7 : 혹시, 자신에게서 보완하고 싶은 것이 있다면 어떤 것입니까?

진로 설계

## Ⅱ. Aim, Identity : 목표와 정체성 알아보기

Q1 : 요즘 새롭게 떠오른 관심사는 무엇이며, 이러한 관심은 앞으로 어떻게 발전될 가능성이 있습니까?

Q2 : 지금까지 들어본 인정/칭찬 가운데 기억에 남는 것은 어떤 것들이 있습니까? 앞으로 스스로에게 하고 싶은 인정/칭찬은 무엇입니까?

Q3 : 지금까지 보고 들은 직업 가운데 '나도 한번 해 보았으면' 하는 직업은 어떤 것들이 있습니까?

Q4. 그 직업을 통하여 나 자신과 가정, 그리고 사회에 공헌할 수 있는 것은 무엇입니까?

Q5 : 지금부터 약 10년간, 어떤 목표로, 어떤 삶을 살기를 원합니까?

〈나의 인생 10년 로드맵〉

| 시기<br>( 년도 )<br>나이(세), 학년 | 장/단기적 목표<br>가장 중요한 세부 목표 | 목표를 세운 목적/이유는 무엇이며<br>어떻게 하고 있을 것인가 예견해 보기 |
|---|---|---|
| 올해<br>(　　　년)<br>세,　학년 | | |
| 1년후<br>(　　　년)<br>세,　학년 | | |

| 시기<br>( 년도 )<br>나이(세), 학년 | 장/단기적 목표<br>가장 중요한 세부 목표 | 목표를 세운 목적/이유는 무엇이며<br>어떻게 하고 있을 것인가 예견해 보기 |
|---|---|---|
| 3년후<br>(　　년)<br>세,　학년 | | |
| 5년후<br>(　　년)<br>세,　학년 | | |
| 10년후<br>(　　년)<br>세,　학년 | | |

Q6 : 자신의 인생 10년 로드맵에서 가장 중요한 것은 언제, 어떤 목표입니까?

Q7 : 그것은 왜 중요하며 삶 전체로 볼 때 어떤 의미를 가지고 있습니까?

Q8 : 가장 고민이 되는 부분은 무엇이며 그 가능성을 높이기 위하여 지금 해야 하는 일은 무엇입니까?

진로 설계

## Ⅲ. Needs : 내면의 욕구와 가치인식 알아보기

Q1 : 그동안 시간과 열정을 바쳐서 노력해왔던 것이 있다면 어떤 것입니까?
이번에 세운 목표와는 어떤 관련성이 있습니까?

Q2 : 혹시, 마음속에만 있고 실천하지 못하는 것이 있다면 어떤 것입니까?
그것을 실행에 옮기기 위해서 어떤 용기나 시도가 필요합니까?

Q3 : 혹시, 부모님이나 선생님으로부터 불편했지만 '쓴소리'가 있었다면 어떤 것입니까?
그 '쓴소리'가 주는 교훈은 무엇입니까?

Q4 : 올해의 목표를 달성하기 위한 이번 달의 목표와 주별 실행과제는 무엇입니까?

| 이번 달의 목표<br>( 월) | | | |
|---|---|---|---|
| 1주 실행과제 | 2주 실행과제 | 3주 실행과제 | 4주 실행과제 |
| •<br>•<br>• | •<br>•<br>• | •<br>•<br>• | •<br>•<br>• |
| 방해요소 제거 | | | |

Q5 : 힘든 일이 있어도 꼭 지키고 싶은 삶의 가치는 무엇입니까?
(◯표 하기)

가치인식

정직, 선함, 독창성, 지성, 근면성, 책임감, 도덕성, 창의성, 공정성, 원칙, 행복, 즐거움, 인간관계, 성공, 용기, 생산성, 실용성, 업무역량, 유능함, 목표달성, 전문적 지식, 지혜, 종교, 지위, 안전, 도전, 평화, 정의로움, 이타심, 자주성, 긍정성, 야망, 성취, 리더십, 권리, 의무, 학업(학문, 학위), 경제적 능력, 자격증, 기술, 명예, 우정, 문화 예술, 사랑, 가족애, 평안, 건강, 나눔, 봉사, 사회 공헌, 인류애.

Q6 : 이러한 가치는 삶에서 어떻게 나타나고 있으며 미래의 삶에서 어떻게 발현되기를 바랍니까?

Q7: 이번에 설정한 목표와는 어떤 연관성이 있습니까?

Q8: 위의 예시 외에 자신이 지키고 싶은 삶의 가치는 어떤 것이 있습니까?

Q9: 이러한 가치는 더 나은 사회를 만들어 가는 데 어떻게 기여되기를 바랍니까?

진로 설계

## Ⅳ. Be better, Option : 더 나은 대안 알아보기, 지지와 격려

Q1 : 이번에 세운『나의 인생 10년 로드맵』에서 가장 가까운 시기에 도달해야 하는 목표는 무엇입니까? 그 데드라인은 언제입니까?

Q2 : 지금 목표한 것을 기간 내에 목표에 도달하기 위한 실천 전략은 무엇입니까?

Q3 : 목표로부터 '역산'을 한다면 부지런히 서둘러야 하는 일은 무엇입니까? (*역산(Backward scheduling): 목표에 도달될 시점으로부터 거꾸로 각 시점별로 해야 할 일을 계획해 보는 것)

Q4 : 목표를 이루기 위하여 자신이 가진 자원을 100% 이상 잘 활용하고 있는 것과 더 활용되어야 할 자원은 무엇입니까?

Q5 : 목표달성에 필요한 지식과 정보는 무엇이며 그것을 얻는 방법은 무엇입니까?

Q6 : 목표를 달성하는 데 방해가 되는 것이 있다면 어떤 것입니까? 그러한 방해를 극복할 수 있는 방법은 무엇입니까?

Q7 : 혹시 버리고 싶은 습관이나 버려야 할 물건/마음이 있다면 어떤 것입니까?

Q8 : 학업과정과 진로과정에서 지지와 격려를 받고 싶다면 누구로부터 어떤 지지와 격려를 받고 싶습니까?

Q9 : 학업과정과 진로과정에서 도움이 필요하다면 누구로부터 어떤 도움을 받고 싶습니까?

진로 설계

## V. Will : 실행 의지와 삶의 나침반

Q1 : 이번 목표를 달성하고자 하는 의지를 숫자로 표현한다면 몇 점입니까? (1~10점), 그 숫자의 의미는 무엇입니까?

Q2 : 목표를 달성했다는 것을 객관적으로 알 수 있는 방법은 무엇입니까? 결과물이 있다면 그것은 무엇입니까?

Q3 : 목표를 잃지 않게 하는 자신만의 '닻'이 있다면 어떤 것입니까?
(*닻: 푯대(Anchoring), 긍정적 경험을 최대로 느끼고 기억하여 목표 도달에 사용되는 자원)

Q4 : 목표한 것을 성공적으로 달성하였다면 자신에게 어떤 선물을 주고 싶습니까?

Q5 : 가정이나 학교, 나아가 사회에 기여하고 싶은 가치는 무엇입니까?
- 가정 :
- 학교 :
- 사회 :

Q6 : 평소 자신의 삶에 나침반이 되는 명언이 있다면 어떤 것입니까?

Q7 : 다음 중 마음에 새기고 싶은 명언은 어떤 것입니까?

| NO | 명언 / 메시징 | 체크(V) |
|---|---|---|
| 1 | 미래는 준비하는 자의 것이고 성공은 실천하는 자의 것이다.<br>-피터슈워츠, 안종배- | |
| 2 | 당신이 할 수 있다고 생각하든 또는 할 수 없다고 생각하든, 당신이 옳다.<br>-헨리 포드- | |
| 3 | 처음에는 우리가 습관을 만들지만, 그 다음에는 습관이 우리를 만든다.<br>-존 드라이든- | |
| 4 | 독서는 풍부한 사람을, 담론은 준비된 사람을, 글쓰기는 정확한 사람을 만든다.<br>-프란시스 베이컨- | |
| 5 | 탁월한 능력은 새로운 과제를 만날 때마다 스스로 발전한다.<br>-발타사르 그라시안- | |
| 6 | 지식이 없는 선함은 약하고, 선함이 없는 지식은 위험하다.<br>-존 필립스- | |
| 7 | 인생은 변화하고, 성장은 선택사항이다. 현명하게 선택하라.<br>- 카렌 카이저 클라크- | |
| 8 | 당신이 세울 목표가 조금은 터무니없는 것이어야 한다. 대부분의 사람들이 하지 않을 일들을 시도해야한다.<br>-래리 페이지- | |

Q8 : 마음에 새긴 명언은 자신의 삶에 어떻게 쓰이길 바랍니까?

## 5. RAINBOW 진로 프로젝트(진로 설계 과정) 코칭 사례

(1) 코치이(고객): 고등학교 입학을 앞둔 예비 고등학교 1학년, 남학생 A군

(2) 코칭 이슈: 이제 고등학생이 된다고 생각하니 대학교는 가고 싶은데 성적도 별로 좋지 않고 어디를 가야 할지 모르겠어요. (고입을 앞둔 2월)

(3) 코칭 세션: 2월, 1주 간격으로 3회

(4) 단계별 질문과 답변 요약

### I 단계: Rapport (마음 다리놓기)

코치: 만나서 반갑습니다. 자기 자신 소개해 주시겠습니까? 뭘 좋아하는지, 관심분야, 자랑 등 자유롭게……

코치이: 운동은 축구를 좋아하고 컴퓨터 게임을 즐겨 합니다. 특별히 관심 있는 분야는 잘 모르겠고, 수업 중에는 집중을 좀 하는 편입니다. 친구들 사이에는 인기가 있다고 생각합니다.

피드백: 축구를 좋아하고 친구들 사이에 인기도 있는 편이며 수업 중에 집중도 잘하는 편이군요.

코치: 자신의 좋은 학습 습관 한 가지를 소개해 주시겠습니까?

코치이: 글쎄요…… 별로 좋은 학습 습관은 없는 것 같습니다.

코치: 그럼 먼저 다음 '행동유형 분석' 카드에서 자신을 묘사하는 단어는 어떤 것들인지 골라 보시겠습니까?

코치: ‘차분한, 포용력 있는, 갈등을 회피하는, 협동적인, 마음이 따뜻한, 다소 게으른’을 선택하였군요. (DISC 행동유형 분석으로는 S유형(안정형)으로 보임)

코치: 선택한 카드를 보며 자신의 강점은 무엇이라고 생각됩니까?

코치이: 마음이 따뜻하고 사람들과 잘 어울린다는 것은 강점이라고 생각합니다.

코치: 혹시 자신이 보완하고 싶은 점이 있다면 어떤 점이라고 생각합니까?

코치이: ‘목표 지향적인, 유머가 있는, 의지가 강한’ 모습을 보완하고 싶습니다.

**피드백:** 운동도 잘하고 수업에 집중을 잘하는 것은 매우 멋진 모습입니다. 특히 사람들과 잘 어울리는 것도 큰 강점이군요. 목표지향적인 모습, 의지가 강한 모습을 갖고 싶다는 것을 보니 목표를 성취하려는 마음이 자신의 내면에 있어 보입니다. 유머가 있는 모습은 사회생활에서 좋은 자원이 될 것입니다.

II 단계: Aim (목표) & Identity (정체성)

코치: 요즘 새롭게 떠오른 관심사는 무엇입니까?

코치이: 아무래도 대학 입학…… 중학생일 때는 고등학교 입학이 걱정이었는데 공부는 잘 못하지만 이제는 대입에 관심을 갖게 되었습니다.

코치: 만약 공부를 잘한다면 어떤 전공을 하고 싶습니까?

코치이: 음…… 만약 내가 공부를 잘한다면 법학을 전공하고 싶습니다.

코치: 아, 법학을 전공하고 싶군요. 법대를 졸업하게 되면 무슨 일을 하고 싶습니까?

코치이: 변호사가 되고 싶습니다.

코치: 아, 네. 변호사가 되고 싶다는 생각을 한 계기가 있었다면 어떤 것이었습니까?

코치이: 친척 중에 동남아인과 결혼한 사람이 있어요.(다문화 가정) 그 사람이 회사 다니다가 봉급도 다 못 받고 부당하게 쫓겨났었는데 어떤 변호사가 그걸 다 받게 도와 준 얘기를 들었어요. 그 때 변호사가 참 멋지다 생각했어요.

**피드백:** 그렇군요. 정말 멋진 변호사의 모습이네요.

코치: 우리 A님이 변호사가 된다면 어떤 변호사가 되고 싶습니까?

코치이: 어려움을 당한 사람을 돕고 싶습니다.

코치: 변호사가 되기 위한 '나의 인생 10년 로드맵'을 그려 보시겠습니까? 가장 중요한 시기는 언제입니까?

코치이: 지금부터 3년, 대학입학이 가장 중요합니다. 그 이유는 대학과 전공에 따라서 할 수 있는 직업이 달라지기 때문입니다.

코치: 가장 고민이 되는 부분은 무엇입니까?

코치이: 역시 성적이 가장 고민입니다.

코치: 가능성을 높이기 위해서 지금 할 수 있는 일은 무엇입니까?

코치이: 학습 계획을 세우고 학습 시간을 늘리는 것입니다.

코치: 구체적인 학습 계획을 가지고 다음 주에 오실 수 있겠습니까?

코치이: 네, 준비해 보겠습니다.

코치: 지금까지 들어 본 칭찬이나 인정 중에서 가장 기억에 남는 것은 무엇입니까?

코치이: 가장 기억에 남는 것은 '친구들끼리 싸울 때 양쪽의 의견을 잘 들어 보고 화해를 시켰더니 선생님께서 "화해시키는 모습이 멋지구나! 외교관 하면 잘 하겠다!"라고 하신 것이 기억납니다.

**피드백:** A님은 사람들의 마음을 잘 읽고 헤아려주는 마음도 큰 것 같습니다.

코치: 오늘 이야기 나눈 것 중에 가장 의미가 있었던 것은 무엇입니까?

코치이: 제가 미처 생각하지 못하고 있었는데 변호사가 되고 싶다는 막연한 생각을 하고 있다는 것을 알게 되어 기쁩니다. 빨리 집에 가서 변호사가 되기 위해서 뭘 해야 하는지 알아보고 싶습니다.

**피드백:** 어려움을 당한 사람을 돕고 싶어 하는 마음에서 정말 멋진 변호사의 모습이 그려집니다. 진로를 구체적으로 생각해 보는 것은 경기에 있어서 출발점 준비라고 생각됩니다. 구체적인 계획과 로스쿨에 대한 정보에 대해서 다음 주에 이야기 나누어 볼까요? 오늘 수고 많으셨습니다.

Ⅲ단계: Needs (욕구) 알아보기

코치: 혹시, 부모님이나 선생님으로부터 '쓴소리'가 있었다면 어떤 것입니까?

코치이: 엄마로부터 "그렇게 공부는 안 하고 게임만 하다가 뭐가 되려고……"

코치: 그 쓴소리는 자신에게 어떤 자극이 되었습니까?

코치이: 게임 시간을 줄여야겠다는 생각은 들었는데 잘 되지는 않았습니다.

코치: 힘든 일이 있어도 꼭 지키고 싶은 삶의 가치는 무엇입니까?

코치이: '정직, 도덕성, 행복, 유능함, 전문적 지식, 종교, 안전, 경제적 능력'

코치: 이 삶의 가치를 지켜 나가면서 10년 후에는 어떤 모습으로 무엇을 하고 있기를 바랍니까?

코치이: 음…… 10년 후 나는 변호사 자격시험에 합격하고 어디에서 실무 수습을 받을까 고민하고 있기를 바랍니다. 변호사 업무를 배우며 전문적 지식을 쌓고 능력을 키우고 싶습니다.

코치: 능력을 키운다는 것은 어떤 것을 의미합니까?

코치이: 변호사로서 전문적인 지식을 가지고 맡은 송무를 승소하는 것이라고 생각합니다.

**피드백:** 이미 A님에게서 변호사님의 모습이 느껴집니다.

코치: 그럼 변호사가 되기 구체적인 계획을 세워 오신 것을 보면서 말씀 나누어 볼까요? 대학원 로스쿨을 가기 위해서 대학 진로를 어떻게 해야 합니까?

코치이: 법대를 졸업해야 로스쿨을 갈 수 있는 줄 알았는데 다른 전공을 해도 로스쿨은 갈 수 있다고 합니다. 그렇더라도 일단 법대

입학을 목표로 공부해야겠습니다. 심리학에 대한 공부를 하고 싶기도 합니다. 고등학교에서 공부하면서 다시 고민해 보겠습니다.

코치: 10년 후의 모습을 예상해서 역산을 한다면 3년 후 목표, 5년 후 목표는 무엇입니까?

코치이: 3년 후의 목표는 서울에 있는 대학의 사회계열 입학, 5년 후의 목표는 리트 시험 준비, 로스쿨 합격입니다.

코치: 3년 후 목표 달성을 위해 올해의 목표와 이번 달의 목표는 구체적으로 무엇입니까?

코치이: 올해의 목표는 과목별 내신 등급(2등급 이상), 수학(3등급 이상), 이번 달 목표는 수학 예습(자기주도학습), 영어 1등급(실전 대비 영어 듣기 모의고사 준비)입니다.

**피드백:** 10년 인생 로드맵, 3년 후, 5년 후 목표를 구체적인 계획을 세우느라 고생 많았습니다. 이제 실천하는 일만 남았군요. 혹시 방해되는 요소가 있다면 다음 세션에서 함께 고민해 보았으면 합니다.

IV단계: Be better Options (더 나은 선택)

코치: 목표 달성에 필요한 정보는 무엇이며 그것을 얻는 방법은 무엇입니까?

코치이: 논술형, 서술형 평가 대비 비결을 알고 싶습니다. 기출문제의 풀이 과정과 개념 정리도 필요하고 인강과 문제집, 기출문제

집도 알아보고 있습니다.

코치: 목표 달성을 위하여 100% 자원을 활용하고 있는 것은 무엇입니까?

코치이: 마음만 먹으면 외우는 것을 잘하는 편입니다. 마음 먹기가 좀 어려웠지만 이제 고등학생이 되었으니 열공 다짐! 시간 관리, 과목별 부족한 점 찾아 대비 등 열심히 해 보겠습니다.

코치: 목표 달성을 위하여 혹시 변화가 필요한 부분이 있다면 어떤 것입니까? 목표를 달성하는 데 방해되는 것이 있다면 어떤 것입니까?

코치이: 공부를 왜 해야 하는지 생각하지 못했던 것, 이제는 왜 해야 하는지 생각했기 때문에 집중해서 해보겠습니다. 우선 책상, 책꽂이 정리도 하고 필요한 학습자료 준비하러 서점에도 가 봐야겠습니다. 공부 잘하는 친구에게 학습 방법도 물어봐야겠습니다.

코치: 이번 기회에 고쳐 보고 싶은 습관이 있다면 어떤 것입니까?

코치이: 컴퓨터 게임 시간 줄이기입니다.

코치: 게임 시간은 어느 정도 줄이는 것이 좋다고 생각합니까?

코치이: 일주일에 하루, 한두 시간 이내로.

코치: 구체적인 방법은 무엇입니까?

코치이: 친구들과 온라인 게임에서 같이 시간 줄이기로 하겠습니다.

코치: 친구들이 안 된다고 하면?

코치이: 음…… 제가 설득해 보고 그래도 싫다면 제가 게임방에서 나

오겠습니다.

**피드백:** 컴퓨터 게임 시간 줄이는 게 쉽지 않은데 친구들을 설득해서 라도 줄여 보겠다는 것은 정말 대단한 의지로 보입니다. 전문적인 지식과 능력, 좋은 직업을 갖고자 하는 마음과 구체적인 실천계획을 세운 것을 보니 고등학생으로서 출발 각오가 믿음직스럽습니다.

코치: 열심히 공부할 때 지지와 격려를 받고 싶다면 누구에게 어떤 지지나 격려를 받고 싶습니까?

코치이: 부모님께서 믿고 지켜봐 주셨으면 합니다. "우리 아들 장하다!" 이런 말을 듣고 싶습니다.

**피드백:** 공부를 왜 해야 하는지 알게 되었다고 하니 나도 무척 기쁩니다. 문제집이나 인강에 대한 정보도 알아보고 게임 시간도 줄이고 시간 관리를 잘해서 원하는 목표를 꼭 이루기를 응원합니다.

V단계: Will (의지)

코치: 이번에 세운 목표를 달성하고자 하는 의지를 숫자로 표현한다면 몇 점이라고 할 수 있겠습니까? (1~10점)

코치이: 음…… 9점?

코치: 9점의 의미는 무엇입니까?

코치이: 거의 모든 힘을 다해서 노력해 보겠다는 뜻입니다. 1점의 여유를…… (웃음)

**피드백:** 네, 거의 모든 힘을 다해서! 1점의 여유! 좋습니다.

코치: 목표가 달성되었다는 것을 객관적으로 알 수 있는 방법은 무엇입니까?

코치이: 변호사 자격증입니다.

코치: 목표를 잃지 않게 하는 자신만의 닻(푯대)이 있다면 어떤 것입니까? 힘이 되는 어떤 이미지 같은 것이 있다면 어떤 것입니까?

코치이: 네! 법정에서 억울한 사람을 위해 변론을 하고 있을 제 모습을 상상하겠습니다.

**피드백:** 자신이 법정에서 변론하고 있는 모습을 생각하면서 열심히 노력하는 모습이 저도 그려집니다.

코치: 평소에 마음에 새기고 있던 명언이나 좌우명이 있는지요? 아니면 여기 워크시트에 있는 명언/메시징 중에 간직하고 싶은 명언이 있습니까?

코치이: '미래는 준비하는 자의 것이고 성공은 실천하는 자의 것이다.'가 마음에 듭니다.

코치: 이 명언은 A님의 삶에 어떤 영향을 끼칠 수 있습니까?

코치이: 준비를 해야 미래가 있고 실천을 해야 성공이 있을 것입니다. 생활에서 명심하고 '준비! 실천!'하겠습니다. 코치님과 약속! 부모님과도 약속입니다.

코치: 이번 RAINBOW 진로 코칭에서 가장 마음에 남는 것은 무엇입니까?

코치이: 제가 목표가 없었는데 목표를 세우게 된 것입니다. 공부해야

하는 목적을 갖게 되었습니다.

**피드백:** RAINBOW 진로 코칭 과정에서 목표를 찾으셨다니 정말 반가운 말입니다. 물론 그 과정이 쉽지는 않겠지만 방향을 잘 잡았으니 목표를 향해 잘 헤쳐나가길 바랍니다. 변호사가 되어 도움이 필요한 사람에게 법률적인 도움뿐만 아니라 마음까지 헤아려 주는 멋진 변호사가 되길 바랍니다.

### 6. RAINBOW 진로 프로젝트(진로 설계 과정) 코칭 후기

코칭을 의뢰한 사람은 학생의 아빠였다. 중학교 때 열심히 공부를 안 한 자녀가 고등학교에 가게 되자 2월에 걱정이 되어서 코칭을 신청하게 되었는데 내가 처음 걱정했던 것보다 훨씬 학생의 생각이 진지하고 자신의 강점을 빨리 발견하고 진로의 방향을 잘 잡아 준 데에 대해서 나도 놀랍고 고마웠다. 학생도 그런 말을 했다. 자기도 미처 몰랐는데 갑자기 코치님이 질문을 하니까 '변호사'라는 것이 떠올랐다고 한다. 그것은 바로 코칭의 힘이 아닐까 생각한다. 학생과 더 많은 질문을 주고받았는데 자세한 내용을 다 기록하지는 못했지만 전체 흐름은 위에 기록한 바와 같다.

코칭을 통해서 만나는 학생들이 자기 자신의 내면의 모습을 발견하고 진로의 방향을 잘 설정하여 목표를 향해 꾸준히 나아가길, 무엇보다도 '왜 내가 그 일을 하고 싶어 하는지' 그 목적을 자주 떠올리며 길을 잃지 않고 잘 헤쳐나가길 기도한다. 그것이 우리 코치의 기쁨이고 부모와 교사의 기뽑일 것이다. 교사와 학부모가 코칭 기법을 활용하여 더 많은 곳에서 변화와 성장이 일어나길 기도한다. 나 자신도 '코칭'이 사회의 큰 자원임을 다시 한 번 깨닫는 시간이 되었다.


**배명숙**

마중물코칭심리연구소 소장, (사)한국코치협회 전문코치(KPC), (현)강동송파교육지원청 학교폭력대책심의위원(2020~2021), 국제미래학회(미래직업과 미래지도사, 연수과정) 교육위원(2021~2023), 약 30년의 교직 경력 중 2009년부터는 서울초중등교수학습잠재능력개발연구회를 통하여 교육현장에 '코칭'을 적용하고자 노력해 왔으며 2017년, 정년퇴직 이후에는 서울교육연수원의 직무연수 콘텐츠개발, 2019서울시교육청 온라인학부모연수 내용전문가 자문활동, 각급학교 학부모연수(자녀의 성장을 돕는 코칭 스킬), 2021 티처빌 원격교육연수원 『미래지도사 자격과정』 강사로 참여, 노원휴먼라이브러리 휴먼북 봉사활동(진로 코칭) 등을 하고 있다. 저서로 공저 『미래에게 묻고 삶으로 답하다』(2020, 동화세상에듀코), 『오늘이 미래다』(2020, 동화세상에듀코), 『RAINBOW 질문카드 & 자기발견카드』(2021, 인싸이트심리검사연구소)가 있다.

이메일: msbae5@naver.com

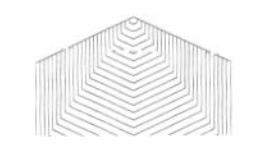

# 왕따 초등학생의 자존감·학습 향상, 관계개선 코칭

유현심

2014년 초여름, 노원구 평생학습관의 초대로 4주간 학부모를 만나면서, '부모-자녀 행복한 대화법'을 주제로 특강을 했다. 약 70여 명의 부모님들이 오셨는데, 강의가 끝나고 나자 궁금했던 질문을 하기 위해 몇 분이 앞쪽으로 나오셨다. 다음 일정이 있어 길게 이야기 나누지는 못한다고 미리 양해를 구하고 10여 분 정도 이야기를 나눈 후, 주섬주섬 자리를 정리하고 있는데, 한 분이 다가와 조심스럽게 '아이가 심각한 왕따를 당하고 있어 학교 가기를 두려워하는데, 혹시 선생님 시간 괜찮으실 때 제 아이를 한번 만나 줄 수 있겠냐'고 했다. 전문 상담 기관에 가보시는 것이 어떻겠는지 물으니 선생님과 그 부분까지 상의하고 싶다고 얘기했다. 일단 아이 이야기를 들어본 후 코칭을 진행할지, 전문 상담 기관으로 갈지 결정하기로 하고 헤어졌다.

다음 주 화요일 11시경에 은이(가명) 어머니는 초등학교 5학년 딸아이와 1학년 아들을 데리고 양재동에 있던 연구소로 찾아오셨다. 우린 간단히 인사를 나눈 뒤 마주 앉았는데 은이는 살짝 통통하고 키가 큰 편이었고 고운 피부를 가진 평범한 초등학생 여자아이였다. 동생은 무척 개구쟁이여서 오래 앉아 있기를 힘들어했다. 은이가 혼자 있기를 두려워한다고 해서 어쩔 수 없이 한 공간에 있어야 해서 어머니와 작은 아이는 상담실 밖 사무실에 있기로 했다. 처음 만난 은이와 벽을 허무는 일이 먼저이기 때문에 이런저런 이야기로 마음 열기를 시도했다. 오늘은 아이와 조금 편해지면 족하다는 생각이었다. 아침은 먹었는지, 오는 길은 멀게 느껴지지 않았는지 등등 시시콜콜한 이야기를 주고받았는데 생각보다 명랑하게 간간이 미소도 띠며 대답을 잘했다. 구사하는 어휘를 보니 상당히 예의 바른 아이 같았다. 그런데 조금 이상했던 점이 있었는데, 이야기를 하면서 내 눈을 거의 보지 못했고, 어쩌다 눈이 마주치면 눈동자가 제자리에 있지 못하고 계속 흔들렸다. 뭔가 많이 불안한 듯 보였다.

## 첫 번째 코칭 세션

### 1. 친밀감 형성하기

"은이야, 이 방이 혹시 불편하니?"
"아니요…… 그냥 좀 답답해요."
"창문을 좀 열어 줄까?"

"아니요, 괜찮아요."

"불편하지 않다니 다행이야. 우리 은이는 혹시 좋아하는 아이돌 있니?"

"네, 엑소 좋아해요."

"오~ 그렇구나. 선생님 딸도 엑소 좋아하는데, 멤버 중에 누가 좋아?"

"저는 백현이요."

"그렇구나. 백현이 왜 좋아?"

"얼마 전에 뮤지컬 '싱잉 인 더 레인' 봤는데, 너무 멋졌어요."

"그랬구나, 선생님도 보고 싶네. 선생님 딸하고 가 보고 싶어. 혹시 아이돌 말고 좋아하는 활동 같은 거 있어?"

"저는 네일아트 하는 거랑 화장하는 거 좋아해요."

"오~ 그래? 그러고 보니 반짝반짝 아이섀도를 발랐네? 색깔이 무척 예쁜걸?"

"감사합니다."

이렇게 아이의 관심사를 하나씩 탐색하며 대화를 이어나가다 보니, 어느덧 예쁜 미소를 띠며 이야기하고 있는 아이의 모습을 볼 수 있었다.

"선생님 작은딸도 지금 중학교 3학년인데, 화장품에 엄청 관심이 많아. 예쁘게 화장하는 방법을 알려주는 유튜브도 즐겨 보던걸?"

"와, 그 유튜버 누군지 소개해 주실 수 있어요?"

"그래 알아봐서 다음에 알려 줄게. 특히 선생님 딸은 얼굴에 여드름이 좀 나서 피부를 좋게 하는 데도 관심이 많은 것 같더라."

“저도 피부가 제일 중요하다고 생각해요. 그래서 엄마한테 좋은 화장품 사달라고 했어요.”

아이는 자기의 관심사를 물어 주고 들어주는 선생님이 편했나 보다. 알콩달콩 이야기를 주고 받다 보니 처음 들어설 때 보였던 긴장감이 어느덧 스르르 녹고 있었다. 나는 서서히 주제에 다가가기 위해 몇 가지 질문을 했다.

“은이야. 선생님하고 이야기하는 것 편하니?”
“네, 정말 편해요.”
“오, 다행이네. 그럼 은이랑 이야기를 나누기 위해 몇 가지 이 시트에 기록 좀 해 줄래? 은이를 좀 더 잘 이해하기 위해 간단한 기본 정보를 적는 거야.”

## 2. 코칭 주제 명확히 하기

마음이 많이 열린 은이는 선뜻 코칭 시트를 받아 기록을 해 나갔다. 꿈꾸는 미래 모습, 가장 행복한 순간, 가장 힘들었던 순간, 하고 싶은 일, 좋아하는 일, 좋아하는 활동, 좋아하는 과목, 싫어하는 과목, 현재 학업 성취도, 교우관계, 가족관계 등이다. 기록하는 모습을 보니 글씨도 정성 들여 쓰는 모습이었다. 불안함을 느낄 때 눈동자가 흔들리는 모습 말고는 너무 평범하고 쾌활한 아이였다. 기록한 내용을 보니 은이의 관심사나 장래 희망, 성향, 지금 걱정하고 있는 것이 무엇인지 대략적으로 나타났다. 은이는 낮은 자존감, 부모와의 관계, 친구와의 관계, 부모님 불화, 학교 부적응 등을 걱정하고 있었고 장래 꿈은 미용 관련 일을 하고 싶다고 했다.

"은이야. 은이는 요즘 가장 행복한 때가 언제니?"

"저는 제 방에 혼자 들어가서 상상놀이 할 때가 행복해요."

"오 그렇구나. 여기 상상놀이라고 써 있어서 뭔지 궁금했어. 어떤 상상을 주로 하는데?"

"방에 가만히 누워 있으면 내 몸이 붕붕 떠다니는 것 같고, 어딘가 나만의 세계 속에 있는 것 같고 거기서는 내가 최고라는 생각이 들어서 편해요."

"그런 상상을 자주 하는 편이야?"

"네, 그것 때문에 엄마랑 자주 다퉈요."

"그렇구나. 언제부터 상상놀이를 했어?"

"여섯 살 때부터 줄곧 한 것 같아요."

"여섯 살 때 상상놀이를 하게 된 이유가 있었을까?"

"제가 다섯 살 때 엄마가 심장 수술을 하셨어요. 너무 무섭고 두려워서 상상놀이를 하게 된 것 같아요."

"아~ 그랬구나. 요즘도 상상놀이를 한다고 했는데, 요즘엔 어떤 때 상상놀이를 주로 해?"

"엄마 아빠 싸우실 때나 동생 때문에 속상할 때, 친구들한테 왕따 당했을 때, 숨이 안 쉬어질 때…… 그럴 때요."

"아 그랬구나. 오늘 선생님 만나러 오는 건 알고 있었어?"

"네. 엄마가 좋은 선생님 알게 됐다고 같이 만나 보자고 했어요."

"선생님 만나면 혹시 하고 싶었던 말이나 묻고 싶은 게 있었니? 은이가 고민하고 있는 것을 낮은 자존감, 부모와의 관계, 친구와의 관계, 부모님 불화, 학교 부적응 등으로 썼는데, 그중에서 어떤 문제를 가장 먼저 해결하고 싶어?"

"저는 친구들을 좋아하는데, 친구들이 왜 저를 왕따시키는지, 어떻게 친구들하고 가까워질 수 있는지 궁금했어요."

"아~ 그랬구나. 그럼 친구와의 관계를 회복하는 방법 찾는 걸 함께 고민해 볼까?"

"네~"

"친구들이 왕따시키는 것 같다고 느낀 게 언제부터 있었던 일인 것 같아?"

"제가 3학년 때 전학을 왔는데, 처음엔 잘 지내다가 4학년 올라갔을 때 한 남자아이가 저를 괴롭혔어요. 아이들 앞에서 놀리고 그랬는데 언젠간 응징을 해 주고 싶어요."

"그렇구나. 응징해 주고 싶을 만큼 많이 속이 상했구나."

"네. 저만 보면 뚱뚱하다고 놀리고 자꾸 하나씩 꼬투리를 잡고 놀려대서 너무 화가 났어요."

"저런, 정말 많이 속상했겠다. 그 아이 말고는 없었고?"

"좀 거친 무리의 애들이 있어요. 다섯 명인데 그 애들이 분위기를 주도하는 편이에요."

"음. 그렇구나. 그럼 은이랑 친한 친구는 한 명도 없니?"

"비교적 친하게 지내는 친구는 한 명 정도 있는데, 소극적인 편이에요."

"은이는 적극적으로 노는 것이 좋아?"

"요즘 친구들은 다 같이 동대문에 곱창도 먹으러 가고 그러거든요. 저도 친구랑 곱창도 먹으러 가고 싶고, 쇼핑도 하러 가고 싶은데, 지예(가명)는 밖에 거의 안 나가거든요."

### 3. 목표 세우기

"그럼 은이가 친해지고 싶은 친구가 혹시 따로 있어?"

"사실 거친 무리에 있기는 하지만 선영(가명)이는 굉장히 재미있는 친구라 인기도 많아요. 저는 그 친구랑 친해지고 싶어요."

"와, 목표가 아주 명확한데? 만약 은이가 선영이랑 친해진다면 어떤 점이 좋을 것 같아?"

"거친 무리 친구들은 대부분 화장도 엄청 진하게 하는데, 선영이는 저랑 화장하는 스타일도 비슷하고, 말도 재미있게 해서, 제가 집에 가고 싶다는 생각을 안 할 수 있을 것 같아요."

"학교에 있을 때 집에 가고 싶다는 생각이 드니?"

"네. 가끔 숨이 막혀 죽을 것 같을 때가 있어요. 그럴 땐 학교에 있을 수가 없어요."

"그랬구나. 그럴 땐 어떻게 했어?"

"그때마다 조퇴했어요."

"그럼 은이는 선영이랑 친해지면 숨이 막혀 죽을 것 같다는 생각을 안 할 수 있을 것 같아?"

"전에 친하게 지냈을 때는 숨이 좀 덜 막혀서 조퇴를 많이 안 했어요."

"그랬구나. 그럼 선영이랑 친해지려면 어떤 노력이 필요할까?"

"거친 친구들 무리로 들어가는 방법밖에는 없을 것 같아요."

"그럼, 그 친구들 무리에 들어갈 수 있는 방법은 뭐가 있을까?"

"사실 그 무리에 저를 두 번이나 배신한 친구가 있어요. 같이 놀다가 따돌리고, 또 같이 놀다가 따돌리고……"

"저런, 그랬구나. 그럼 어떻게 그 친구들과 가깝게 지낼 수 있지?"

"선영이에게 직접 말해 볼까 봐요."

"그럼 그동안 선영이한테 직접 말해 본 적은 없었어?"

"저를 배신한 친구랑 친한 것 같아서 용기가 나지 않았어요."

"오! 그럼 이제 말해 볼 용기가 생겼어?"

"선생님하고 얘기하다 보니까 직접 말해 보고 싶은 생각이 들었어요."

"정말 다행이다. 어쩜 그 친구도 은이가 말을 걸어 주길 기다리고 있을지도 모르겠네. 얘기 나눠 보고 선생님에게 결과도 알려 줘."

"네~ 선생님 정말 그렇게 할게요."

"만약 그 친구들과 같이 친하게 지낼 수 있다면, 우리 은이가 어떻게 달라질까?"

"우울한 마음이 없어지고 불안해서 집에 빨리 가고 싶었던 마음이 덜할 것 같아요."

"그래, 불안한 마음에 대해서는 다음에 다시 얘기해 볼까?"

"네~ 그 얘기도 꼭 나누고 싶어요."

"그래, 그렇게 하자."

### 4. 실행 계획 세우기

"전에 왕따 당했다가 다시 친하게 지내게 되었을 때, 우리 은이가 했던 노력이 있었니?"

"한번은 그 친구들이 아무렇지 않게 같이 놀자고 했었고, 한번은 제가 아빠가 외국에서 사오신 맛있는 초콜릿을 가져가서 같이 먹자고 이야기 했었어요."

"그랬구나. 그럼 선영이랑 친하게 지내기 위해 은이가 어떤 일을 해 볼 거야?"

"선영이랑 저랑 화장하는 스타일이 비슷하니까 아무렇지 않게 화장에 대한 이야기를 꺼내 볼까 봐요."

"어떻게?"

"선영이가 눈 화장을 잘하니까 이번에 엄마가 사 주신 하나짜리 아이섀도 한 개를 선물로 주려고요."

"음…… 그렇구나. 그 방법 말고 또 다른 방법은 없을까?"

"음…… 처음부터 선물 주는 건 안 좋을 수 있으니까 아무렇지 않게 여름 방학 때 뭐 할 건지 말을 걸어 볼까 봐요."

"오~ 좋은 생각이네. 결과에 대해서는 쿨하게?"

"네. 당당하게 말해 보고 결과에 대해선 쿨하게요."

"진짜 멋진 생각이다~ 혹시 그것 말고 또 다른 방법이 있을까?"

"음…… 저를 배신했던 친구한테 잠깐 얘기하자고 해서 직접 말을 해 볼까 봐요. 전에 같이 노래방 가기로 해놓고 갑자기 연락 안 되더니 엄마랑 동대문 갔다고 해서 실망이 컸거든요."

"와~ 정말 대단한걸? 그렇게 해 볼 수 있겠어?"

"네~ 한번 얘기해 보고, 만약 안 받아들이더라도 쿨하게~"

"우리 은이가 여러 가지 해결 방법을 이미 갖고 있었네. 그중에서 어떤 걸 가장 먼저 해 보고 싶어?"

"선영이가 그 무리에 있기 때문에 저를 배신했던 진현(가명)이라는 친구랑 먼저 얘기하는 것이 좋을 것 같아요."

"언제 얘기할 생각이니?"

"내일 학교 가서 쉬는 시간에요."

"오~ 바로 실천할 거구나? 은이가 그 친구랑 얘기해 보고 잘 해결됐는지 선생님이 무척 궁금할 것 같은데?"

"내일 학교 마치고 집에 돌아간 다음에 카톡으로 말씀드릴게요."

"그래 선생님 연락처 기록해 뒀다가 꼭 연락해 줘."

"네~"

### 5. 정리하기(인정과 축하)

"선생님은 은이가 스스로 결정한 일들에 대해 다시 한 번 정리해 보면 좋을 것 같아. 그래야 내일 바로 적용할 수 있지 않을까? 처음에 어떻게 말을 걸어 볼 거야?"

"네, 진현이는 쉬는 시간마다 메이크업을 새로 고치는 친구예요. 내일 학교에 가서 쉬는 시간에 진현이에게 자연스럽게 다가가서 선생님이 저한테 얘기하신 것처럼 눈화장 얘기를 꺼내 보려고 해요."

"눈화장 얘기를 어떻게?"

"오늘 눈화장이 잘 된 것 같다고 이야기하고, 답변하면 엄마가 이번에 사 주신 아이섀도 색깔이 어떤지, 나한테 잘 어울릴 것 같은지 물어보려고요."

"오~ 친구의 관심사로 이야기를 시작해 볼 거구나? 아주 좋은 아이디어인 것 같은데?"

"선생님이 아까 제 눈화장 칭찬해주셨을 때 기분이 좋았거든요. 진현이는 화장을 쨍하게 하고 화장하는 걸 엄청 좋아하기 때문에 그런 얘기 좋아할 것 같아요."

"오~ 어디서 그런 용기가 솟아났을까? 정말 멋지다 우리 은이."

"감사합니다."

"오늘 선생님하고 이야기 나눈 것이 도움이 됐니?"

"네~ 정말 도움 많이 됐어요."

"어떤 도움을 받게 된 것 같아?"

"선생님하고 얘기하다 보니까 왠지 저절로 힘이 솟아요. 도저히 말 못 할 것 같았는데, 말 걸어 보고 그 친구가 싫어하면 어쩔 수 없지요. 어차피 지금도 관계 안 좋은데 더 나빠질 일도 없겠다 싶은 생각이 들어요."

"우리 은이가 정말 내면의 힘이 크구나. 용기 내어 줘서 고마워. 선생님은 은이가 정말 잘 해낼 거라 믿어."

"정말 감사합니다. 선생님."

생각보다 은이는 자기가 처해 있는 상황과 그것을 해결할 핵심 키가 무엇인지 잘 알고 있었다. 엄마에게 이야기를 들었을 땐 너무 심각한 듯해서 전문 심리 상담 기관을 찾는 것이 좋을 것 같았는데, 이야기를 나누다 보니 코칭을 진행하며 추이를 더 지켜봐도 좋을 것 같아, 당분간 매주 1회씩 만나기로 했다. 아이는 다음날 약속대로 카톡을 보내왔다. 우리가 걱정했던 것과는 달리 두 번 배신했다던 진현(가명)이는 고맙다고 하면서, 쿨하게 다음에 같이 곱창 먹으러 가자고 했다고 한다. 두 딸 아이를 키우면서 느낀 것은 요맘때 아이들은 서로 다투기도 하고 한 명씩 돌아가며 왕따를 시키기도 하고 왕따를 당하기도 하면서 뭔가 자신들만의 세계를 만들어 가는 것 같았다. 물론 심각한 경우도 있기 때문에 눈여겨봐야 하지만 말이다. 은이는 카톡 너머에서 무척 들떠 있었다.

## 두 번째 코칭 세션

일주일 뒤, 은이는 다시 시무룩한 표정으로 들어왔다. 다시 원위치가 된 건지, 아니면 더 안 좋은 상황이 생긴 건지 염려되었다. 조심스럽게 한 주 동안 어떻게 지냈는지 물으니, 친구들 사이에 변화가 생겨 더 힘든 상황이 되었다고 했다. 은이는 듣지 못했는데 그 무리의 리더 격인 시영(가명)이 생일이어서 반 친구들이 이벤트를 해 줬다는 것이다. 그 멤버들과 동대문에 곱창 먹으러 가기로 했는데, 자기만 시영이가 생일인 것도 모르고 있었기 때문에 그 무리에 받아들여진 게 아니라는 생각에 다시 불안해진 것이었다. 게다가 엑소썰이란 것과 관련해 엄마가 '음란물 같아 보이는 그런 것을 보는 너는 내 딸이 아니다.'라고 말을 해서 너무 충격을 받았다며 울음을 터트렸다. 엄마가 한 말이 너무 거칠다고 느껴져서 엄마와 잠시 상담을 해 보는 것이 좋을 것 같아 코칭이 끝난 후 근처 카페에서 따로 잠시 만나기로 하고 두 번째 코칭 세션을 진행했다.

### 1. 친밀감 형성하기

"은이야. 친구들한테 받아들여진 줄 알았는데, 모임의 리더 생일을 모르고 지나가서 걱정됐어?"

"네. 어렵게 관계를 조금 회복했는데, 제가 조퇴한 날 아이들끼리 얘기가 되었나 봐요. 돈을 조금씩 걷어서 선물도 사고 피자랑 치킨도 시켜서 먹었대요."

"저런, 그랬구나. 은이가 조퇴한 날 파티를 해서 많이 섭섭했겠다. 그 친구들이 다른 얘기는 안 했고?"

"제 기분에 다시 저를 멀리하는 것 같아 보여요."

"왜 그렇게 생각했지?"

"곱창 먹으러 갈 날을 정하는데 진현이가 자꾸 이랬다저랬다 하는 거예요."

"일정을 자꾸 바꿔서 은이를 피하는 걸로 보였구나? 그래서 어떻게 했어?"

"기분 나빠서 더 얘기 안 했어요."

"정확히 은이를 피한 건지 알아보려면 어떻게 하면 좋을까?"

"음…… 물어봐야 할까요?"

"물어보는 게 정확하게 아는 방법이겠지? 우린 상대의 어떤 행동을 보고 그 사람의 생각까지 다 안다고 착각하는 경우가 많단다."

"아~ 그러고 보니 저는 그렇게 생각한 적이 많은 것 같아요."

"그럼 그 부분은 진현이에게 정확히 물어보는 게 어떨까?"

"네. 기분 나빠서 물어보지 않았었는데, 그렇게 해 봐야겠어요."

"역시 오늘도 우리 은이는 스스로 문제 해결을 해 나가는구나. 정말 멋지다."

"선생님은 늘 칭찬을 해 주셔서 정말 제가 그런 사람인 것 같은 생각이 들어요."

"은이는 정말 그렇게 내면의 힘이 있는 사람이야."

## 2. 코칭 주제 명확히 하기

"자, 그럼 친구들 문제는 직접 물어보고 생각하기로 했고, 오늘은 어떤 이야기를 나눠 보면 좋을까?"

"엄마랑 관계가 자꾸 안 좋아져서 그 생각만 하면 학교에 있다가 다시 숨을 못 쉬게 돼요."

"정말 숨이 안 쉬어지는 거니? 아니면 숨을 잘 못 쉰다고 생각을 하는 거니?"

"엄마 생각을 하면 식은땀이 나고 갑자기 불안해지고 숨이 막혀요. 그래서 결국 지난주에도 두 번이나 조퇴했어요."

"그랬구나. 엄마랑 어떤 일이 있었는지 구체적으로 이야기해 줄 수 있을까?"

"엄마가…… (울음)"

"……"

"저는 엑소 백현을 좋아해서 엑소랑 관련된 이야기를 많이 보는데, 제가 엑소썰과 같은 음란물을 본다면서 내 딸이 아니라고 했어요."

"엑소썰에 엄마가 걱정하실 만한 그런 내용이 있어?"

"이런저런 이야기들이 다 있다 보니 어떤 이야기는 연애에 관한 스토리도 있어요."

"그렇구나. 그럼 오늘 선생님과 나누고 싶은 이야기가 엄마랑 관련 있을까?"

"네. 저는 엄마를 좋아하는데 엄마가 화가 나거나 아빠랑 싸우거나, 기분이 안 좋으면 말을 너무 함부로 해서 너무 슬프고 가슴이 아파요."

### 3. 목표 세우기

"저런, 그랬구나. 그럼 은이는 오늘 선생님하고 이야기 나누고 나서 어떤 결과를 얻었으면 좋겠니?"

"제발 우리 엄마가 말을 함부로 하지 않게 되었으면 좋겠어요."

"엄마가 말을 함부로 하지 않게 되면 은이에게 직접적으로 어떤 영향이 있을 것 같아?"

"(울음) 제가 숨 막혀서 학교에 있지 못하고 조퇴하는 일이 없어지겠죠."

"아~ 그렇구나. 그럼 엄마가 말을 막 하시는 것과 은이가 학교에 있지 못하는 것과 관련이 있는 거니?"

"(울음) 네. 엄마 때문에 불안해서 학교에 있을 수가 없어요."

"엄마가 말을 함부로 하는 것과 엄마 때문에 불안한 것은 어떤 관계가 있니?"

"함부로 하는 엄마 말이 이런 거예요. '네가 엄마 말 안 들으면 나가 죽겠다.', '학교 갔다 오면 엄마는 이미 세상에 없을 거야.', '음란물 같은 거 보는 너는 내 딸이 아니다.', '넌 뚱뚱해서 사람들한테 손가락질 당해도 싸!' 이런 말이요."

"저런, 저런…… 그랬구나. 엄마가 그렇게 말을 하셨어?"

"네, 기분이 안 좋거나 아빠랑 싸우거나 할머니랑 말다툼하거나 제가 말 안 듣거나 그러면 자주 그런 말을 해요. 제가 다섯 살 때 엄마가 심장 수술을 하셨는데, 저는 그때 엄마가 돌아가신 줄 알았어요. 어릴 때인데도 기억이 나요. 엄마가 돌아오시고 나서도 집이 조용하면 엄마가 없는 것 같아서 불안하고 그래서 여섯 살 때부터 상상놀이를 하기 시작했어요."

"엄마도 은이가 엄마를 이렇게 생각하는 걸 아시니? 엄마가 걱정되어서 학교에 있지 못하고 불안해서 숨을 쉴 수가 없고, 그래서 조퇴한다는 걸 아셔?"

"엄마는 제가 왕따 당해서 그런 줄 알아요. 엄마랑 차분하게 이런 얘기를 해 본 적이 없으니까요."

"엄마한테 직접 이야기해 본 적은 없어? 엄마는 은이가 엄마나 아빠한테 다정하지 않은 편이라고 생각하시는 것 같던데……"

"저는 애정 표현을 하고 싶은데, 동생이 질투가 너무 심해서 못해요. 그리고 엄마를 뒤에서 안아드린 적이 있는데, 징그럽다고 저리 가라고 하셨어요. 그때 너무 충격을 받아서 다시는 스킨십을 안 하게 됐어요."

은이와 상담 코칭을 진행하면서 문제 있는 아이가 아니라 너무나 속 깊고 배려심 많은 아이라는 생각이 들었다. 은이는 어린 나이에 심장 수술로 엄마를 잃을 뻔했던 기억이 큰 충격으로 자리하고 있었는데, 그런 아이의 깊은 상처를 잘 아는 엄마가 오히려 아이에게 자주 '말 안 들으면 집을 나가겠다', '나가 죽을 거다'와 같은 심한 언어폭력을 해 온 것이었다. 이미 코칭의 영역을 넘어서 상담이 필요한 시점이라 좀 더 전문적인 의료적 치료가 병행되어야 할 것 같다는 생각이 들었다.

'엄마가 함부로 말을 안 하게 되었으면 좋겠다'는 은이의 바람을 아이에게 부담 주지 않고 어떻게 엄마에게 전할 수 있을지 고민이 됐지만, 사안이 심각한 만큼 정공법을 택하기로 하고, 은이는 1시간 반 정도 소요되는 커리어넷 진로 심리검사를 하도록 하고 인근 카페에서 기다리고 있는 엄마를 만났다.

먼저 은이 엄마에게 첫 번째 코칭 세션과 두 번째 코칭 세션 내용을 간단히 브리핑하고 은이가 상담 코칭을 시작하면서 달라진 점이 있는지 물었다. 은이 엄마는 아이가 선생님을 두 번밖에 안 만났는데도 무척 따르는 것 같다고 하면서, 학교 부적응 문제가 이번에는 해결될 것 같아 기대

된다고 하셨다. 나는 어렵게 말을 꺼냈다. 지난주에는 엄마와 관계가 좋다는 이야기를 주로 했는데, 엑소썰 문제로 엄마랑 크게 다퉜다고 들었다고 했다. 은이 엄마는 다소 당황스러워하면서 아이가 그런 얘기도 하느냐고 하면서 선생님을 정말 믿나 보다고 했다. 그러면서 아이가 6학년 들어와서 화장도 진하게 하고 문제가 있는 애들 무리에도 끼고 싶어 하고, 요즘 어떤 걸 들여다보는지 몰래 휴대폰을 보니 진한 연애썰을 보는 것 같아 나무랐다고 했다. 나무라실 때는 어떻게 하시는지 물으니 너무나 담담하게 '음란물이나 보고 그러면 너는 내 딸이 아니다'라고 했다고 이야기했다. 숨기면 이야기를 어떻게 꺼내야 하나 걱정했는데 의외로 담담히 이야기를 꺼내셔서 다음 이야기를 이어갈 수 있었다.

"어머니가 엄마 말 안 듣고, 음란물을 보거나 하면 내 딸이 아니라고 말씀하시면 은이는 어떻게 받아들이게 될까요?"

"혼나도 싸죠. 잘못된 행동을 한 거니까요."

"은이 이야기를 들으니 다섯 살 때 어머니가 큰 수술을 하셨다고 하더라고요?"

"네, 심장 수술을 했어요."

"은이랑 오래 떨어져 계셨겠어요."

"네. 석 달 정도 병원에 입원해 있었어요."

"그럼 그동안 은이는 누가 돌봐 줬나요?"

"아빠랑 친할머니요."

"어린 나이였지만 엄마가 돌아가실지도 모른다는 얘기를 들었다고 해요. 그래서 정말 엄마를 못 만날 줄 알고 너무나 슬프고 무서웠다고 하더군요."

"(눈물) 은이가 그런 얘기까지 해요?"

"네. 그래서 여섯 살 때부터 불안할 때마다 상상놀이를 했다고 해요."

"저는 학교에서 왕따 당해서 그러는 줄 알았어요."

"학교에 있지 못하고 조퇴하는 이유는 뭘까요?"

"애들한테 왕따를 당하니까 못 있는 거 아닌가요?"

"은이도 그 이유를 정확히 모르고 있는 것 같아요. 그런데 이야기를 들어보니, 다섯 살 때 돌아가실 뻔했던 엄마가 기적처럼 살아서 집으로 다시 돌아왔는데, 부부싸움을 하게 되거나 할머니와 갈등이 있거나, 아이들 돌보며 힘드실 때 무서운 얘기를 하셨다고 해요."

"……"

"어떤 이야기를 하셨는지 기억하시는지요?"

"엄마 나가 죽을 거라고 했어요."

"네. 그러셨군요. 솔직하게 말씀해 주셔서 감사합니다. 은이랑 두 번 만났는데 참 여리고, 반듯하고, 정직한 아이더라고요. 어머님이 정말 잘 키우셨어요."

"예쁘게 봐주셔서 감사합니다. 제가 잘 키워서가 아니라 반듯한 건 맞는 것 같아요. 선생님들도 칭찬하시고, 예전에 친구들이 지어 준 별명도 '은맘'이었어요."

"은맘이 무슨 뜻이죠?"

"엄마처럼 잘 들어주는 친구라는 뜻이래요."

"네, 그 정도로 속이 깊은 아이이다 보니, 엄마가 힘들 때마다 하시는 말씀을 흘려듣지 않고 정말 엄마가 어디로 가 버리시거나 돌아가실까 봐 두려웠나 봅니다. 더구나 엄마를 정말 좋아하는데 동생이 생긴 뒤로는 엄마가 자기 보고 징그럽다고 했다는 거예요. 동생이 질투가 심해 엄마 곁에 가기도 힘들었고요. 속단하기는 어렵지만 그래서 학교에 가 있으면 엄마가 어디론가 사라져 버리실 것 같아 불안해지면서 식은땀이 나고 숨을 쉴 수 없는 공황상태가 되곤 했던 것 같아요."

"(울음) 그랬군요. 그래서 다 큰애가 엄마가 잠시라도 안 보이면 그렇게 싫어했던 거군요. 저는 그런 줄도 모르고 은이가 점점 뚱뚱해지고 못생겨져서 친구들이 왕따시키는 줄 알았어요. 그래서 잔소리를 많이 했고요. 요즘에 이상한 엑소썰 같은 거나 보고 솔직히 엄마지만 징그럽고 귀찮았었어요."

"은이가 정말 잘되길 바라시죠?"

"그럼요. 당연하지요."

"은이가 지금 많이 아프네요. 어릴 때부터 들어왔던 말들이 은이를 골병들게 한 것 같아요. 더 지켜봐야 하겠지만, 조퇴하는 날이 그렇게 많을 정도로 공황장애도 있는 것 같고, 자신만의 세계 속으로 자꾸 들어가려 하고요. 어쩌면 좀 더 전문적인 의료적 치료가 필요할 수도 있을 것 같아요."

"(울음) 그럼 어째야 하죠? 제가 할 수 있는 일은 뭔가요."

"은이가 오늘 저에게 요청한 것은 엄마가 심한 말을 하지 않으셨으면 하는 거에요."

### 4. 실행 계획 세우기

“정말 부끄러워요. 화가 나서 했던 말들이 은이를 아프게 했다는 걸 상상도 못했어요.”

“용기 내서 고백해주시니 고맙습니다, 어머니. 은이를 위해 어떤 일을 해 보시겠어요?”

“은이가 정말 싫어하는 말을 아무 생각 없이 속상할 때마다 입버릇처럼 해 왔네요. 앞으로 없어져 버리겠다거나 죽겠다는 말을 하지 않겠습니다.

“그 밖에 또 하실 수 있는 일이 있을까요?”

“병원에도 가 봐야겠네요. 그렇게 심한지 몰랐어요.”

“은이가 정말 원하는 완전히 새로운 시도를 해 보신다면 뭐가 더 있을까요?”

“음…… 은이가 늘 말하던 대로 동생을 아빠한테 떼어놓고 둘만의 시간을 보내야겠어요.”

### 5. 정리하기(인정과 축하)

“정말 좋은 생각을 하셨네요. 어머니께서 이렇게 적극적으로 방법을 찾아내 주셔서 기뻐요. 그중에서 무엇부터 해 보시겠어요?”

“당장 몹쓸 말부터 금지하고 이번 주말에 은이와 단둘이 시간을 가져 보겠습니다. 선생님께 결과도 알려 드릴게요. 너무 감사해요.”

은이와의 상담 코칭은 그 후로 6개월간 지속되었다. 그러면서 부모와의 관계도 많이 개선되었고 친구들과의 관계도 회복되어 방학 때 동대문에서 친구들과 곱창 먹는 사진을 보내오기도 하고, 초등학교 졸업식 때는 전교생 앞에서 모범상을 받았다고 사진을 보내왔다. 요즘도 가끔 답답한 일이 있으면 연락을 해 오곤 하는데, 마음 깊이 새겨진 상처는 쉽게 아물지 않는 듯해서 안타깝다.

**자공 유현심**

부모교육 전문가, 하브루타 독서토론 전문가이자 '한국형 하브루타 ZINBOOK 독서토론' 개발자로 '하브루타 독서코칭 지도사', '메타인지 진로 학습코칭 지도사'를 양성하는 (주)코리아에듀테인먼트, 진북하브루타 연구소 대표를 맡고 있다. 큰 아이와의 사춘기 갈등을 신앙과 하브루타식 대화법으로 치유한 경험을 토대로 '부모의 변화', '우리나라의 교육 방법 변화'를 통해 '청소년이 행복한 나라'를 만들겠다는 힘찬 포부를 안고 전국을 뛰어다니며 교사연수, 학부모강좌, 청소년 교육 등에 매진하고 있다. 저서로는 『유대인에게 배우는 부모수업』, 『하브루타 일상수업』, 『진짜 독서를 위한 ZINBOOK 독서토론』, 『메타인지 공부법』, 『진로독서 인성독서』, 『독서토론을 위한 10분 책읽기 1~2』, 『진로독서를 위한 10분 책읽기 1~4』, 『꿈에 날개를 달아주는 창의독서』, 『누구나 따라 할 수 있는 하브루타 독서동아리』, 『미래에게 묻고 삶으로 답하다』, 『오늘이 미래다』 등 20여 권을 썼다.

이메일: yhs2231@naver.com

홈페이지: www.zinbook.co.kr

카페: http://cafe.naver.com/zinbook

페이스북: https://www.facebook.com/hyunsim Yu

유튜브: 진북 하브루타 - 자공 유현심 TV

# 커리어로드맵을 활용한 생애설계

윤영돈

외국계 기업에서 근무했던 B씨는 요즈음 다시 직장을 구하고 있다. 이름만 대면 알 만한 곳에 다니고 있었으나 전문기술 분야를 공부할 시간도 없어서 퇴사 후 대학원에 진학해서 이제 졸업을 앞두고 있다고 했다. 문제는 대학원 졸업을 앞두고 8년간의 경력도 있고 해서 여러 곳에 이력서를 내고 면접을 봤지만, 번번이 떨어진다는 것이었다. 대학원 졸업 후에 낙동강 오리알처럼 되었다고 하소연을 했다.

"고객서비스 현장에 있다 보니 기술을 다 까먹고 8년간 무엇을 했는지 모르겠습니다."

B씨가 털어놓은 한마디였다. 그는 전문대 정보통신 분야를 전공한 뒤 8년간 기업의 IT 솔루션 판매 부서에서 주로 여직원을 대상으로 하는 기술 교육을 담당했다. 그는 학력 콤플렉스도 있어서 야간대학에 편입해 4년제 대학을 졸업하고 곧바로 대학원에 진학했던 속사정이 있었다. 그는 자

신의 경력에 대한 잘못된 관점부터 수정해야 했다. 그는 자신을 '8년 동안 정보통신 분야에서 일한 엔지니어'라고 생각하고 있었다.

## 자신의 직업을 재정의하라

B씨가 흔들린 이유는 직업을 재정의해 보지 않았기 때문이다. 자신이 가장 하고 싶은 일이 무엇이며, 가장 좋아하는 일은 무엇인가? 이 질문에 답한 뒤 자신의 일을 정의해 봐야 한다. 일에 대한 정의는 목표를 명확하게 만들어주고 실현을 가능하게 해 준다.

경력에서 중요한 것은 직업(job), 분야(field), 영역(domain) 등 3가지로 분류할 수 있다. 표로 나타내면 다음과 같다.

| 직업(Job) | 엔지니어 → 서비스관리자 |
|---|---|
| 분야(Field) | IT → CS |
| 영역(Domain) | 기술 콜센터 관리 → 기술 콜센터 관리 |

B씨의 경우 간단한 커리어로드맵(career roadmap)을 그려 보면, 정보통신 전공 졸업 → 8년간 기술 콜센터 근무 → 각종 CS 교육 수료 등으로 연결된다. 그는 무릎을 치면서 자신이 IT 전문가에서 서비스 관리자로 이동한 것을 인식하지 못했다면서 큰 발견이고 소득이라고 말했다. 이제 경력 목표를 이동해서 세울 수 있게 된 것이다. 어쩌면 우리가 느끼는 큰

문제들은 자신에 대한 잘못된 관점에서 오는 것일지도 모른다. '진정 내가 원하는 변화가 무엇인지, 내가 어디를 향해 가고 있는지도 모른 채 헤매고 있지는 않은가?'라고 자신에게 질문해 봐야 한다. '내 직업은 무엇인가?', '내 전문 분야는 무엇인가?', '내 영역은 어디인가?' 등등 질문하지 않으면 미래에 대한 답을 찾을 수 없다. B씨는 자꾸 과거로 회귀하려는 마음부터 버려야 했다. 경력에서 가장 중요한 것은 퇴행이 아니라 진행이다. 자신의 업무를 명확하게 규정할 수 있을 때 원하는 방향으로 경력을 이동시킬 수 있다.

### 인생은 항해와 같다

B씨의 경우 가장 문제는 큰 그림이 없었다는 것이다. 멀리 가기 위해서는 경력지도를 갖고 있어야 한다. 우리의 위치와 우리가 가려는 곳을 정확하게 알기 어려워도 지도 하나쯤을 갖고 가야 한다. '커리어로드맵(career roadmap)'이란 출발지에서 길을 헤매지 않고 도착지까지 달릴 수 있도록 '가이드북'과 같은 역할이다. 인생에 대한 밑그림이 없는 사람은 바다에서 풍랑을 만날 때는 방황하게 된다. 좌초된 선박처럼 되지 않으려면 당신의 인생에 있어서 큰 밑그림을 그려야 한다. 숲을 보지 못하고 나무만 보는 사람은 자신이 하는 일 자체밖에 모르게 된다. 당신의 경력지도를 그려나가는 것은 그만큼 미래를 준비하는 하나의 과정이다.

우리가 인생의 로드맵을 그리는 이유는 현실에서 구현할 때 오류를 줄이기 위해서이다. 로드맵을 그리는 이들은 이미 삶의 주인공이 되기 시작한다. 커리어로드맵을 작성하는 목표는 현재 자신의 상태를 명확하게 인식하고 앞으로 나갈 방향을 찾는 데 도움을 줄 수 있다. 자신의 진로를 선택해 좀 더 좋은 방향으로 살 수 있고, 자신의 로드맵을 그려 경력설계를 할 수 있다.

커리어로드맵 목차

| 목차 | 주요 내용 |
|---|---|
| 1. 나의 10년 후 미래 | 도달하고 싶은 목표 세우기 |
| 2. 나의 강점 vs 약점 | 남들과 다른 나 자신 발견하기 |
| 3. 내가 닮고 싶은 역할 모델 | 역할 모델 찾기 |
| 4. 버킷리스트 10가지 | 자신의 바라는 미래상 그려보기 |
| 5. 나의 파트너 | 인생의 조력자와 함께하기 |
| 6. 나의 사명 | 인생 헌법 정하기 |
| 7. 나의 비전 | 비전에 가치를 더하기 |
| 8. 나의 성취 스토리 | 작은 성취가 커다란 성장을 불러온다 |
| 9. 변화를 끌어내는 Action Plan | 자신과 비슷한 환경에 있는 행동자를 찾아라 |
| 10. 나의 선언 | 나의 미래상을 그려 본다 |

커리어로드맵 상세 내용

나(B씨)는 나 자신의 성장과 가족의 행복을 위한 밑그림으로써 이 글을 쓰는 데 기꺼이 헌신하겠다.

### 1. 나의 10년 후 미래 - 도달하고 싶은 목표를 세워라

| 구분 | 나이 ( 35세 ) | 10년 후 ( 45세 ) |
|---|---|---|
| 분야 | IT | CS |
| 직업 | 기술 엔지니어 | 서비스 관리자 |
| 직위 | 팀장 | 대표 |
| 영역 | 기술 콜센터 관리 | 기술 콜센터 관리 |
| 재산 | 1억 8천만 원 | 5억 원 |

B씨의 경우처럼 기술 엔지니어에서 서비스 관리자로 미래상을 그림으로써 좋은 결과가 나올 수 있었다. 구체적인 숫자가 없는 목표는 공허한 구호가 될 뿐이다. 목표를 그릴 때 시간별로 나누어진 타임라인(timeline)이 있으면 더욱 좋다. '타임라인'은 자신이 원하는 목표 시점까지 갈 수 있도록 도와준다. 지금 고민하지 않는 사람에게는 미래가 불투명할 것이다. 지금, 이 순간에 절실하게 자신의 위치를 되돌아보고 나아갈 방향을 그려가는 것이 무엇보다 중요하다.

### 2. 나의 강점 vs 약점 분석 - 남들과 다른 나 자신을 발견하라

| 구분 | 자신의 강점(Strength) | 자신의 약점(Weakness) |
|---|---|---|
| 지식 | 컴퓨터 전공<br>기술 분야 7년 경험 | 경영 분야<br>코칭 지식 |
| 기술 | PC나 자료 활용<br>손재주와 순발력 | 리더십, 코칭, 커뮤니케이션 스킬, 휴먼스킬이 떨어짐 |

| 경험 | 대기업, 중소기업,<br>사업 등 다양한 경험 | 오래 지속하는 끈기 부족 |
|---|---|---|
| 성격 | 소심하고 평범한 편 | 여유가 없고 걱정이 많음 |

B씨의 경우처럼 자주 남과 비교하는 사람은 잘못된 방향으로 가기 쉽다. 자신이 손에 쥔 것은 하찮게 보이고 남이 가진 것이 더 좋아 보이는 것이 인지상정이다. 그러나 당신은 당신 손에 쥔 것에서 장점을 찾아야 한다. 세계적인 경영학자 피터 드러커 역시 "약점을 과감하게 버리고 강점을 개발하라."라고 충고한다. 약점을 보완하는 것은 앞으로 나아가는 발전적 과정이 아니라 손해를 줄이기 위한 소극적 방법이다. 강점을 강화하는 것이야말로 자신을 발전시키는 가장 적극적인 방법이다.

3. 내가 닮고 싶은 역할 모델 - 역할모델을 찾기

| 이름 | 프로필 | 존경 계기 | 나의 계획 |
|---|---|---|---|
| 이승철 | 서비스관리<br>회사 대표 | 모든 사람을 품을 줄 아는 넓은 마음. 상식이 통하고 대화가 이루어지는 사람. | 타인에 대한 배려가 부족한 나한테 언제나 많은 것을 일러 주신다.<br>점점 닮아 가고 싶다. |
| 홍기안 | 기술사 | 기술사 자격증 취득을 위해 안내해 줄 선배. 자기 일에 보람을 느끼고 뭐든 자신감 있게 일하는 분. | 같은 기술사로서 현장에서 만나고 서로 피드백이 되는 사이가 되고 싶다. |

B씨는 나중에 기술사가 되고 싶고, 서비스관리 회사를 운영하고 싶다고 했다. 롤 모델을 찾아보니 주변에 마침 있었다. 밀레를 닮아 갔던 고흐

처럼 주변에 사람이 없어도 상상으로도 닮아가도록 노력하라.

### 4. 버킷리스트 10가지 - 나의 미래상을 그려 본다

| 구분 | 버킷리스트 |
|---|---|
| 1 | 교육장 시설을 갖춘 서비스교육회사 |
| 2 | 사람들이 쉬고 공부할 수 있는 개인도서관 개관 |
| 3 | 외국인 소통할 정도로 영어 마스터하기 |
| 4 | 보디 프로필 촬영 |
| 5 | 산티아고 순례길 |
| 6 | 1달 동안 유럽 여행 |
| 7 | 최소 10권 이상의 도서 집필 |
| 8 | 탁월한 필체와 흡인력 있는 글쓰기 역량 |
| 9 | 초고층 아파트 |
| 10 | 3,000cc급 BMW 자동차 |

B씨는 미래상을 점점 구체화하고 있었다. 버킷리스트는 어느 날 하루 아침에 이루어지지 않는다. 점진적으로 방향성을 가지고 구체화해야만 한다.

### 5. 나의 파트너 - 인생의 조력자와 함께 하라

| 이름 | 업무/직책 | 관계 | 선정 이유 | 후원받을 내용 |
|---|---|---|---|---|
| 강감찬 | 고객서비스 팀장 | 선배 | 가장 가까운 선배 | CS 코칭 |
| 박준희 | 컴퓨터학과 교수 | 선배 | 늘 격려해 주는 선배 | 창의력 원천 |

| 정상준 | 학과 동기 | 지인 | 같은 분야의 동지 | 같은 네트워크 조력 |
|---|---|---|---|---|

B씨는 자신 주변에 좋은 파트너가 많다고 했다. 그 이유는 그가 Giver였기 때문이다. 파트너를 구할 때도 자신을 이용만 하는 사람을 배제해야 한다. 후원을 받았을 때는 물론 그만큼의 보상이 필요하다. 좋은 관계는 결코 우연이 아니다.

## 6. 나의 사명 - 내 인생의 헌법을 제정하라

| 구분 | 나의 사명(Mission) | 설정 이유 |
|---|---|---|
| 사명 내용 | 더딜지라도 더불어 살아가자. 매일 아침 일어나서 가족과 대화가 가능한 사람이 되자. 사회에 나올 때는 상식이 통하는 사람이 되자. 누가 뭐래도 가장 밑바닥에서부터 시작하자. 어떤 사람이 와도 수용하고 경청하자. | 컴퓨터 전공이다 보니 사람보다 데이터를 만질 때가 많았다. 지금은 서비스 관리 쪽으로 옮기니 휴먼 스킬이 부족해서 좀 더 사람다워지고 싶다. |

B씨의 사명서에서 인상적인 것은 '더딜지라도 더불어 함께 살아가자'라는 자세였다. 사명서란 한마디로 '내 인생의 헌법'이다. 사명서를 쓰는 일은 마음속에 있는 꿈과 목표를 현실로 만드는 데 도움이 되는 중요한 행동이다. 우리는 하루에도 수만 가지를 생각하고, 또 수많은 바람을 가져보지만 기록하지 않은 꿈과 목표는 금세 잊히고 만다. 모든 사명서는 두 가지 기본적인 질문에 답하고 있다.

1) 나는 어떤 사람이 되려 하는가?

2) 어떤 원칙에 따라 나의 인생을 살고자 하는가?

### 7. 나의 비전 - 콜럼버스처럼 비전을 그려라

| 구분 | 나의 비전(Mission) | 설정 이유 |
|---|---|---|
| 비전 내용 | 10년 안에 기술 서비스 관리자로서 대한민국에서 전국 규모로 운영한다. | 나의 경험과 지식을 토대로 내가 가장 잘할 수 있는 분야이다. 앞으로 일과 행복이 함께 공존할 수 있도록 노력할 것이다. |

B씨는 뚜렷한 비전이 생겼다. 무엇인가 불확실할 때 비주얼라이징(Visualizing)을 해 보는 것이 좋다. 우리의 생각은 시각적인 자극을 통해 더욱더 구체화 될 것이다.

### 8. 나의 성취 스토리 - 작은 성취가 커다란 성장을 불러온다

| 구분 | 내용 |
|---|---|
| 상황/목표 | 석사과정 중에 있으면서 결혼하면서 많은 어려움을 겪었다. 결혼 후에 아내와 육아 문제로 다툼이 많아졌고, 아내도 박사학위가 길어져서 2년간 수입이 없게 되었다. |
| 행동 | 틈틈이 아르바이트로 과외를 하다가 마침 모교에서 강의하게 되었다. |
| 결과 | 석사과정을 무사히 수료하였다. 8시간 연속 강의로 몸은 힘들었지만, 예전에 강의하면서 느끼지 못한 보람과 만족을 느꼈다. 처음에는 경제적인 부분 때문에 일을 시작하게 되었지만, 이제는 일로 인한 스트레스를 즐기게 되었다. |

B씨의 경우처럼 종종 작은 변화가 큰 결과를 가져온다. 성공한 사람들과 평범한 사람들의 차이점은 바로 이 작은 변화에 있다. 누구나 이 세상에 하나뿐인 존재이며 나름의 능력을 갖추고 태어난다. 그 능력을 스스로 인지하는가 못하는가에 따라 그 사람의 인생이 달라진다. 아직 자신의 장점을 찾지 못했다면 지금부터라도 찾도록 노력해야 한다. 당신은 이 세상에서 돈으로 살 수 없는 가장 큰 장점인 '젊음'을 갖고 있다는 사실을 잊지 마라.

### 9. 변화를 끌어내는 Action Plan - 자신과 비슷한 환경에 있는 행동자를 찾아라

| 구분 | 1 | 2 | 3 |
|---|---|---|---|
| 지식<br>(Knowledge) | 서비스 지식<br>공부 | 박사학위<br>진학하기 | 한 달에 2권<br>독서하기 |
| 자세<br>(Attitude) | 경청하기<br>포용하기 | 적극적인 자세<br>노트에 기록하기 | 관련 분야의<br>분기별 교육 이수 |
| 기술<br>(Skill) | 멘토코칭<br>기술 익히기 | 커뮤니케이션<br>자격증 | 설득력 있는<br>대화기술 익히기 |
| 습관<br>(Habit) | 새벽 5시에 일어나<br>30분씩 책 읽기 | 다이어리를 활용한<br>메모의 습관 | 일기를 통해서<br>성찰하기 |

B씨에게 이제 엔지니어 마인드에서 서비스 마인드로 변화하기 위해서 어떤 행동을 할 것인가? 질문하니 우선 책을 많이 읽었는데, 사람들과 대화를 많이 해야겠다고 행동지표를 이야기했다. 책을 읽는 것과 행동하는 것은 다르다. 주변에서 행동으로 실천하는 사람을 찾아라. 그리고 그가

어떤 식으로 디테일한 단계를 밟아 성취를 이루는지를 보라. 그가 세운 계획에 따라 매일 실천하는 모습을 보며 당신은 놀라워할 것이다. 성과는 실천으로부터 시작된다.

10. 나의 선언 - 나의 선언은 나와의 약속이다.

| 구분 | 나의 선언 내용 |
| --- | --- |
| 목표 | (목표와 목적, 기한을 기재하면 좋다.) |
| 보상 | 목표를 성취했을 때<br>"한달 동안 제주도에서 가족과 함께 살기 프로젝트"를<br>나 자신을 위해 기꺼이 보상하겠다. |
| 선언과 감사 | 나, (B씨)는 여기에 쓴 것을<br>특별히 기억하고 실천할 것을 선언한다.<br>이 글을 쓰고 있는 나 자신이 자랑스럽고<br>살아 있음에 감사한다.<br><br>서명 : (인) |

B씨에게 어떤 보상을 하고 싶냐고 물으니 제주도 한 달 살기를 말했다. 마지막으로 나의 선언을 하자. 마치 법정에서 선서하는 느낌으로 자신과 약속을 하게 만든다. 나의 선언은 그것을 지키려고 더욱더 노력하는 데서 효과를 발휘한다. 예를 들어 금연할 때 다른 사람에게 선언하면 금연할 확률이 높아지는 것과 마찬가지다. 커리어로드맵은 완벽한 내용보다는 가슴에서 우러나오는 자신의 언어로 작성해야 실행하는 데 더 큰 동기와 힘을 발휘한다.

**윤영돈**

지혜의 탄생 대표, 커리어코치협회 부회장. 커리어코치로 현장에서 잔뼈가 굵었다. 처음 윤코치연구소 소장으로 시작해서 단국대학교 종합인력개발원 초빙교수, 성신여자대학교 경력개발센터 겸임교수 등을 역임했고 서울대, 연세대, 제주대 등 300여 개 대학교에서 특강을 했으며 대한민국 취업컨설팅대전, 대한민국취업박람회 등 20여 개 취업현장에서 컨설팅을 했다. 면접관 교육은 한국가스공사, 한국항공우주산업(KAI), 대한무역투자진흥공사(KOTRA), 아시아나항공, 러너코리아 등에서 진행하고 있다. 일하면서 늦은 나이에 단국대학교 박사과정에 들어가서 문학박사학위를 취득했다. 2007년 한국경제신문 한경닷컴 칼럼니스트 신인상을 받았고, 2010년 콘텐츠 개발 능력을 인정받아 삼성경제연구소 SERI 우수지식인으로 선정되었다. 저서로 『30대, 당신의 로드맵을 그려라』(한국문학번역원 주관 '한국의 책' 선정, 중국어 번역·수출), 『한국형 커리어 코칭을 말한다』, 『채용트렌드 2021』, 『기획서 마스터』 등이 있다.
http://www.yooncoach.com